Hans-Alfred Herchen (Hrsg.)

Auf der Suche nach dem Heute

Anthologie

D1672431

Hans-Alfred Herchen (Hrsg.)

Auf der Suche nach dem Heute

Anthologie

edition haag
im
Haag + Herchen Verlag

CIP-Titelaufnahme der Deutschen Bibliothek

Auf der Suche nach dem Heute: Anthologie /
Hans-Alfred Herchen (Hrsg.). – Frankfurt
am Main: Haag und Herchen, 1988
  (Edition Haag)
  ISBN 3-89228-283-8
NE: Herchen, Hans-Alfred [Hrsg.]

ISBN 3-89228-283-8
© 1988 by HAAG + HERCHEN Verlag GmbH,
Fichardstraße 30, 6000 Frankfurt am Main 1
Alle Rechte vorbehalten
Produktion: R. G. Fischer Verlagsbüro,
Frankfurt am Main
Satz: Hannelore Kniebes, Titlmoos
Herstellung: Prisma Druck, Frankfurt am Main
Printed in Germany
Verlagsnummer 1283

INHALT

Vorbemerkung

Mit dem vorliegenden Band »Auf der Suche nach dem Heute« erscheint bereits die elfte Anthologie im Rahmen der »edition haag«. Verlag und Herausgeber sind bestrebt, dieses erfolgreiche Anthologieprogramm weiter auszubauen.

Die erste Anthologie mit dem Titel »Worte in der Zeit« wurde im Winter 1985 veröffentlicht. Die zweite Folge mit dem Titel »Begegnungen im Wort« ist im Mai 1986 erschienen, die dritte Folge mit dem Titel »Gedanken zeichnen Spuren« im September 1986 und als vierte Ausgabe »Wege im Zeitkreis« im Dezember 1986. Im Juni 1987 wurde die fünfte Anthologie mit dem Titel »Horizonte verändern« und im September 1987 die sechste Folge mit dem Titel »Wege erkunden – Ziele finden« vorgelegt. Im Dezember 1987 erschien als siebte Anthologie der Band »Leuchtfeuer und Gegenwind«, im Frühjahr 1988 als achte Folge »Traumwald im Neonlicht«, Mitte 1988 als neunte Ausgabe »Zeitzeichen und Wendepunkt« und im Herbst 1988 der zehnte Band mit dem Titel »Inseln im Zeitenfluß«. Eine weitere Anthologie mit dem Titel »Grenzgänge und Denkanstöße« befindet sich in Vorbereitung.

Diese Anthologien geben Autoren Gelegenheit, im Rahmen der »edition haag« des Haag + Herchen Verlages ausgewählte Arbeiten – Lyrik und Prosa – vorzustellen und durch Illustrationen zu ergänzen. Damit wird eine mehrfach aus dem Kreis der Autoren des Haag + Herchen Verlages vorgetragene Anregung realisiert.

Die Autoren, die sich an der vorliegenden Anthologie beteiligt haben, werden mit ihren Arbeiten in alphabetischer Namensfolge vorgestellt, so daß die Beiträge jedes Autors als geschlossene Abschnitte innerhalb des Buches enthalten sind und auf diese Weise Einblick in den jeweiligen Arbeitsstil geben.

Am Schluß des Bandes ist eine kurze Übersicht über die einzelnen Autoren enthalten.

Verlag und Herausgeber danken den Autoren der Anthologie »Auf der Suche nach dem Heute« für ihre Mitarbeit. Es ist vorgesehen, im Rahmen der »edition haag« von Zeit zu Zeit weitere Sammelbände dieser Art herauszubringen und damit Autoren eine Möglichkeit zur Veröffentlichung auch kürzerer Arbeiten zu geben.

Autoren, die sich an weiteren Anthologie-Folgen beteiligen möchten, werden um Einsendung ihrer Arbeiten unter dem Kennwort »Anthologie« an den Verlag gebeten: Haag + Herchen Verlag GmbH, Fichardstraße 30, D-6000 Frankfurt am Main 1.

Verlag und Herausgeber

Wulf Alsen

Das Heute, das Gestern und das Übermorgen
„Meiner Frau Charlotte"

Ein Wanderer zwischen den Welten streckt seine langen Ohren und Pupillen ins Sein und schreibt nieder, was er hört und sieht. Eben erst begann er, seine Poren der Sonne, dem Wind, den Seen und dem Baume entgegenzustrecken, und schon kam ihm der Wirbel der Welt vor's Gesicht, erfaßte ihn und hieß ihn schreiben und erzählen. Er gehorchte – und schrieb und erzählte.
Dann erscholl die Trompete – die Posaune – der Baß der Orgel, riß ihn fort und führte seinen Weg. Wieder gehorchte er (widerwillig) und schrie. Denn er war erst seit kurzem ein Freund und Intimus der Elemente. Vorher bestand sein ganzes Streben aus Sträuben.
Jetzt rast er durch die Jahrtausende und fühlt im Heute, was im Gestern geschah, was im Übermorgen sein wird.

Ein Wunder? – oder: Die stille innere Reserve

Die Vernichtung des Peter Litzner

„Nina! Christina!"
Die Schreie gellten durch die Nacht. Peter Litzner wankte durch die Straße, er hatte sich maßlos betrunken und es war mitten in der Nacht.
Fröhlich war er am Abend nach Hause gekommen, in liebevoller Erwartung der Arme seiner Frau, in liebevoller Erwartung seiner Tochter, die „Arm! Arm!" rufen würde und glücklich ihre Wange an die seine schmiegen würde, wenn er sie auf den Arm genommen hätte. Jeden Tag freute er sich auf dieses herrliche Begrüßungsritual und fuhr immer so schnell wie möglich

von der Arbeit nach Hause in die stille, kleine Straße, in der sein kleines Reihenhaus stand.
Doch heute war nicht eine solch liebe Begrüßung gewesen, sondern eherne Stille, und der Anrufbeantworter stand auf Blinken. Das hieß, es hatte jemand angerufen. Und seine beiden lieben „Frauen" waren nicht zu Hause. Neugierig hörte er das Gerät ab, und vom Band schallte ihm eine trockene Stimme entgegen: „Herr Litzner, hier spricht das Elisbath-Krankenhaus. Bitte kommen Sie sofort und melden sich bei Dr. Welcker. Auf Wiederhören."
Da durchzuckte ihn wie ein Blitz die Erkenntnis, daß wahrscheinlich Nina erkrankt sei und Christina sofort mit ihrer Tochter ins Krankenhaus gefahren sei. Angst griff nach ihm, wie sie immer den Menschen erfaßt, wenn er mit etwas Unbekanntem konfrontiert wird. Wie ein Wilder fuhr er die engen Straßen hinunter zum Krankenhaus, Gedanken umfingen ihn wie ein Seil, wie eine Fessel. Seine Reaktionen auf den schwachen Verkehr waren automatisiert, darum brauchte er sich nicht zu kümmern. Aber seine Seele spielte verrückt und versuchte im Voraus abzumildern, was ihn als Schlimmstes erwarten könnte. Auf dem Spielplatz verunglückt, ungeschickt gefallen und dabei ein Bein gebrochen, eine plötzliche Virusinfektion...
So versuchte er sich ein Bild zu machen, um gewappnet zu sein für alles, was ihn erwartete.
In der Eingangshalle ging er sofort zur Rezeption und fragte nach Dr. Welcker, er habe angerufen und ihn bestellt. „Wie war Ihr Name?", hörte er die etwas unfreundliche und gelangweilte Stimme der schon etwas betagten Schwester.
„Litzner", antwortete er. „Peter Litzner!"
Da ging ein leichter Schatten über das zerfurchte Gesicht Schwester Carolas.

„Ich werde den Doktor rufen. Bitte warten Sie dort einen Moment", und wies auf eine lederne, schwarze Sesselgruppe in einer Ecke der Halle. Dann sprach sie ins Telefon, sehr leise. „Herr Doktor, Herr Litzner ist da. – Ja. – Nein, er weiß nicht Bescheid." Sie legte wieder auf und wandte sich ihren Papieren zu.

Peter hatte nichts von dem vernommen, sondern war in seinen eigenen Gedanken versunken. Er sah erst auf, als er gemäßigte Schritte hörte, die sich ihm näherten.

„Herr Litzner?", fragte eine dunkle Stimme.

„Ja, und Sie sind Herr Dr. Welcker? Was ist mit meiner Frau und meiner Tochter?" –

„Herr Litzner, lassen Sie mich Ihnen das nicht hier in der Halle erklären müssen, bitte! Gehen wir!"

Peter hatte Blei in den Gliedern, als sie die marmorähnliche Treppe in den ersten Stock hinaufstiegen. Er fühlte sich wie ausgebrannt, ganz hohl. Dr. Welcker öffnete eine Tür und bat ihn, einzutreten. Der Raum war in warmen Farben gehalten und ähnelte seiner Vorstellung, wie er sich das Ordinationszimmer eines Psychologen ausmalte.

„Nehmen Sie bitte Platz!" Er fragte nicht, ob Peter einen Kognak wolle. Er brachte einfach einen und wartete, bis Peter ihn getrunken hatte. „Herr Litzner, ich muß Ihnen eine für Sie und für mich schwere Mitteilung machen. Ihre Frau ist tot, und Ihre Tochter ist lebensgefährlich verletzt. Wir wissen noch nicht, ob sie überlebt."

Peter Litzner blieb der Mund offen. Es war wie ein Trommelwirbel in seinem Hirn, der sämtliche Vernunft hinausschlug. Er meinte, er müsse schreien, aber statt dessen kam nur ein heiseres Krächzen aus seinem Mund. Er fühlte sich, als habe er garnicht richtig verstanden. So fragte er „Wie bitte!?" und starrte den Doktor an.

„Ihre Frau ist tot, Herr Litzner." Er schlug die Augen nieder und wußte, daß sein Gegenüber jetzt die schreckliche Wahrheit begreifen würde. Er sah in dessen Gesicht die grausame Qual und flüsterte tonlos nochmals: „Tot!"

Als Peter wieder klar denken konnte, hatte er den achten Kognak getrunken und sah etwas gefaßter aus, so daß man wieder mit ihm reden konnte.

„Wie konnte das geschehen?", fragte er leise.

„Ein Unfall, ein Auffahrunfall. Ihre Frau war sofort tot, ihre Tochter prallte gegen die zersplitternde Windschutzscheibe." sprach ganz leise Dr. Welcker.

„Wollen Sie sie sehen?" –

„Ja!!" quoll es aus Peter und er stand auf.

„Kommen Sie!"

Und sie gingen einen langen Gang entlang, nahmen den Aufzug und fuhren hinab zur Intensivstation. Es roch fürchterlich, nach Äther oder sowas, und Peter wurde übel nach den ungewohnten Kognaks. Aber er riß sich zusammen, so gut es ging, merkte nicht die Seitenblicke des Doktors, der ihn beobachtete (beobachten mußte). Dann öffnete dieser eine Tür aus Glas, ließ Peter vortreten und kam auch nach. Im Bett mit vielen Apparaten drumherum lag eine kleine Gestalt, die er garnicht sofort erkannte, denn sie war eingewikkelt in Mull, so stark, daß nur die Augen und der Mund frei waren.

„Sie hat Glück gehabt mit den Augen", sagte Dr. Welcker.

Ein tierischer Blick traf ihn von Peter.

„Glück!!! Sehen Sie sich das doch an. So etwas kann doch mit meinem geliebten Töchterchen nicht geschehen sein". Aber er sagte nichts. Der ganze kleine Körper war bandagiert, der rechte Arm hing an einem Galgen, und Schläuche quollen ihr aus der Nase, dem Mund und aus dem Arm. Peter verstand das nicht.

Warum quälten sie seine kleine Nina so?

Die Apparate tickerten, und digitale Zahlen flimmerten vor seinen Augen. Er verstand nichts davon und er wollte es auch nicht. Er liebte diesen kleinen Menschen, und der ganze medizinisch-technische Kram war ihm zuwider. Er ging auf die andere Seite des Bettes und nahm die linke Hand seiner Tochter. Er drückte sie ganz sacht und zärtlich und murmelte etwas vor sich hin, was wohl heißen sollte: „Kleine Nina, bleib bei mir, geh nicht fort, ich liebe Dich, bleib! – bleib!!" Das Zucken in seinem Körper wurde stärker, denn keine Reaktion kam, kein „Arm! Arm!" wie sonst. Wie tot lag sein kleines Ebenbild der geliebten Frau auf diesem Bett, nichts an, fror sie? litt sie? fühlte sie seinen Händedruck?

Er wußte es nicht, nichts rührte sich in dem kalten Händchen, kein Laut kam aus ihrer Kehle. Das Zukken wurde stärker, er fürchtete, es nicht mehr beherrschen zu können, stand auf und ging hinaus auf den Gang. Dort rannen ihm die verhaltenen Tränen über die Wangen, lautlos, still, ohne Echo. Es lief einfach und er konnte nichts halten. Dr. Welcker sah durch die Tür und wartete. Was sollte er auch machen. Er war auch nur ein Mensch und verstand den jungen Mann. Mit schnellem Blick überprüfte er die Geräte und ihre digitale Aussage, blickte auf die Infusionsgefäße, war zufrieden und kam auch hinaus auf den Gang.

„Hier können Sie nichts mehr tun", sagte er in die Stille. „Kommen Sie morgen wieder, Herr Litzner!"

„Ja", antwortete der und wußte garnicht, was er gesagt hatte.

„Ihre Frau muß ich Ihnen morgen zeigen." –

„Ja", wieder die Antwort.

„Kommen Sie, ich spritze Ihnen ein Beruhigungsmittel und lasse Sie nach Hause fahren!" –

„Ja" – – –
Völlig willenlos ließ sich Peter Litzner vom Doktor
führen, erhielt seine Spritze, ließ sich nach Hause
fahren, ins Bett bringen – und fallen.
Oh, er fiel tief. Sehr tief! Alles um ihn herum ging ihm
an die Kehle, er weinte, als sei es ein Wettbewerb, wer
am längsten und schönsten weinen konnte. Er siegte.
Aber als er um sieben Uhr am nächsten Morgen erwachte, mußte er erst einmal überlegen, was geschehen war. Er war völlig zerschlagen, fertig mit den Nerven und mit seinem Körper. Seine Seele war nur noch
ein Wrack, als die Erinnerung kam, was geschehen
war. Sie krachte in allen Fugen und er mußte seine
Selbstbeherrschung aufbringen, nicht sein ganzes
Haus und alles darinnen zusammenzuschlagen vor
unendlicher Verzweiflung.
Aber er faßte sich, atmete tief und lange, zog sich an
und fuhr zum Krankenhaus. Dr. Welcker war auch
schon da (oder noch immer, niemand weiß das) und
führte ihn zu seiner Tochter.
„Alles normal", sagte er und sein Medizinerherz
schlug stolz. Den Seitenblick Peters bemerkte er
nicht. Er hieß soviel wie: Sieh doch hin, Du Affe! Was
ist denn da noch normal? Alles Binden, Schläuche,
Apparate und Gestank.
„Sehen Sie, Blutdruck, Puls, alles in Ordnung."
Ja, er sah es natürlich nicht, denn er verstand ja davon
nichts. Was er sah, war, daß seine Tochter aussah wie
eine Mumie aus dem alten Ägypten, die sie jetzt versuchten, über die Jahrtausende wieder zum Leben zu
erwecken. Und ängstlich klang es in seinem Herzen:
Ob sie es schaffen? Ja, sie schaffen es, sie müssen es
schaffen!!!! brüllte er innerlich hinterher. Meine liebe
Tochter! Nina! Komm zurück!
Er begann wieder zu flattern, es war zu viel für seine
Nerven, aber niemand bemerkte es. Er griff zu ihrer

Hand, streichelte sie, schloß die Augen und dachte ganz fest an sie, wie sie war, als sie sich an ihn kuschelte, ihn küßte und immer auf seinen Arm wollte. Das war ihm jetzt ein Trost und er gab ihr Kraft und unendlich viel Liebe hinein in ihren bewußtlosen Zustand.

Dann stand er auf und ging. Dr. Welcker kam hinter ihm her. Beide wußten, was jetzt kommen mußte. Sie fuhren mit dem Aufzug noch tiefer hinab. Es war kalt wie im Grab, es war auch eine Art Grab. Dr. Welcker sagte zu jemanden: „Frau Litzner, bitte" und sie warteten eine Weile. Dann öffnete sich die Gruft vor ihnen und sie betraten einen Raum, wo auf einer ausgefahrenen Liege ein Körper lag. Nackt, nur mit einem Tuch bedeckt, lag sie da. Das war seine Frau, diese sanfte, zarte Christina? Wo waren die schwarzen, dicken lockigen Haare, die zum großen Teil schon ins weiße übergingen und die er so liebte? Abgeschnitten. Der ganze sanfte Körper zerschmettert, fast nicht mehr zu erkennen, der schmale, schlanke Körper zerschnitten und unkenntlich. Aber Peter empfand immer noch die Ausstrahlung dieser Frau, dieses zarte rosa Licht, daß aus ihren Poren zu kommen schien, und an Hand dessen er sie jetzt auch identifizieren konnte.

„Ja, das war meine Frau!" sagte er fest und wunderte sich selbst darüber. Er war so leer, selbst so tot im Moment, daß ihn das garnicht erregen konnte, so schrecklich es auch war. Aber Dr. welcker hatte ja schon die verschiedensten Reaktionen auf solche Konfrontationen gesehen, und so wußte er, was er zu tun hatte. Es gab wieder Kognak. Aber als er Peter Litzner nach Hause fahren lassen wollte, kam die Abwehr. „Ich bin doch kein Kind! Lassen Sie mich gehen!" brüllte er fast.

„Sie dürfen jetzt nicht..."

„Ich darf, was ich will!" brüllte Litzner zurück, diesmal wirklich und ernsthaft. Und Dr. Welcker konnte garnichts mehr tun.

Und so kam es, daß er seit langen Jahren wieder einmal allein in eine Kneipe ging, sich völlig vollaufen ließ und dann singend (Trauerlieder) und schreiend durch die Straßen lief. Es war ein Uhr nachts und fast alle ahnungslose Kreatur schlief. „Nina!!! Christina!!!" Es hallte schaurig durch die leeren Straßenschluchten und in seinem Kopf wider. Aber er mußte da durch und da muß geschehen, was zu geschehen hat.

Die Operation auf der anderen Seite der Welt

Schwer wie ein Sandsack ließ sich Peter Litzner, als er nach Hause kam, auf sein Bett fallen. Im Liegen zog er sich Schuhe, Hosen und Hemd aus und streckte sich lang, machte sich ganz lang, stöhnte und dehnte seinen mißhandelten Körper, kochte den alkoholischen Atem aus sich heraus und ekelte sich vor sich selbst.

Dann versank er in schlafähnlichen Zustand, sich aber ganz bewußt seines Körpers und seines Seins. Er sah mit geschlossenen Augen das Fenster seines Zimmers, sah sich selbst da liegen auf dem Bett, ohne Zudecke, splitternackt und sah in eine andere Ebene des Bewußtseins hinein. Er sah im Fünf-Sekunden-Takt Gesichter, die er noch nie im Leben gesehen hatte, Gesichter wie Nebel, aber doch ganz real. Aber er fürchtete sich.

„Ich will Euch nicht sehen", sagte er zu sich und ihnen. Und sie verschwanden. Sie lösten sich auf und er hatte wieder seine Ruhe. 'Oh, das klappt ja wunderbar', dachte er in sich. Ihm war ganz leicht, er schwebte im

Zimmer und war ganz frei aller Trauer oder allen
Alkohols. Er fühlte sich wohl.
Und dann fiel ihm wieder das Geschehen der letzten
Stunden ein. Seine tote Frau, die kleine Nina, wie sie
so krank dalag, und wie er reagiert hatte. Da fühlte er
sich plötzlich aus dem Zimmer schweben, flog durch
die Straßen und merkte, wie es ihn Richtung Krankenhaus zog. Er landete auf der Wiese davor und
konnte nun ganz leicht gehen, durch die Wand, als sei
sie Luft, und er tat es. Er glitt hinunter in den Keller,
wo er seine Frau gesehen hatte, wie sie dalag, steif,
kalt und zerstümmelt. Und er sah sie wieder, allerdings etwas anders. Sie war jetzt eingehüllt in weiße,
flimmernde Lichter, die sie umsorgten und umhegten.
„Christina?" fragte er schüchtern. „Hörst Du mich?"
„Ja, Peter. Ich höre Dich. Bist Du jetzt auch hier
drüben?" Und sie kam auf ihn zu, wollte ihn in den
Arm nehmen, aber griff ins Leere. „Ach, Du bist nur zu
Besuch", stellte sie fest und damit konnte Peter garnichts anfangen. Aber irgendwie hörte er im Raum
eine Stimme: „Ihr dürft Euch nur sehen und sprechen,
aber Ihr seid auf verschiedenen Ebenen. Peter verbindet noch das Lichtband!" Und sie wies auf eine
silberfarbene Schnur, die nur, wenn man sich auf sie
konzentrierte, sichtbar vom linken Mittelbauch in die
Ferne zu laufen schien. „Peter, Du muß nicht traurig
sein! Es ist sehr schön hier und wir leben hier ganz
anders!" hörte er Christina sagen. „Ich wünschte, Du
wärest auch schon hier und Nina und wir könnten
wieder alle beisammen sein, und das hier viel, viel
glücklicher als nebenan!"
„Nebenan?" fragte Peter ungläubig. „Ich denke, Du
bist jetzt im Himmel oder so?"
„Nein, Peter. Es ist alles gleichzeitig und Du hast noch
viel zu tun bei Dir in der Zeit. Fasse es an und sträube
Dich nicht. Mein 'Tod' war nur ein Zeichen für Dich,

aus dem Du lernen sollst! Was, darf ich nicht sagen",
fügte sie traurig hinzu. „Aber Du wirst es erkennen,
wenn Du Nina liebst. Und das weiß ich ja." Sie wurde
dünner und dünner und entschwand schließlich ganz
seinem Blick. Auch die ganzen weißen Lichter waren
verschwunden. Er war auch nicht mehr im Keller,
sondern am Bett von Nina. Ob die Gedanken, die ihm
gekommen waren, ihn dahin getragen hatten? Er
kannte sich doch hier gar nicht aus! Oder doch?
Peter Litzner stand neben dem Bett seiner kleinen
Tochter Nina, die ihn sah! Und lächelte!
„Papi!" flüsterte sie. „Papi!"
Ach, er hörte das so gern! Und er strahlte sie an, als
hätte sie ihm das schönste Geschenk gemacht, das ein
Mensch einem anderen machen kann. Und so war es
für ihn auch!
Es war ihm, als hätte er sie lange Tage nicht mehr gesehen, dabei waren es nur zwei gewesen. Er nahm ihre
Hand, die sich aus dem Galgen gelöst hatte und strei-
chelte sie und küßte sie mit seinem ganzen Gefühl.
„Meine kleine Nina! Wie fühlst Du Dich?" Unhörbar
kamen die Worte über seine Lippen.
„Gut, Papi, aber ich sehe hier so viel Neues und habe
schon sehr viel gelernt." Wieder eine andere Ebene?
dachte er, und was seine Stina ihm gesagt hatte, fiel
ihm wieder ein. Merkwürdig, er hatte garkeine Tränen, es war alles überhaupt nicht traurig. Schön!
Sie sahen sich in die Augen, sehr lange und sehr tief.
Und die Liebe flatterte wie ein junger Vogel von einer
Seele zur anderen und hinterließ ganz viel Wärme und
Nähe.
„Du mußt gleich gehen, Papi!" sagte Nina. „Sie haben
es mir gerade gesagt. Ich muß zur Schule!" fügte sie
ernst hinzu. „Und Du darfst mir helfen. Tue alles, was
sie Dir sagen, es wird gut für uns sein!"
„Ninchen, wer ist 'sie'? Auf wen soll ich hören?" fragte

er, denn er kannte sich hier überhaupt noch nicht aus.
Nina lächelte nur. „Es kommt, und sie kommen. Du
wirst sie erkennen!"
Schatten, Nebel, Umklammerung des Herzens.
„Nina!" schrie er, aber sie lächelte nur und ent-
schwand. „Nina" flüsterte er nun, und eine große
Leere und Stille kam in ihn. Dann hatte er das Ge-
fühl, sich aufzulösen in Nichts und Alles, gleichzeitig.
Wut kam in ihm auf. Wer wagte es, ihn auf diese
schnelle Art von seiner kleinen Tochter zu trennen?
Was fiel denjenigen eigentlich ein? Aber wie ein dunkler Schatten schoben sich diese Gefühle vor sein Herz,
und ein kleiner Schrei zerriß die Luft in ihm: „Papi!
Arm!" Ganz leicht, ganz zart war der Ruf, aber er verstand.
„Ja!" sagte er nur, „ich höre auf Euch!"
Leichter wurden die Schatten, immer lichter, bis sie
schließlich rissen und sich vor seinen Augen verflüch-
tigten. Er sah plötzlich Sand, viel Sand, und eine
angenehme Wärme war um ihn herum. Er spürte, daß
sich seine Füße durch den Sand bewegten, über den
Sand. Links von ihm erhob sich eine große, imposante
Felswand, die er noch nie im Leben gesehen hatte.
Aber: 'Es ging ihn' und er war willenlos und ließ geschehen, was da geschehen sollte. Er dachte an den
letzten dünnen geliebten Ruf seiner Tochter. Also
würde das hier schon in Ordnung sein. Er hatte auf
einmal das Gefühl, als sei seine Tochter viel erwachsener und fertiger als er selber, und sah sich selbst als
Schulkind, das noch viel, viel lernen soll und muß.
Und so stapfte er gehorsam an der Felswand entlang,
bis seine Füße von selber stoppten. Es drehte ihn nach
links zum Felsen hin. „Hier muß ich hinein!" dachte es
in Peter. 'Oh je, hier ist keine Tür, wie soll ich das
schaffen?' dachte es dagegen aus seinem Kopf.
Er hob die Hände, war plötzlich nicht mehr nur er

allein, sondern eine andere, hohe Persönlichkeit hatte von ihm Besitz ergriffen. Er sprach heilige Worte »AYAM MAYAM RE PETRAM« oder so ähnlich, es kam ganz von selbst, und da öffnete sich der Fels und gab einen kleinen Pfad frei, durch den er hineingelangen konnte.

„Ja!" sagte er wieder, im Gedenken an die Szene am Bett seiner Nina. Da wogte eine freundliche Wolke auf ihn zu aus goldenem, wie ihm schien, Licht, umhüllte ihn und blieb dann über seinem Kopf stehen. Er ging voran in den Gang hinein, er sah nichts mehr, es war stockfinster, aber er verließ sich auf die Führung seiner über ihm leuchtenden goldenen Flamme. Und das war gut so.

Plötzlich weitete sich der Gang, und er stand in einer kleinen Halle, von der etliche Türen die Möglichkeit einiger Räume offenbarten. Er entschied sich für die grüne Tür, ging hin, öffnete sie und ging vorsichtig hinein. Es war ein eigentlich ganz kahler Raum. Nur in der Mitte stand ein steinerner Tisch und an der Wand links von ihm stand etwas, was man heute als Sideboard bezeichnen würde, aber aus Stein. Ratlos stand er herum, bis er die Stimme Dr. Welckers in seinem Inneren vernahm: „... Ihre Tochter ist lebensgefährlich verletzt, wir wissen noch nicht, ob sie überlebt." Mit schwerem Hall tönte diese Stimme in ihm und übertönte alle Angst vor diesem Unbekannten in ihm.

»Was soll ich tun?" fragte er fest in die Stille. – Da hörte er die Stimme von Nina, wie sie sagte: „Rette mich! Heile mich! Hilf mir!"

Da straffte sich seine ganze Gestalt und er trat an den Tisch. Ganz von selbst wußte er plötzlich, was er zu tun hatte.

„Ninchen, komm hierher!" befahl er sanft. Und vor seinen Augen begann sich das Bild seiner Tochter zu

formen, auf dem Tisch, ganz nackt, und er sah die
fürchterlichen Wunden, die sie davongetragen hatte.
Er sah den eingedrückten Brustkorb, die gequetschten Därme, den zerschundenen Kopf und den gebro-
chenen rechten Arm. Kurz erkannte Nina ihren Vater
und lächelte glücklich, unwahrscheinlich glücklich.
'Er hat es geschafft!' kam ihm in seine inneren Gedanken und nahm es als Bestätigung für seine jetzt erfolgen müssende Arbeit.
Er hob die Hände mit den Handflächen auf Nina gerichtet und sah, wie sie sich wohlig streckte. Dann
griff er mit der rechten Hand in ihren Brustkorb (daß
das so einfach ging, wunderte ihn garnicht mehr),
drückte von innen die Rippen wieder in Normalstel-
lung, streichelte die Lunge und das Herz und verlang-
te mit der Linken nach Licht von diesem 'Sideboard' an
der Wand, nach rotem Licht. Es kam! Es floß durch
seine linke Hand über die Schultern in die rechte und
verteilte sich an den wunden Stellen am Brustkorb
Ninas. Er staunte nur ein wenig. Es kam ihm plötzlich
so vor, als übe er hier eine Wissenschaft aus, die er
schon seit Jahrtausenden kannte, und die erst durch
diesen Unfall hatte neu erweckt werden sollen. Er bestrich mit der roten Farbe alle zerstörten Stellen in
Ninas Brust und konnte zusehen, wie sie sich schlossen, wie Infektionsherde verbrannten, wie die Verlet-
zungen sich auflösten.
Nun fuhr er mit der Hand in die Därme, spürte den
sanften, aber willkommen heißenden Widerstand,
und bestrich mit der roten Farbe alle gequetschten
Partien. Er tat dann dasselbe mit dem Kopf und lieb-
koste ihn mit der Hand, daß dieser sich freute, als
gehöre er nicht zu Nina und heilte. Auch den Arm
nahm er zwischen seine Hände und ließ die rote Farbe
alles vernichten, was einer Heilung im Wege stehen
könnte, vor allem die Möglichkeit einer Überstrapa-

zierung durch Infektionsträger.

Danach nahm er seine Tochter mit einer unglaublichen Zartheit und Sanftheit in den Arm, er meinte, dadurch mit ihr zu verschmelzen, und richtete sich wieder auf. Er hielt wieder die rechte Hand über sie, streckte die linke nach links zum 'Sideboard' aus, empfing diesmal grün-goldenes Licht und bestrich den ganzen geliebten Körper mit seiner rechten Hand und diesem Licht. Er konnte zusehen, wie sich die äußeren Wunden schlossen, wie einschlüpfen wollende Fremde sich ärgerlich verzogen, und er lächelte über sein Können und den Erfolg seiner neuen Tätigkeit. Das goldene und grüne Licht hüllte den kleinen Körper vollkommen ein. Nina öffnete die Augen, lachte ihren Vater fröhlich an: „Ich bin wieder gesund, Papi!"

„Bis später, mein Engelchen!" antwortete er, und er glaubte es und freute sich unbeschreiblich stark.

Erschöpft lehnte er sich an den Tisch, als die Gestalt Ninas sich langsam auflöste und verschwand. „Was noch?" fragte er ins Leere. Aber er wußte die Antwort!

„Christina!"

„Oh, wie, sie ist doch tot!"

„Nein", hallte es aus dem Nicht-Raum. „Es gibt keinen Tod! Aber Du mußt jetzt gehen, es ist für den Anfang genug gewesen, Du wirst wiederkommen, bereite das Nötige vor!"

Er fühlte, wie ihn irgendetwas an der linken Unterbauchseite zog und schmerzte. Er schaute hin und sah eine hauchdünne, silberne Schnur, die weit fort zu führen schien. Er schloß auch die inneren Augen und ließ sich ziehen.

Er erwachte, fühlte sich völlig zerschlagen, schimpfte „Scheiß Alkohol!", zog sich nun auch die Strümpfe noch aus, deckte sich zu und schlief tief und fest ein. –

Die reale Auferstehung

Als er erwachte, saß er fast senkrecht im Bett, als ihm
all das wieder einfiel, was geschehen war. Er duschte,
zog sich an, seine Verdauung klappte nicht mehr, aß
einen Apfel, setzte sich ins Auto und fuhr ganz schnell
zum Krankenhaus.
Auf Station 1b kam ihm schon Dr. Welcker entgegen,
ganz aufgeregt und ein bißchen übernächtigt.
„Herr Litzner!" rief er. „Ein Wunder! Ihre Tochter hat
es überstanden, um nicht zu sagen, sie ist schon
wieder völlig in Ordnung. Sie werden sehen!"
„Danke, Doktor!" sagte Peter nur müde, aber glücklich
lächelnd.
Er ging ins Zimmer 122, wo seine Tochter lag. Er sah
ganz vorsichtig hinein, er lugte, müßte man sagen.
Aber Nina hatte ihn schon gesehen und schrie: „Papi!
Papi! Das war toll. Das hast Du wunderbar gemacht!"
Dr. Welcker, der nach Peter ins Zimmer getreten war,
blickte erstaunt. Nina hatte schon in der Nacht so
merkwürdige Dinge phantasiert. Sollte es doch ir-
gendwelche Hirnschäden gegeben haben. Aber das
ganze sonstige Verhalten der Kleinen war vollkommen normal. Also abwarten.
„Ja, mein Engelchen! Ist alles in Ordnung?"
„Ja, Papi, wann machen sie die Verbände ab?"
Peter Litzner wandte sich an den Doktor. „Wann
können Sie die Verbände abnehmen? Ich denke, es ist
alles klar."
Der Doktor berührte die noch am Galgen hängende
Hand des Mädchens – kein Schmerzensschrei. Er bewegte sie hin und her, drehte sie – keine Reaktion.
„Ich würde meinen, heute mittag!" antwortete er. Ungläubig. Was war geschehen? Aber er würde es nie er-
fahren.
„Tschüß, mein kleines Ninchen. Ich habe noch viel zu

tun, weiß Du noch?" Ihm fiel alles wieder ein, und daß
er noch mehr zu tun habe. – „Ja, Papi! Bitte hol mich
ab!"
„Ja, natürlich, mein Kleines! – Herr Dr. Welcker, ich
muß mit Ihnen reden." Er drehte sich um und ging aus
dem Raum. Auf dem Flur sah er den Doktor offen und
geradeheraus an.
„Dr. Welcker, ich weiß nicht, ob ich Sie jetzt etwas
überforderte, aber bitte, um des Resultates willen versuchen Sie über sich selbst hinauszuwachsen und
legen Sie mir keine Steine in den Weg, die nicht nötig
sind. Es ist ein Experiment, und niemand weiß, ob es
gelingt, aber es gefährdet auch niemanden."
„Äh, – was wollen Sie?"
„Ich möchte meine Frau Christina wieder!" war ganz
trocken die Antwort.
'Also doch verrückt geworden. Sie ist seit zwei Tagen
tot. Da ist nichts mehr zu retten.' dachte Dr. Welcker.
„Gehen wir in den Keller!" blieb Peter unerbittlich.
'Na gut.' „Gehen wir" hörte der Doktor sich sprechen.
Unten fuhren sie die Lade heraus, und bleich und kalt
lag Christina Litzner dort auf ihrer Liege, zer-
schrammt, zerkratzt und tot.
„Können Sie diesen Zustand für etwa 5 Stunden so
belassen und sie nicht wieder hineinschieben lassen?"
fragte er. „Ich werde mein Allermöglichstes tun."
„Was wollen Sie tun?"
„Das kann ich Ihnen jetzt nicht sagen. Wenn Sie noch
möchten, kann ich es Ihnen sagen, wenn ich wieder-
komme, um Nina zu holen. Bitte bereiten Sie alles Nötige vor, um meine Frau, falls es nötig wird, sofort (!)
auf die Intensivstation bringen zu lassen. Bitte machen Sie mit, Herr Doktor, es ist nur eine winzig kleine
Chance, aber es ist eine."
Ewig währende Minuten überlegte der Arzt, denn es
war so ungeheuerlich, was hier geschehen sollte, daß

es sein ganzes ärztliches Begriffsvermögen überstieg.
Aber warum sollte er dem armen gequälten Mann
seine Hoffnungen nehmen, bevor er sich selbst die Un-
möglichkeit seines Vorhabens bewiesen hatte.
„Ich werde es tun. Es wird alles bereitet sein. – Sie
wollen Ihre Frau wieder ins Leben holen?"
„Ja –" sagte Peter einfach. „Ich muß es versuchen."
Innerlich schüttelte Dr. Welcker den Kopf. 'Er ist doch
nicht der Herrgott!' Aber die Aktion gefährdete niemanden, und Verrückte soll man nicht aufhalten.
Außerdem fiel ihm wieder ein, was mit Nina Litzner
Unvorstellbares geschehen war.
„In zwei Stunden ist alles bereit für die sofortige Über-
nahme auf die Intensiv, – falls notwendig", fügte er
(für sich) hinzu.
„Danke, vielen Dank! Ich komme dann wieder her!"
Zuhause legte Peter sich sofort aufs Bett und begann
seinen Kampf gegen die Zeit. Aber nichts klappte. Er
entspannte sich nicht genug, seine Gedanken jagten
durch seinen Kopf, er geriet in Panik.
'Ruhig, ganz ruhig', sagte er zu sich selbst, aber es
nützte nichts. Da ging er wieder zum Kühlschrank,
nahm sich ein Bier und kippte es in aller Eile hinunter.
Er wurde ruhiger, seine Gedankenjagden hörten auf.
Er trank das zweite, und er war still. Er schloß die
Augen und stand vor der Tür, hatte keine Ahnung,
was er machen solle, hatte keine Ahnung, was geschehen würde. Er hatte nur diesen dubiosen Auftrag,
nach dem er sich unter allen Umständen richten
würde.
Wieder öffnete sich unter seinem 'Zauberwort' die ge-
heimnisvolle Tür, und er ging den Gang entlang, bis er
zum zweiten Male in den Raum gelangte, in dem er
letztesmal gearbeitet hatte. Aber es gab einen großen
Unterschied zum letzten Mal: Christina lag schon auf
dem steinernen Tisch! Sie lächelte ihn an, als er

stockte, auf sie zuzustürzen.

'Nicht berühren jetzt', signalisierte sie ihm, wie auch immer. Er hörte es jedenfalls. Und tat es. Er handelte außer sich. Und richtig!

Er reckte die Arme nach oben, um Kraft und Licht zu empfangen. „Es gibt keinen Tod", hallte es in ihm. „Tue, was Du tun kannst. Wir helfen Dir!"

„Hier liegt ein getrennter Mensch, der die Trennung wieder überwinden möchte und zurückkehren in die Einheit!" – Was das auch heißen mochte.

Hier war er Herr der Zeit, kam ihm ein. Und er versetzte sich und Christina zwei Tage zurück, genau in den Punkt der Zeit, an dem sie ihren Körper verlassen hatte.

Peter sah die Wunden, wie damals bei Nina, er holte das rote, desinfizierende Licht, das grüne für die Heilung, das goldene für die Gesundung, behandelte jedes kleine Närbchen, jeden kleinen Bruch, jede blaue, grüne Stelle. Das Licht flog ihm zu, flog wieder weg, wenn nicht mehr benötigt, und er sah, wie der Körper seiner Frau heller wurde, wärmer und lebendiger. Auch im realen Sinne.

Im unrealen Sinne wurde ihm teils irrsinnig heiß, teils genauso kalt – er hatte Fieber, es fieberte durch all seine Poren und seine feineren Körper. Es nahm ihn sehr mit, aber er sah mit Freude die Wirkung dessen, was er tat und tun konnte, und das wog alle Schmerzen in den Schultern und in der Brust auf. Er sah das Band wieder leuchten an Christinas linker Bauchseite und wußte: Es hat geklappt! Was ist da schon real oder irreal? Papperlapapp!

Seine Frau verschwand vom Tisch, nachdem sie ihn strahlend angelacht hatte, und auch er löste sich auf in diesem Raum, denn er hatte seine Aufgabe getan.

„Welch ein schöner Traum!" dachte er im Rück'flug'.

Und er schlief, bis ihn das Telefon weckte.

„Herr Litzner! Hier Dr. Welcker im Elisabeth-Kran-
kenhaus! Ihre Frau – sie ist gerettet! Sie hatten recht!
Es besteht keine Gefahr, sie hat es geschafft! Woher
wußten Sie das nur?"
Peter hatte keine Zeit mehr für eine Antwort. Völlig
erschöpft, aber glücklich und zufrieden gab er sich der
bleiernen Müdigkeit hin, der Hörer fiel neben das
Bett, und er selbst entschwand in Ebenen, von denen
zu erzählen eine andere Geschichte wäre. Danke!

Unser Wanderer legt eine Rast ein, er bettet sich auf
das Moos der Zeit und betet zum Heute, daß das
Gestern etwas ruhen möge. Er fühlt, er hat gefunden,
was er in langen Jahrhunderten gesucht hat – er hat
sich gefunden, Gott gefunden, d a s Leben gefunden,
wie er es fühlt. Und er wird es leben und weiter
erkennen und schreiben ... schreiben ... schreiben.

Peer Böhm

„Die Fliegen"

Gestern Nacht wollte ich mich verwandeln. Mir war danach. Trotzdem sitze ich jetzt hier und trinke Tee. Vorgestern tat ich es auch und vollführte dabei die gleichen Bewegungen. Lächerlich, werden Sie zunächst zurecht sagen. Doch lassen Sie mich berichten, wenn es mir auch schwerfällt, weil mein Vorhaben ja mißlungen ist. Mich zu verwandeln, meine ich.
Nein, nicht verändern, sondern verwandeln.
Ich denke schon, daß da ein Unterschied existiert. Bedenken Sie, wenn Sie sich verändern, geben Sie Ihre ursprünglichen Charakteristika auf. Versuchen Sie sich zu verwandeln, ist das nicht zwingend notwendig.
Also lassen Sie mich fortfahren. Ich saß in einem Café, in einem wahrscheinlich ähnlichen, wie diesem hier, und plötzlich war mir, als verwandelten sich die Menschen, die ebenso wie ich an den Tischen saßen. Sie verwandelten sich solange, bis sie die Gestalt einer überdimensionalen Fliege angenommen hatten.
Nein! Sie haben sich nicht verändert, sondern lediglich verwandelt; denn sie saßen wie zuvor an den Tischen und redeten auch wie zuvor. An mir selbst, ich meine an meinem Körper, konnte ich jedoch eine derartig unbegreifliche Verwandlung nicht feststellen. Zunächst versuchte ich mir so wenig wie möglich anmerken zu lassen, was mir schwerfiel, da sich die Menschen nur in ihrem Äußeren von mir unterschieden. Es schien mir also demnach unmöglich, mich ihnen in irgendeiner Form anzupassen. Beunruhigt verließ ich also dieses Café.
Sie verstehen, worauf ich hinaus will? Nein? Die Verwandlung mußte ja nicht unbedingt so vonstatten gegangen sein, wie ich es gerade beschrieben habe. Es

hätte ja auch durchaus sein können, daß ich mich, von mir selbst zunächst unbemerkt, verwandelt hatte und auf Grund dessen sich diese Menschen nur in meinen Augen verwandelt hatten. Sich nunmehr real keinen Deut verwandelt hatten, was nicht auszuschließen war. Da müssen Sie mir Recht geben.

Auf meinem Nachhauseweg traf ich einen Freund, den ich trotz der herrschenden Dunkelheit als im gleichen Sinne verwandelt antraf. Ich erkundigte mich bei ihm, ob es möglich sei, daß ich mich verwandelt habe. Mein Freund lachte nur. Er lachte über mich und gab mir den Rat, schleunigst nach Hause zu gehen und mich in mein Bett zu legen. Er selbst ging kopfschüttelnd weiter und betrat eben dieses Café, das ich vor wenigen Minuten geflüchtet hatte.

Na, selbstverständlich habe ich seinen Rat befolgt, wenigstens den ersten Teil. Was blieb mir anderes übrig?

Im Treppenhaus stieß ich auf die Frau des Hausmeisters und ich wunderte mich nicht mehr, daß auch sie mich in der Gestalt einer Fliege grüßte. Es sei spät, und ich solle mich ins Bett legen, meinte sie. Es machte mir Angst, diese riesige Fliege in meiner Sprache sprechen zu hören, was mich schließlich auf den Gedanken brachte, daß nicht ich mich verwandelt hatte, sondern tatsächlich die Menschen.

Endlich konnte ich im zweiten Stock die Tür hinter mir zuwerfen. Nun saß ich da, in meinem Wohnzimmer. Über mir Fliegen, unter mir Fliegen und mir kam die Idee, den Fernseher anzuschalten.

Genau! Ich wollte Gewißheit, obwohl ich die im Grunde schon hatte. Vielleicht hätte man aber auch eine Sondersendung über diese anscheinend allein für mich mysteriöse Verwandlung eingerichtet. Eine naive Annahme, nicht wahr?

Während einer ganzen Stunde schalte ich von einem

Programm ins andere. Natürlich waren überall nur
Fliegen zu sehen. An eine Sondersendung hingegen
schien man nicht gedacht zu haben. Woher sollten sie
auch ahnen, daß ich mich nicht verwandelt hatte?
Doch sicher hatte ich an den Spiegel im Bad gedacht.
Aber auch nachdem ich mich eine beträchtliche Zeit
lang in diesem Badezimmerspiegel betrachtet hatte,
konnte ich nichts feststellen, und je länger ich mich in
dem Spiegel untersuchte, desto absurder kam ich mir
vor. Als ich dann noch zu allem Überfluß eine Fliegenpatsche auf dem Küchentisch entdeckte, die ein enor-
mes Ausmaß anzunehmen schien, da...
Ja, ja, Sie haben Recht. Diese Fliegenpatsche wurde
zu einem realen Mordinstrument, und ich fühlte mich
auch bei ihrem Anblick wie ein hochgradig potentiel-
ler Mörder, was Ihnen einleuchten muß. Und dieser
Gedanke, der gar zu einem schlechten Gewissen avan-
cierte, bewog mich zu dem Entschluß, mich ebenfalls
verwandeln zu müssen.
Sicher, auf Sie muß dieses Vorhaben aberwitzig wirken, zumal es aussichtslos ist, es zu versuchen. Aber
versetzen Sie sich bitte in meine Lage! Was hätten Sie
an meiner Stelle unternommen, um dem Abhilfe zu
leisten? Ich darf annehmen, Sie hätten etwas ähnliches versucht, wenn auch mit anderen Mitteln. Aber
Ihr Ziel, das hätte sich doch von meinem nicht im geringsten unterschieden.

Die Frau ihm gegenüber lächelte verständnisvoll und
kramte dabei in ihrer schwarzen Handtasche, die in
ihrem schwarzen Schoß lag. Schließlich kam ihre
Hand unter dem Tisch hervor und legte einen klebri-
gen Fliegenfänger auf das weiße Tischtuch. Gerührt
betrachtete sie dieses orangefarbene Folterband und
rückte es mit der Rechten noch ein wenig zurecht,
damit es hübscher aussah.

Paul Bone

Mein Lieber!

Dein Brief hat mich sehr nachdenklich gemacht! – Du
schriebst mir von Deinen Sorgen, was wird sein, wie
wird es weitergeh'n!? –
Nicht, daß Du meinst, ich würde das einfach abtun –,
aber sorgst Du Dich nicht zuviel? Wieviele Morgen
wird es denn geben? Noch ein Sommer, noch ein
Frühling? – Du solltest nicht so sehr in das Morgen
hineinbauen, wirklich!
Warum denkst Du denn nicht viel mehr an das Heute?
Das Morgen ist doch nicht Dein! Das Heute, der
Augenblick, der ist Dein, er ganz allein!
Sieh' mal, mir fiel unlängst ein Gedicht in die Hand,
das mich sehr nachdenklich gemacht hat!

Wie
ein
Hauch
ist
er
der Augenblick

Darum
halt
und
nehm'
ihn
in den Blick

Denk
nicht
an
gestern
oder
an morgen

Nutz
den
Augenblick
was
soll
das Sorgen

Freue Dich, wenn Du am Morgen erwachst zu einem
neuen Tag! Sieh' die Sonne, die Blumen, die Menschen, die Dir gut sind! Tu etwas Gutes, für Dich und
andere! Sammle Dich in Dir, gönne Dir Stille, lies ein
Buch, denke gute Gedanken! Du glaubst gar nicht, wie
dann Freude in Dich einströmt, tiefe Freude! Sage Ja
zu Dir selbst und Deinem Leben! Wieviel Gutes ward
Dir schon geschenkt! Hast Du das einmal bedacht?
Sei dankbar für Dein bisheriges Leben und daß Du
wieder ein Heute erleben darfst, einen neuen Tag!
Und wieviele Augenblicke hat er! Du mußt diese
Augenblicke nur nutzen! Der immerwährende Blick
auf Morgen behindert Dich und raubt Dir letztlich das
Heute, die Freude am Augenblick! Das Morgen hat
genug an eigenen Sorgen! „Carpe diem!" Kaufe den
Tag aus!
Sieh Dir ein schönes Bild an, lies gute Worte! Nicht in
der Zerstreuung wirst Du Dich finden, sondern nur in
Dir! Du bist Dein Mittelpunkt, Du bist Dein Heute!
Wieviele gute Augenblicke hat Dein Heute! Du mußt
sie sammeln, sie sind die Mosaiksteine zu Deinem
Heute!
Verstehst Du?
Denke daran, daß ich an Dich denke!
Sei froh!
Immer der
          Deine
P.S. „Es ist nur einer ewig und an allen Enden,
      und wir in seinen Händen!"
      Willst Du nicht da Deinen Anker werfen?
                                     D.O.

Mein Freund

Man
stiehlt
sich
nicht
weg
aus
dem
Leben

Hör'
doch
die
Vögel
singen
vor
dem
Fenster

Mein Freund

Mein Freund

Liebe
dein
Leben
sei
glücklich

Liebe
dein
Leben
sei
glücklich

Mein Freund

Mein Freund

Leben lernen

Unbekanntes
Meer
verknüpfen
mit
den
Sternen

Mensch
könnte
so
Leben
leben
lernen

barfuß

Soviel
Freude
nicht
nur
Leid

Hielt
das
Leben
dir
bereit

Nicht
nur
das
Dunkle
seh'n

Laß
Herz
doch
barfuß
geh'n

Such das Heute

Such
das
Heute

Nicht
das
Morgen

Werd
nicht
Beute

All
deiner
Sorgen

Geheimnis

Dunkel
das
Leben
wie
wohl
zu
wagen

Sein
Geheimnis –
man
muß
es
sich
er - tragen

Maya Canonica-Reumer

Vorwort

Die Suche nach dem Heute
beginnt mit dem Gestern,
führt über das Jetzt
und setzt ihren Weg fort
in das Morgen.

Weil schon Gestern Heute war
und auch Morgen wieder Heute sein wird,
erweist sich die Suche nach dem Heute
– letztendlich –
immer als eine Suche nach sich selbst.

Drei Bäume

Siehst Du diesen Baum – den Kleinen dort.

Dünn ist sein Stämmchen,
aber trotzdem schon stark,
dank seiner Biegsamkeit
indem er sich immer wieder aufrichtet,
nachdem ein wütender Wind ihn niedergedrückt hat.
Siehst Du seine neugierigen, übermütig nach allen
Seiten sprießenden Triebe.
Oft zurechtgestutzt und zurückgeschnitten. Auch das
konnte ihm nicht allzuviel anhaben,
es kamen neue Triebe, kräftiger und zahlreicher,
um sich viele Möglichkeiten offenzuhalten.
Er konnte nicht ahnen, der kleine Baum, daß ihm
die vielen Äste später fast zum Verhängnis werden
sollten.
Dann nämlich, als allzu viele Vögel versuchten sich
darauf niederzulassen, um sich auszuruhen und neue
Kraft zu schöpfen, so daß er unter dieser Last
beinahe zu Boden gedrückt worden wäre.

Siehst Du – dieser kleine Baum – der war ich einmal.

Siehst Du jenen Baum – etwas stattlicher schon.

Breiter der Stamm, in Gefahr starr zu werden um
den Winden zu trotzen, noch nicht wissend, daß
allzu große Starrheit von einem Sturm leicht
zerbrochen werden kann.
Die Wurzeln nicht sehr tief im Erdreich aber suchend
nach etwas Unbestimmbarem in großem Umkreis. In
Gesellschaft von anderen Bäumen, denn die wissen
ja bestimmt, wie es richtig ist.
Was ist „es" – und was ist „richtig"?
Das Erdreich an der Oberfläche bietet keinen festen
Halt. Es wird leicht bröckelig, hie und da von so
viel Feuchtigkeit durchtränkt, daß Du Gefahr läufst
im Morast stecken zu bleiben, festgefahren im Bett,
das Du Dir selber aussuchtest.
– Und die anderen Bäume –?
Auch sie bieten keinen wirklichen Halt. Sie ändern
sich und Du erkennst sie nicht wieder. Einige neigen
ihre Kronen anderen Bäumen zu, wenden sich ab von
Dir und ja – einige sind auch gestorben.

Siehst Du – jener Baum – der bin ich jetzt.

Aber nun schau dort –
den großen, stillen und eindrucksvollen Baum

Sein Stamm ist fest und doch nicht starr.
Die Narben aller überstandenen Stürme und Unwetter
sind gut verheilt und verleihen ihm eine eigene,
stille Schönheit.
Seine Wurzeln gehen tief ins Erdreich ein, woraus
er seine Kraft holt, die durch ihn hindurchströmt,
bis hinaus ins kleinste Ästchen, ins winzigste Blätt-
chen, welche sich sanft im Winde wiegen, bereit sich
loszulösen um im Flug ihre eigenen Erfahrungen zu
sammeln.
Allein steht er auf der großen Wiese der Baum, aber
er ist nicht einsam. In ihm ist die Gewißheit, Teil
eines Ganzen zu sein, selbst dann, wenn er auch dem
letzten Blatt seine Freiheit geschenkt haben wird,
steht er noch majestätisch da in seiner Kahlheit,
bereit, sich ganz in sich selbst zurückzuziehen,
auszuruhen und aus seinen Wurzeln, in der Tiefe
seiner Seele, neue Kraft zu schöpfen.
Und dann, wenn seine Zeit da ist,
wird er neuen Trieben das Leben schenken
um sie zur richtigen Zeit in die Freiheit zu entlassen.
So schließt sich der Kreis immer wieder und der
Sinn seines Daseins ist erfüllt.

Schau – wie dieser Baum – so werde ich einmal sein.

HEUTE
In meiner Stadt
In Deiner Stadt
In irgendeiner Stadt

Der Bankbrand

Die ausgebrannte Bank wird zum Stadtgespräch
– von den ausgebrannten Menschen in dieser Stadt
  spricht niemand

Über die Millionenschäden dieses Brandes entsetzt
Ihr Euch
– aber die nie wieder gut zu machenden Schäden
  an so vielen Kindern in dieser Stadt
  entsetzen Euch nicht

Sie wird zu Eurem Sonntagsausflugsziel, die ausgebrannte Bank
– die vielen Alten und Kranken in dieser Stadt
  hassen die einsamen Sonntage

Warum eigentlich, regt Ihr Euch auf über
Kriminalität
Alkoholismus
Drogensucht
– der nächste Bankbrand kommt bestimmt.

Gregor Duron

Unbegreiflich oder ein Fall für Professor M.

Hentsch war da,
von Kluck aber nicht –

Mars alter:
wie kann er fehlen,
wenn aufbrüllt die Schlacht
zum letzten Gericht?

Legende

„Vive le Géneral Foch!",
riefen, so der 'Matin',
eh' ihr Leben erlosch,
die halb noch im Schlaf
bei Lenharrée
Bajonettangriff
traf

In Zeit und Ewigkeit

RON ZINN
sah keiner mehr
fallen

erwiesen der operative
Mißgriff
den Clark von der
Navy beging

Marc Feldstein (fünf Oscars)
hat's in „Underdog"
'neunundsiebzig
nachgestellt

Befestigter Platz
(In memoriam Margret Boveri)

ISABELL D.,

sie konnt' es nicht fassen:

hat doch dem Staat
einen Dienst erwiesen
war auch gar nicht
abgewiesen –

und jetzt will der schreckliche
Kampfkommandant

sie

baumeln

lassen

Zurückgehende Front

Am alten MG
der Spannschieber klemmt
noch immer die Kammer:
beseitigt, was hemmt!

Es heult schon der Maybach,
doch der Streukreis zu groß
im Wagen, im Wagen da
wollt' er ja bloß –

Und über dem Lenkrad
herniederbricht
glattrasiertes
Schmissegesicht

Nur der Freiheit gehört unser
Leben oder Brückenkolonne B

Pause
Schaum
vor dem Mund
im Dnjepr
geschwommen

durch Uffz.
zu kapitalem
Anschiß gekommen

was soll man machen?
es trällert es trillert
nehm' meine Sachen

DIE BEWÄLTIGUNG

HEUREKA!
DAMIT IST
ES GESAGT:

PARTEIABZEICHEN –
DAS LOCH,
DAS ES AM
REVERS HINTERLÄSST

INDESSEN:
AUCH OHNE
SIGNUM
SCHUFTE
STELLT MAN
SEIT ADAM UND
EVA FEST

Tacitus

Heil, alter Tacitus!
Mit Gladiatorengruß
Tret' in den Nordgau ein

Wo mag denn nur Weleda,
Wo ihr Seherisches sein?

Carson Mc C.

nach fernem
klang
das große auge
wandert die
linie entlang

wie schneefall mild
erlischt
das bild

hörfehler?

ein halbton
hat dich
hoffen lassen
sie müßt' es schließlich
doch erfassen

indessen alles wieder
bald im lot –
war er denn je?
der halbton tot

O Miranda!

Miranda denkt Serie
und überwiegend
instrumental

was tun, wenn nur
Kunstlicht, wo vordem
Wärme einmal?

Ehrliche Dame

Er liegt so tief unten
wie von sich sagt –
Sein Verhängnis ganz einfach:
daß nach mir fragt

Beim Schlagen eines
langen Passes

Kluger Narr
der Sport-
referendar

Macht sich nicht klar,
daß an der Linie
Samantha
doch harr'

New feeling

Was zwischen M

                        und W
im Zeichen von
new-new-feeling
noch geht?

Am besten:
    Versicherung
    gegenseitiger
    Inkompatibilität

Am Brückenkopf

Noch immer rast sein
Maschinengewehr

Schatten fällt
von hinten her
reißt Handgranate an

       – weiblicher Partisan?

Onkel R.

Uranvorkommen?
Da gibt's doch 'ne
Technik,
wie jemand am
schnellsten
Terrain
wird genommen –

Der Geierschrei
durch Chefetagen hallt:

  'Let's go,
   Herr Rechtsanwalt!'

Smookie

Smookie
der Hengst
der seinen
Herrn verlor

trabt im
weiten Mond des Westens
den Kalumet-Bergen zu

scheut am valley
plötzlich wild:
tief unten
eine grüne
    Industrieruine

Produktionsverhältnisse I

Im sozial
praktischen
Experiment

Die arbeitsteilige
Mutter
vom Kinde
längst
getrennt

Produktionsverhältnisse II

Wie abgenutzt das Licht
der Morgen
von der
Lyrikproduktion

Die Frau der Tat
hat andre Sorgen:
Der Bombenleger
wartet schon

Am Tag der Tage

Es erhebt sich ein heimliches Brausen:
selbst Charly Chap
läßt seine Slapsticks sausen,
heult, kleiner Mann in der Ecke,
fassungslos vor Glück:

    Stück Land
    gibt Industrie
    ganz unverbraucht
    zurück

Helmut Engelmann

Leben wie ein Hund

Gib mir Kraft mein Gott, Kraft, dieses Chaos, dieses
unsinnige, ungerechte Dasein durchzustehen. Es
schreit aus aller Munde, von ganz unten, aus dem
Dreck und Sumpf, hallend nach oben, verhallend im
Lichte und im Glanze. Schreie der Verzweiflung, zer-
treten von Großen, von überdimensionalen die sich
Herren nennen, Führer, Lenker, die uns das Denken
abnehmen. Verflucht, ist das alles Traum oder Wirklichkeit? Keine Substanz und Kraft in diesen Millionen Menschen? Nein, nein, ich will es nicht glauben,
Gott steh uns bei!
Fragt euch doch, redet euch ins Gewissen, macht euch
doch Gedanken! Wir sind doch eine Einheit, geschaf-
fen aus dem Universum, aus dem unendlichen Nichts,
aus dem Dunkel der Welt ans Licht gekommen, uner-
klärlich und wundersam. Begreifen wir doch endlich,
daß wir alle zusammenhalten müssen, Haß, Neid,
Mißgunst und Schlechtigkeit ablegen, um unser
Überleben zu sichern. – Utopia? – Gedanken, nur Gedanken, von vielen, jedem Tag, immer von neu-em
bewegte Gemüter! – An einen Tag wie jeder andere:
Anton B., Personenkennummer: 0815-0. Wohnhaft
irgendwo, im Nirgendwo. Seine Gedanken kreisen um
den Sinn seines Daseins. Anton B. ist einer von Millionen im Sumpf unserer Zeit.
Die Sonne wirft einen milchigen Nebel an diesem
Morgen über seine Stadt, die Stadt des Anton B. Seine
traurigen, mit schwarzen Rändern gekennzeichneten
Augen blicken ins Gewühl und ins Getümmel der
Stadt Nirgendwo. Bartstoppeln, übler Geruch, und
eine Fahne von Alkohol dringt aus seinem Mund, die
Fahne vom vorhergehenden Abend aus der Kneipe
nebenan. In der Küche türmt sich das Geschirr, ver-

krustet mit Essensresten, und der Mülleimer quillt über. Ein verflucht ekelhafter Geruch.
Mit seinen zerschlissenen Hauslatschen, dem mit Löchern übersäten Trainingsanzug und einem vergilbten Hemd schleppt sich Anton B. durch seine Bude. Übelriechend, aus allen Ecken und Winkeln dringt Fäulnis entgegen. Es stört ihn nicht. Apathie und Gleichgültigkeit spiegeln seine Wesenszüge.
Sie ist einfach abgehauen, durchgebrannt mit einem anderen Makker, der ihr es wohl besser besorgt. „Diese elende Dreckschlampe", schreit Anton B. durch seine Bruchbude, „hat mich einfach sitzenlassen, im Dreck, Elend und mit einem Berg von Schulden. Verdammt, wie soll es weitergehen? Oh Gott, oh Gott, hilf mir, zeig mir einen Weg!"
Alleingelassen, fallengelassen von seinen ehemaligen besten Freunden, Freunden in der besten Zeit, einer Zeit als alles noch stimmte. Jetzt, was jetzt, verdammtes Gesindel, elendes verkommenes Gewürm, denkt sich Anton B. und verdrückt dabei einige Tränen, salziges Wasser des Elends.
Herr B. starrt vor sich hin. Sein Blick ruht auf dem Kalender, dem Kalender, der ihn erinnert an die Tage, die Tage die vergangen waren, verflucht harte, und die Gegenwart, die ungewisse. – Verdammt, heute ist doch der Termin beim Arbeitsamt, um 11 Uhr muß ich dort sein. Schnell kramt Anton B. ein paar gammelige Klamotten aus dem Schrank, streift sie sich über und wankt hinaus auf die Straße. Kalt ist es heute Morgen, muß mich wärmen, von innen heraus, mit einen 40% Vol. Flachmann. Herr Anton B. schüttet das Zeug in seinen Schlund, wie Wasser läufts hinunter. Die Furcht und Beklemmung weichen nach einigen Minuten, die 40 Prozent heben ihn für einige Stunden in eine Traumlandschaft mit Wunschgebilden. Alles ist jetzt leichter, lockerer.

Leicht wankend schleppt sich B. durch die Stadt, zum
Gebäude mit dem großen roten A auf der Vorderfront.
Auf dem Weg dahin, kritische, verachtende Blicke,
wie Gift, Galle und Feuer sind sie, sie, die Blicke der
Passanten. „Hey, du alter versoffener Penner", tönt es
aus einer Gruppe Jugendlicher zu ihm ans Ohr! Ge-
schubst, gestoßen, ja irgendwie verbannt ist Anton B.
von der Gesellschaft, einer Gesellschaft, die nichts mit
asozialem Gesindel zu tun haben möchte. – Sollen
arbeiten, alles Faulpelze, Parasiten, Staat ausbeuten.
Herr B. ist stumm, versteinert seine Miene. Apathie,
Kälte und Gefühlslosigkeit beherrschen sein küm-
merliches Erscheinungsbild . Es versteht ihn keiner,
keiner hört hin, wieso auch, sind ja nicht ihre Probleme, Hauptsache ihnen gehts gut. Soweit ist es gekommen, und es wird noch schlimmer denkt sich Anton B.,
viel schlimmer. Verflucht, bin am Ende, strecke meine
Hände hilfesuchend aus und erhalte die geballte
Faust, warum? Gott warum?
Bald steht er an, in der langen Schlange, ganz hinten
an, im Gebäude für Soziales; wartend auf seine Ruf-
nummer, Anton B., Personenkennnummer 0815-0, irgendwo im Nirgendwo. So geht es schon lange, sehr
lange, einfach zu lange. Menschen, Menschheit was
tun wir uns an?
Ein Paradies könnten wir haben, wenn da nur die Vernunft wäre, aber wer weiß schon was Vernunft be-
deutet? Wie soll Friede sein, wenn jeder sich nur der
Nächste ist? Ich weiß es nicht, wer weiß es schon?
Bleibt da nur die Hoffnung, die Hoffnung, ja die
Hoffnung auf einen Lichtschimmer aus dem dunklen
Nichts. Die Errettung der Menschlichkeit!

Eine Nacht im Hafen

Die Nacht ist endlos, schwarz und irgendwie my-
stisch. Schatten huschen, werden größer, werden
kleiner. Alles verschwindet im Nichts, im unbehellig-
ten Nichts.
Ein Surren und Beben dringt durch die Stille. Kleine
Lichter, ganz kleine Lichter, wie Sterne funkelnd
schimmern durch das Dunkel. Geräusche, merkwürdig hallend in der Luft, ächzend und dröhnend von der
Ferne her, dringen ins Gehör und in die Seele. Man
riecht, man schmeckt, man nimmt wahr mit Sinnen,
was die Finsternis verbirgt. Es liegt was in der Luft,
ein Gefühl, unbeschreiblich und doch fühlbar nahe
und irgendwie abstoßend.
Grauschwarze, merkwürdig aussehende Gebilde
schaukeln ganz sacht auf und ab, ziehen langsam vor
und langsam zurück. Mächtige Türme, wie Gerippe
aussehende Kräne ragen in den Nachthimmel empor.
Mein Gott, diese Kälte die diese Kulisse ausstrahlt, sie
schmerzt, stimmt traurig und ist verdammt einsam,
wie die Einsamkeit der Nacht.
Ein eisiger Wind bläst mir entgegen, herauf aus dem
Hafen, dem Hafen der tausend Schiffe. Rasselnde Ketten, vibrierende Elektromotoren und das Schreien von
Befehlen der Lademeister dringt durch die Nacht.
Eine merkwürdige Flut von bedrückenden Gefühlen
ergreift mich.
Soeben rollt ein stinkender, gelber Gabelstapler dicht
an mir vorbei, vollgepackt mit Stückgut. Der Fahrer
verrichtet diese Tätigkeit perfekt, wie ein Roboter.
Fässer, Kisten, Container, Säcke, Holz, alles ist ge-
stapelt und fein säuberlich zurechtgerückt. Hier und
da ein Ölfleck, ein abgebrochenes Stück Holz und ein
paar rostige Nägel verschandeln irgendwie diese aku-

rate Ordnung der Güter.

Ich taste mich näher an diesen Ort heran, heran um herauszubekommen, ob mehr menschliches Leben in der Nähe ist, Menschen die dieses geordnete Chaos leiten. Zwischen irdischen Gütern versteckt, hocke ich zusammengekauert und lausche nach Geräuschen. Meine Augen blicken durch schmale Ritzen zwischen Regalen und Containern heraus. Wie ein Verbrecher komm ich mir vor, Angst um gesehen zu werden. – Zutritt strengstens verboten! –

Es ist bestimmt eine halbe Stunde vergangen, als plötzlich zwei Herren mit dunklen Anzügen und eleganten Krawatten zwischen Regalen und Paletten auftauchen. Die Köpfe zusammengesteckt, leise flüsternd. Verdammt, jetzt bleiben sie stehen, direkt vor mir, vor meiner Nase. Sie haben Papiere in der Hand, wahrscheinlich Frachtpapiere, und fuchteln unentwegt mit den Armen in der Luft herum, irgendwie richtungsweisend, anordnend oder planend.

Der süßliche Parfümgeruch, den die beiden von sich geben erinnert mich an die Chefbüros, Chefetagen und an Bordelle, wo sie doch alle gleich riechen und gleich sind. Bis auf das Geld, das sich der Arbeiter im Schweiße abringen muß. Das Geld, das verdammte Geld, denke ich, während ich in meinem Versteck ängstlich hocke. Ja, die armseligen Menschen, Arbeiter, Tagelöhner und die kleinen Angestellten, die, die das wirtschaftliche, materielle und enorme Überflußpotential schaffen, haben nichts davon. Sie alle, ja alle werden gebeutelt, abgespeist mit einem Hungerlohn der kaum zum Leben reicht. Verdammt, diese Gedanken quälen mich, lassen die Wut in mir kochen. Ich fühle mich erbärmlich, so winzig und leer, irgendwas hoffnungsloses, ein Gefühl der Traurigkeit legt sich über mich, zwängt mich ein, wie der Druck der Obrigkeit. Verflucht. Schnell, schnell weg von hier, raus aus

dem Dreck!
Fluchtartig zwänge ich mich aus dem Versteck, eile –
nichts wahrnehmend um mich herum – an allem
vorbei, hinaus ins Freie. In wilder Hetze vorbei an
Mensch und Material. Erst als die Kraft in mir verbraucht ist halte ich an, drehe mich nochmals um, zu
den grauen Schatten aus Metall, Angst und Schweiß.
Flucht aus der Barbarei, von Menschenhand geschaf-
fen, Flucht vor der Gesellschaft, die da steht wie ein
Fels in der Brandung, die dieses Chaos mitträgt,
Flucht in sich hinein, ins Land der Illusion und Phantasie. – Irgendwann wird der Fels verschwunden sein,
von der Brandung und unserer Vernunft zerrieben.
Ein beruhigender Gedanke der sagt, alles wird gut!

Getto

Blaßrot, mit einem grauen Schleier umgeben, ver-
sinkt die Abendsonne. Traurig, wie ein hoffnungsloser
Schimmer sieht sie aus, bevor sie hinter der Silhouette
einer Häusergruppe verschwindet. Jetzt ist es dunkel
und kalt, totenstill. Beklemmung und Furcht legt sich
wie ein eisiger Hauch über die Steinwüste und ein
kühler Wind weht über das Land, verwandelt alles zu
Einsamkeit. Verdammt, und doch scheint es hier
Leben zu geben. Einzelne Lichter, fahl, wie Totenau-
gen schimmern mir entgegen, entgegen aus Beton-
blöcken mit kleinen Löchern drin. Alles ist so furchtbar kalt und eng, eingezwängt in ein Lebenschema,
das man doch im Grunde nicht will. Steine, Steine,
überall Steine, grau und unwahr hämmert es in mei-
nen Schädel.
Die Stunden vergehen, und ein neuer Tag bricht an im
Tal der Betonwüste.
Er kündigt sich an mit Lärm, Lärm von stinkenden
Autos, heulenden Sirenen der Fabriken und Men-
schengewimmel.
Meine Aufmerksamkeit richtet sich jetzt auf einen
Menschen, fixiert auf einen Zeitgenossen, der um das
Überleben kämpft, kämpft, und doch nicht weiß, war-
um und wofür. Herr Maier, 12. Stock, Block C, in der
Straße der Fabrik, ganz oben links die letzten drei
Fenster, mit Blick zur Sonne, den meine ich.
Er schleicht heraus, gebeugt und irgendwie blaß im
Gesicht, heraus aus seinem Bunker mit den Fenstern
zur Sonne, die er so selten sieht und nichts mit ihrer
Wärme und Vertrautheit anfangen kann. In der rech-
ten Hand umschließt er krampfhaft eine abgegriffene
schäbige Tasche, die wohl vor Jahren braun war.
Außen ragt eine mächtige Thermoskanne mit rotem

Verschluß heraus, und drinnen hat er wohl mit Wurst belegte Butterbrote, eingewickelt mit schon mal gebrauchtem Papier. Seine Energiequelle, eine Energiequelle, die er anzapft, wenn die vorgeschriebene Zeit gekommen ist, und mit deren Hilfe er das Bruttosozialprodukt steigern hilft. Es ist doch seine Pflicht und verdammte Schuldigkeit, oder?

Gemächlichen Schrittes trottet Maier lustlos mit einer melancholischen Miene zur Haltestelle, die einige hundert Meter von seinem Zuhause entfernt ist. Gleich kommt ein mächtiger Bus, ein Bus vom Werk, seinem Werk, seiner Fabrik. Sammelstelle, alle Mitfahrer stehen eingepfercht nebeneinander, und doch strahlt keine Wärme ab. – Ein Ruck, die Fahrt beginnt.

Geradeaus, dann einmal links, eine Ampel, rechts, wieder geradeaus durchs Tor, in den Schlund, in den mächtigen Bauch der Fabrik.

Aussteigen, gewohnte Schritte, vertraute Griffe, alles Gewohnheitssache.

Maier streift sich sein Arbeitsdress über, wartet geduldig mit anderen auf die Sirene, auf den Start: endlich anfangen, die Arbeit wartet, aber vorher noch in die Hände spucken.

Jetzt.

Mächtige Greifarme, auf Rollen näherkommende Ungetüme von Maschinen kündigen den Arbeitsbeginn an. Maier huscht schnell zu seinem ihm zugeteilten Platz. Hier steht er nun zwischen merkwürdigen Gebilden aus Stahl, Öl und Schmutz. Elektrokabel in sämtlichen Farben neben ihm, eingezwängt in Technik, getrimmt darauf, einige kleine schwarze Schalter zu drücken, Handgriffe flink zu erledigen.

Tack, tack, tack, Geräusche, Lärm, furchtbar laut ist es hier, kaum zum Aushalten. Maier ist konzentriert. Schweißperlen auf der Stirn, stumme Zeugen der

Anstrengung. Blechteile, kleine häßliche graue Blechteile mit Löchern drin stellt seine Maschine her, und er wacht über sie, ist ihr Herr.
Stundenlange Plagerei. Die Substanz, die Kraft in ihm ist verbraucht. Er ist ausgelaugt, leergesogen, kann nicht mehr. Maier steht gekrümmt, mit ölverschmiertem Gesicht, aufgerissenen Händen an seiner Maschine, Tag für Tag.
Die Sirene heult, alles ist vorbei, 8-Stundentag eben. Ein befreiendes, gelöstes Lächeln huscht über sein Gesicht. Erleichterung, die Anspannung weicht.
Jetzt schnell, Arbeitszeug ablegen, waschen und Wunden lecken. Dann weg, schnell weg, fort von hier und abschalten, vielleicht noch ein Bier trinken, oder auch zwei, mit Freunden, alles vergessen, was diesen Tag beschwerlich machte.
Einige seiner Mitarbeiter trotten gemütlich zusammen mit Maier zu einer winzigen Gaststätte unweit von der Fabrik. Mit lachenden Gesichtern drängen sie zur Eingangstür, die so schäbig und abgegriffen ist, wie der dreckige, schwarze vom Ruß verfärbte Putz, der an manchen Stellen lose vom Mauerwerk hängt und abstoßend auf eine empfindsame Psyche wirken kann.
Einer von ihnen erzählt gerade beim Betreten der Gaststube einen dreckigen Witz, alles grölt, alles lacht. Die gute Laune kehrt zurück, irgendwie war sie ja vorher abhanden gekommen. Verständlich, oder? Bier, Wirt, bring uns eine Runde, zuvor aber noch auf die Schnelle einen Kurzen zwitschern. Befreiendes Gelächter, glänzende Augenpaare und ausgelassene Stimmung beherrschen die Szenerie. „Wißt ihr schon das Neueste, Leute?", schreit einer aus der Runde lauthals durch den Saal. „Die Tochter vom Chef, ich habe sie erwischt wie sie heimlich mit dem Chauffeur..., diesem alten Filou, na ja, ich hab's durch Zufall

gesehen, wie sie es getrieben haben." – „Was, was ist
los? Komm, erzähl alles ganz genau." Staunen, lauschen und lachen, schmutzige Wäsche
waschen, über Kollegen herziehen und Intrigen pla-
nen, über Leute lästern und sie schlecht machen. Nur
man selber ist rein, man kann doch keine Kritik ertragen, von anderen vielleicht Wahrheiten erfahren.
Nein, nein, das kann man nicht tun, nicht mit Maier.
Er wischt sich den letzten Rest vom Bier aus dem Gesicht und grinst zufrieden vor sich hin. Die Zeit ver-
rinnt. 19.00 Uhr. „Menschenskind, Leute, ich muß
nach Hause, meine Alte macht sonst Terror." – „Ach,
schick sie zum Mond", tönt es vom Tisch herüber. –
„Nein, Jungs ich kann das nicht bringen, kann zur Zeit
keinen Zoff gebrauchen, es steht zuviel auf dem Spiel.
Also dann, bis Morgen." – Unruhig und unheimlich
aufgewühlt im Innern schreitet Maier zur Bushalte-
stelle. 19.20 Uhr Abfahrt, zurück zum Bunker.
Die kurze Fahrt erscheint ihm ewig, es sind viele
Dinge, die ihn gedanklich beschäftigen und alles um
ihn herum vergessen lassen. Ankunft, aussteigen,
noch einige hundert Meter bewältigen und hinein in
das Wohnsilo mit den vielen kleinen Fenstern. 12
Treppen, nach links einschwenken, Schlüsselbund
rauskramen und bei Maier öffnen. Geschafft, zu
Hause, endlich.
„Hallo, Schatz", preßt Maier heraus, als er seine Frau
erblickt. – „Na, wie war der Tag?" – „Och, du, eigentlich wie immer, nichts neues, immer dasselbe." –
Maier stellt die Tasche ab, stülpt sich Hausschuhe
über, öffnet den Kühlschrank und greift zur Flasche.
Ein gemütliches Bierchen, gemütlicher Sessel, die
Zeitung durchackern und die Tagesschau verfolgen.
Schön, alles ist gut. – Etwas später. „Essen ist fertig",
lautet es aus der Küche. Familie Maier sitzt am Tisch,
am Kopfende Vater Maier, links von ihm Frau Maier

und gegenüber Sohn und Tochter. Richtig gemütliche Runde, Familienrunde. Während die Familie die Nahrung, aus allerlei Köstlichkeiten zusammengestellt, zu sich nimmt, werden Problemfälle, Fälle von Schwierigkeiten beim Lernen der Kinder in der Schule, Finanzprobleme und Klatsch vom Treppenhaus heftig diskutiert. Es gibt ja so einiges, was man als gehorsamer Erdenbürger und Arbeitssklave zum Gespräch beitragen kann. – Nach Beendigung des abendlichen Schmauses wird abgeräumt, aufgeräumt, hier und da genörgelt, über dieses und jenes, eben Luft, Dampf abgelassen aus der gestressten Psyche. Manchmal entsteht bei Maiers sogar bei Nichtigkeiten ein heftiges Ehegewitter. Das ist halt so, muß man hinnehmen. In der guten Stube läuft das Fernsehen schon auf vollen Touren, es kommt ja gleich die spannende Serie und danach ein romantischer Spielfilm, das ist was für Frau Maier. Herr Maier schläft wie gewöhnlich dabei, laut schnarchend. Ist doch verständlich bei dem Tagespensum, oder etwa nicht? Programmende, Frau Maier weckt ihren Mann. – „Komm jetzt ins Bett, los!" – Zerschlagen, wankend, augenreibend stolpert er ins Schlafzimmer, schafft gerade noch das Abstreifen der Hose und das Zähneputzen. Er fällt aufs Bett und ist gleich weg, im Land der Träume. Seine Frau liegt neben ihm, alleingelassen, irgendwie einsam. Wie gerne hätte sie jetzt noch ein paar Streicheleinheiten abbekommen. Sie ist ratlos und traurig. Herr Maier ist ja so selten in der Lage, seinen ehelichen Pflichten nachzukommen, verdammt, eine ungerechte Welt. Langsam legt sich der Schleier des Traumes über 12 C, ganz oben links, bei den 3 Fenstern zur Sonne.
Am nächsten Morgen klingelt der Wecker um 6.00 Uhr. Alles fängt von vorne an in der grauen Steinwüste mit dem häßlichen grauen Beton.

Verdammt, wo bleibt der Sinn des Lebens, wo bleiben die Träume, die man verwirklichen wollte, wo bleibt das, wonach man sich sehnt? Man ist eingesperrt, eingeengt, hat keinen Freiraum! Getto? – Die Zukunft liegt in unserer Hand, machen wir daraus das Beste, aber mit Verstand.

Gaby Foster

DER KREIS

SICH RUNDENDER BAUCH
RÜCKEN GEHÖHLT
VERKLÄRTER BLICK
    STINKENDE LUFT
    LOCH IM OZON
    REAKTORUNFALL
ROSA BLAUE WÄSCHE
WISSENDER BLICK
FRAUEN UNTER SICH
    WACHSENDES ES
    DEM CHAOS AUSGELIEFERT
GEDANKEN FÜR NAMEN
ANWESENDER DAMEN
WARUM VERSTEHE ICH NICHT?
    MUT?
    WAHNSINN?
    STREBEN NACH LEBEN?
    FAMILIENGLÜCK?

HOFFNUNG

TIEF VERGRABEN WAR DAS NASS DER TRÄNEN
FEST VERSCHLOSSEN DAS TOR ZUM LICHT
SEIN SCHLÜSSEL VERSTECKT
UNTER GERÖLL VON SCHMERZ
ZIELLOS DIE SUCHE NACH GEGENWART
SOLANGE GRENZEN ZUKUNFT BEDEUTEN
FLIESST DAS RINNSAL
IN DAS MEER DER NACHT

DU

VERGLEICHE NICHT
DOCH LASSE MICH WISSEN
WENN WAHRHEIT WIR VERMISSEN

VOR NICHTS IST MIR BANG
IM HERZEN DEINER STIMME KLANG
LÄSST MICH STÄRKE SPÜREN

WUNDEN VERNARBEN
NICHTS MEHR SCHMERZT
DU

... ABER WANN ?

RUND IST DIE WELT
BEVÖLKERT VON MENSCHEN
NICHT EINER DEM ANDEREN GLEICH
VON DER SCHÖPFUNG WUNDER GEHEISSEN
MANCHE KRAFT ZEIGT SICH IM INDIVIDUUM
IN GRUPPEN OFT DIE DUMMHEIT
WENN DIE SCHAFE VOM WOLF GEFÜHRT
DA FOLGEN SIE BLIND SEINEN SPUREN
EIN WUNDER TÄT' ICH ES NENNEN
WENN SCHAFE 'MAL WÖLFE ÜBERRENNEN

ANDERS

ANDERS LEBEN   DER MASSE ENTKRIECHEN
DEM STROM   STÄNDIGER WIDERSTAND SEIN
IN DER MENGE   NICHT ERTRINKEN
BE WUSST SEIN   VER RÜCKT HEIT
MACHTVOLL   EMPFINDEN
DEM MUT   NICHT AUS DEM WEGE GEHEN
ANDERS LEBEN   ANDERS STREBEN
ANDERS SEIN

DANKE

DIE SONNE ÜBERSTRAHLT DAS MEER MIT
                         GLANZ
DER HIMMEL WEINT KEINE TRÄNEN
DER WIND VERKÜNDET IN SANFTER MANIER
  DEN BLÄTTERN DER BÄUME, DEN BLÜHEN-
                      DEN BLUMEN
DIE WUNDER DER NATUR
VERKÜNDET DEM MORGEN GLÜCKSELIGKEIT
EROBERT DEM HEUTE DEN FRIEDEN
VERGISST NICHT DIE GEDULD DER STUNDEN
VERTRAUT DEM WIR IM ICH

HEUTE?

GRAUE HÄUSER GRAUE BÄUME GRAUE
                    SILHOUETTEN
STILLE ZWISCHEN NACHT UND TAG
GESTERN HEUTE UND MORGEN
WERDEN SEIN UND VERGEHEN
KRANKE ERDE FEUCHTES GRAS
IN DER WOLKE ERTRINKEND
DRÜCKENDE STILLE BEKLEMMENDE ATEMLUFT
SCHLAFT IHR IM NEBEL?
SCHAUT EINZIG DER MOND OHNE SCHATTEN?
GEWISSEN SCHLÄFT TIEF
VERSCHÜTTET
                WEINT TRAUER
GRAUES DORF ÜBERDACHT VON GRAUEM HIMMEL
SCHARFE KONTUREN ZERSCHNEIDEN
                    VERSCHWIMMEN
LICHTET DER NEBEL SICH?
WACHT IHR JEMALS AUF?

GEDULD

GOTT HAT DEN MENSCHEN DIE LIEBE GEGEBEN
DIE VERWIRRUNG HAT ER UMSONST VERTEILT
DIE VERZWEIFLUNG HAT ER DEM WACHSEN
                    VORANGESTELLT
DER SEHNSUCHT HAT ER GESTALT VERLIEHEN
DIE WAHRHEIT LÄSST ER SIE SUCHEN
DIE FALLE DES BÖSEN HAT ER NICHT VERGESSEN
DAS GUTE ALS SCHATTEN DEM LICHT ENTNOMMEN
DIE MENSCHEN NUN LÄSST ER IM DUNKEL
                    ENTSCHEIDEN
WIEVIELE WEGE DER LIEBE ZU FINDEN SIND

GEDANKEN

MEINE TRAUER IST NICHT DEINE.
WARUM AUCH.
MEINE GEDANKEN SIND NICHT DEINE.
WARUM AUCH.
MEINE TRÄUME SIND NICHT DEINE.
WARUM AUCH.
DEINE TRÄUME WAREN MEINE TRÄUME,
WARUM AUCH NICHT.
DEINE GEDANKEN WAREN MEINE GEDANKEN.
WARUM AUCH NICHT.
DEINE TRAUER IST NICHT MEINE TRAUER.
WARUM AUCH NICHT.
WARUM NUR FRAGE ICH MICH.
WAS UNS GEMEINSAM WAR

SUCHEN

GESTERN WAR ES MORGEN
BILDER DER PHANTASIE
HEUTE IST ES GESTERN
VERGANGENER ERFAHRUNG
HOFFNUNG FÜR MORGEN
GEBOREN
AUS DEM TRAUM DER NACHT
DER DEN TAG VERÄNDERT
UM DER ZUKUNFT
ZIEL
ZU SEIN

LAUTLOS

RUNDER TISCH ECKIGE GEDANKEN
DREIECKIGE KNIE RUNDER RÜCKEN
GEDANKEN, DIE ERDRÜCKEN
MACHEN MICH KANTIG, DENN
RUND BIN ICH VERLETZLICH
WO SIND MEINE GRENZEN?
LIEBER GOTT, LASS ES KEINE MAUER SEIN!
DISSONANZEN ERDRÜCKEN HARMONIE,
SIND ECKIGE GEDANKEN;
ABER, LIEBER GOTT,
ICH WILL KEINE SCHRANKEN –
WILL NICHT IN ENGEN GEISTESGRENZEN
                                                    WOHNEN –
WILL LEBEN; ES SOLL SICH LOHNEN:
RUND SOLL ES SEIN
DAS, WAS DU MIR GEGEBEN
MENSCHEN NENNEN DAS LEBEN
DAS WOLLEN WÜNSCH ICH MIR

To my friend that left me behind

there is a kind of sadness, inside me,
I can't name
I know what happened, but who, who is to blame –
who can tell?
I can't describe what I feel today:
is it sorrow? Is it pain? Might be –
but who and what is to blame?
To blame for a sudden decision I can't name.
Who knows what went on?
It's just that sadness inside myself
as I feel her intention to leave, and, as such,
to receive, perhaps, freedom and a kind of peace.

... auf Papier verstoßene Gedanken...

DIE UHR ZEIGT SIEBEN
DIE SONNE SINKT
AM HORIZONT DIE SEGEL
ZEIGEN DIE TRAUER DER MENSCHEN AN
DAS LIED DER MÖWEN
ERSTARRT IN DER KÄLTE DER NACHT:

WIR SUCHEN UND SEHEN
DENKEN VERSTEHEN
DEN SINN DES DASEINS NICHT
WOHL DIE SCHWERE DESSEN
WAS DER MENSCHEN SCHICKSAL SCHEINT
VEREINZELT TRAUERN WIR MIT DER MASSE
UM DIE GESAMTE MENSCHLICHE RASSE
BESONDERS AN GESETZLICHEN FEIERTAGEN
DIE HAUPTSACHE IST
WIR NENNEN UNS CHRIST
ÄUßERLICH MUSS ALLES GEREGELT SEIN

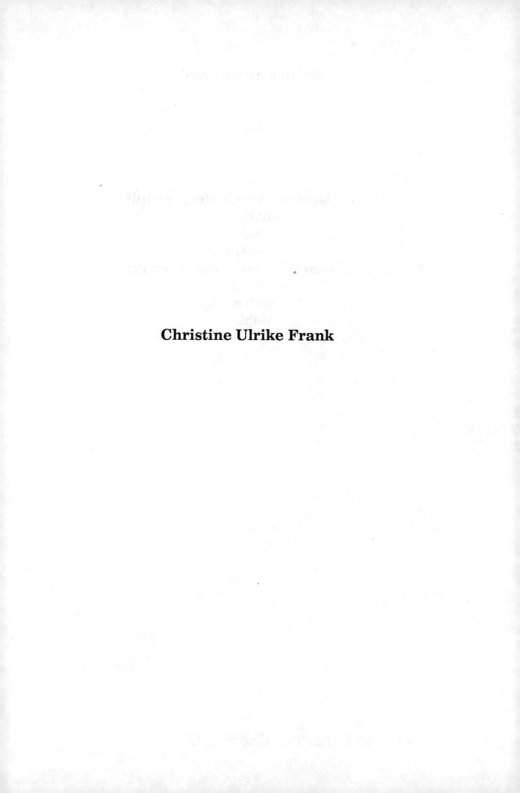

Christine Ulrike Frank

An

Ob ein Heute im Morgen sterben wird?
Endlich
und
leise in Qual
und unwiderruflich mein Tag gehen wird
zu diesem
letzten
Mahl.

Aus Zyklus I: „Ein Tag. Eine Nacht."

Kraft

Tränen, das Salz, ein ergeben Heer
rüstet auf zu unendlich starker Wehr,

es drückt sein Antlitz in weinende Hände,
auf daß es wieder Hoffnung fände:

Kinder sind wir! Kinder Dein
und haben je aus diesem Sein

den Kampf angenommen, die Niederlage zu gehen,
um mit ihrem Mut den Frieden zu leben,

der wappnet uns mit Zartheit als Bild
und verleiht unserer Schwäche unantastbar Schild.

Aus Zyklus II: „Ich hebe mein Leben der Leblosigkeit
auf"

Christus

Erfüllung schenkt mir ein Dasein,
bevor ich Seinen Namen genannt,
Trauer schicken Seine Tränen
mir heiß ersehntem Land –

schon bevor ich es erkannte,
schon bevor ich es verhieß
und so bekennen konnte,
was Nähe zu Seinem Vater hieß.

Aus Zyklus II: „Ich hebe mein Leben der Leblosigkeit
auf"

König der Könige

Da bist Du: Salbenduft, Feuerstrom
Sandgarten,
Windtempel,
Meeresdom,

Du, der Du bist,
Fülle,
Quelle,
Stille,

Liebesfrieden,
Goldglühen,
Holdeswille...

Aus Zyklus III: „Tod, wo ist dein Stachel?"

Frau des Lammes

Jaspis, Saphir, Chalzedon,
Smaragd, Sardonyx, Sardion,

Chrysolith, Beryll, Topas,
Hyazinth, Ametyst, Chrysopras

und Perlen, reines Gold,
klare Glase...

Braut bin ich
für den Tag

aller
Tage.

Aus Zyklus III: „Tod, wo ist dein Stachel?"

Niklaus Gaschen

Niki und Gorba

Der heroische Tod einer Schnecke
oder: Angst fressen Seele auf

Die sprachliche Abdriftung dieses Textes ins „Ausländerdeutsch" ist gewollt)

Aufgebäumt wie ein antiker Torso, eigentlich in großer Schönheit, heldenhafter Pose, verharrte die braunglänzende Nacktschnecke in der Ecke einer Gartenplatte. Das seltsame Bild zog sofort den Blick an. Zunächst war anzunehmen, daß das Tier vor Kälte erstarrt sei, denn man lebte wieder einen von diesen naßkalt-regnerischen Junitagen, wie sie in unseren Breitengraden häufig vorkommen. Man hatte zunächst also einfach ein bißchen Mitleid mit dem exponierten Tier.
Aber das Bild gab keine Ruhe. Die heroische Pose im Zusammenhang mit einer Molluske war doch etwas zu befremdlich.
Aufgereckt also der schneckige Vorderleib, die helle Unterseite des Tiers sichtbar machend. Aufgereckt das befühlerte Haupt, ausgestreckt die Fühler selbst, doch alles zur Bewegungslosigkeit erstarrt. Skulptur, Torso, doch lebend.
Dann sah man plötzlich die schleimige Kriechspur. Wie sie sich eckig und verworren über die Steinplatte zog. Als ob irgend etwas das Tier irritiert, verwirrt, desorientiert hätte.
Die auffällige Spur mußte zurückverfolgt werden, sie schien Auskunft geben zu wollen über irgend etwas Wichtiges. Durchs Gras hindurch führte sie zum Blumenbeet. Dort häufte sich die Verschleimung sichtlich. Man erhielt unweigerlich den Eindruck, daß sich dort etwas Elementares, vielleicht Existentielles abgespielt haben mußte.

Unruhig, mit unguten Gefühlen begann das Beobachterhirn zu arbeiten: was konnte denn da eigentlich passiert sein? Schleimabsonderung – nun ja, bei einer Schnecke doch wohl nichts allzu Ungewöhnliches, oder? Ja aber das Ausmaß – kann denn das noch normal sein? Was konnte das gute Tier für einen Grund gehabt haben, sich derart schleimig zu entleeren und auszuschleimen?

Da wurde man plötzlich des Giftes gewahr. Wunderschön hellblau leuchtende Krümelchen waren da in der Erde verstreut: Schneckengift! ACHTUNG GIFT! ACHTUNG GEFAHR! ACHTUNG TOD! ACHTUNG ENDE!

Der Verstand machte sich nun einen Reim aus dem Ganzen:

Schnecke wollte frische Blümlein fressen, zog also Bahn zu Blümchen, kamen hellblaue Körnchen, Körnlein duften gut, gut, gut! Körnlein schmecken gut, gut, gut! Aber hellblaue Körnchen tuen schlecht, schlecht, schlecht! Machen scheußliche Schmerzen im Leib und Krämpfe im Kopf. Machen Höllenqualen drinnen, fressen Tier von innen auf, ANGST FRESSEN SEELE AUF, Tier ziehen alle seine Abwehrregister, produzieren viel, viel Schleim, böses Gift auszuscheiden, loszuwerden, kommen trotzedem gewaltiges Krämpfe, machen große Anfälle epileptisch, machen Aufbäumen Kopf und Rumpf, machen starr und tot und kaputt – machen kaputt, ja kaputt und tot, machen ganzes Tier langsam kaputt und tot, ganz langsam von innen heraus kaputt und tot, machen Nerven, Hirn kaputt von innen, und sehen wir Menschen heroisches Tier was gar nischt heroisch, doch in Todeskampf – ist Tier nur zermartert in Epilepsia und fürchterlichen Qualen aber böses Mensch hat schönes Blümchen und schönes Blümchen hat längeres Leben.

ANGST FRESSEN SEELE AUF. GIFT FRESSEN
KÖRPER AUF. GIFT UND ANGST FRESSEN TIE-
RE AUF. ANGST UND GIFT FRESSEN MEN-
SCHEN AUF.

Die letzte Sekunde im Leben einer Stubenfliege

Es setzte sich auch wirklich überall hin, dieses eklige Vieh, schonungslos, menschenverachtend: aufs Brot, auf einen behaarten Unterarm, dann gar auf die Butter und ans Marmeladeglas, schließlich einem essenden Menschen mitten auf die Nase.

Je ärgerlicher, heftiger man das Biest zu verjagen suchte, desto penetranter, aggressiver und bösartiger führte es seine Schmeißflüge durch. Etwas schmiß das Tier von der Lampe zum Teller, vom Trinkglas zum Nasenloch. Das war einfach nicht mehr auszuhalten.

Die essende, schon anderweitig bereits eher gestreßte Familie bildet nun notfallmäßig einen Familienrat ad hoc, der bald einmal zu einem Gerichtstribunal avanciert. Es tritt eine echte Anklägerin auf, weiter ein Verteidiger; die Laienschaft ist durch das Kind vertreten. Die Plädoyers werden abgehalten. Sie sind von angemessener Gründlichkeit, Sorgfalt und Tiefe. Die Schmeißfliege ist jedoch offensichtlich nicht im geringsten beeindruckt davon. Sie knallt nur so dahin, ein wahres Festival für einen Frosch, wenn ein solcher anwesend wäre.

Die Flüge nehmen mehr und mehr den Charakter von militärischen Zielübungen an. Das machte das Ganze natürlich nicht besser.

Nun macht auch der Verteidiger bereits heftige Abwehrbewegungen, was für den juristischen Prozeß wenig Gutes bedeuten kann.

Auf die verbalen und anderen Reaktionen der Anklägerin braucht man hier wohl gar nicht erst einzugehen. Sie sprechen für sich.

Die drei Personen stellen nun gemeinsam den Richter dar. Das Resultat ihrer Konsultationen, ausnahmsweise nicht hinter geschlossenen Türen durchgeführt, fällt eindeutig aus: drei gegen null Stimmen für das Todesurteil! Im Namen der menschlichen Würde, von Ruhe und Ordnung, mußte so geurteilt werden, daran war kein Zweifel. Essende Menschen sind in jedem Fall in ihren Rechten zu schützen, das ist elementare Pflicht eines Gerichtes.

Der frühere Verteidiger wird nun mit dem Vollzug des Urteils, von einigen Leuten auch „Maßnahme" genannt, betraut. Er waltet dieses anspruchsvollen Amtes mit Bedrücktheit, doch in gebührender Würdigung der unumgänglichen Rechts- und Vollzugspraxis. Höheres Recht läßt ihn, mangels besserer Optionen, zu Taten schreiten, die ihm an sich äußerst zuwiderlaufen, ja grundverhaßt sind. Er befiehlt aber, kraft seines Amtes und Auftrags, seiner widerspenstigen Anima, sich dem richterlichen Über-Ich gehorsamst zu unterziehen.

Das Ich, dank seiner juristischen Teilidentität, läßt sich tatsächlich überzeugen und zur Tat motivieren. Es befiehlt via Gehirn der rechten Hand, die Fliegenklappe anzufassen. Diese ist vom häufigen Gebrauch (man steht vor einer generellen Abschaffung der Todesstrafe in diesem Lande) an den Plastikrändern schon ziemlich ausgefranst. Doch was solls, es ist noch genug Substanz (physikalisch gesprochen: Masse) daran, um mit einer Fliege fertig zu werden. Pro Mal.

Das Ich des Henkers befiehlt nun seinem Arm, sich zu erheben, mitsamt der Klappe, und in abwartender Stellung zu verharren. Natürlich ist nun aber das Schmeißvieh von der Szene radikal verschwunden und auf keine Weise mehr irgendwo auszumachen, aufzustöbern. Fliegen haben für verhängte und ausgesprochene Todesurteile bekanntlich geradezu einen sechsten Sinn!

Dennoch können sie's ja eben doch nicht lassen. Obschon sie offenbar ahnen, was ihnen wartet, tauchen sie mit schöner Regelmäßigkeit wieder aus ihren Unterschlupfen auf. Und schmeißen todesverachtend weiter.

Das Essen auf dem Mittagstisch unserer Familie ist unterdessen fast abgekaltet. Alles, wie gehabt. Das Urteil sollte jetzt raschestens vollstreckt werden können, schon nur wegen des drohenden Gesichtsverlustes des Gerichts. Je rascher, desto besser – für alle. Das Schicksal nimmt also seinen Verlauf. Die Fliege weiß oder weiß nicht, daß jetzt die letzte Sekunde in ihrem irdischen Dasein geschlagen hat. Unhörbar. Vielleicht wurde sie durch die Stille, die Bewegungslosigkeit der Wartenden, auf sie Wartenden, überlistet. Plötzlich ist sie wieder da, erscheint unzweideutig am Eßtischhimmel. Nun setzt sie sich aber mehrmals auf ungünstige Objekte, die sich zum Zuschlagen, beziehungsweise Zerquetscht-Werden, wenig eignen. Aus leicht verständlichen Gründen.

Also wieder abwarten, bis das Tier an eine Stuhlkante, eine Wand, einen Lampenschirm rangeht. Natürlich muß auch noch der physikalische Fall nach Eintreffen des gewünschten Ergebnisses mitberücksichtigt werden, mit andern Worten: der freie Fall des Objekts nach dessen Existenzverlust. Die Lampe über dem Eßtisch eignet sich schlecht als Basismasse, da der mittägliche Suppentopf genau senkrecht darunter dampft.

Nun naht aber ganz wörtlich die letzte Sekunde unserer Fliege.

Ob sie wenigstens die plötzlich niedersausende orange Klappe noch bemerkte? Falls ja: was dachte sie sich dabei? Was fühlte sie? Zog ihr bisheriges Leben vielleicht wie ein Film vor ihren inneren Augen dahin? Bereute sie vielleicht noch etwas an ihrem Stubenfliegendasein?

Oder war sie vielleicht auch selbst der Meinung, daß
ihre Existenz nun rechtens zu Ende sein sollte?
Oder hatte sie etwa doch nur ihr neuestes Ziel, den
Tellerrand im Fliegenkopf?
Das alles weiß leider nur der Fliegengott.
Aus dem vollen Leben wird nun das Insekt in den
vollen Tod befördert.
Wenigstens war der Henker ein guter Schläger. Er
schlägt fast immer eindeutig und stark genug. Auch
zielt er schon hervorragend. Seine Fliegen bleiben
selten zappelnd und rappelnd liegen, um elendiglich
zu versurren.
Es folgt nun nur noch die Entfernung des Objekts, des
corpus delicti. Mit Hingerichteten will schließlich
niemand konfrontiert bleiben.
Anschließend kann endlich zur Mahlzeit geschritten
werden. Man wünscht sich Mahlzeit und mahlzeitet.
Das Richterkollegium ist aufgelöst. Bis zum nächsten
Fall. Und der kann sehr, sehr bald wieder eintreten.
Ein Sommer hat viele Fliegen. Besonders, wenn er
schwül und lang ist, wie der vergangene.
Das Leben einer Kleinfamilie kann dadurch ernsthaft
belastet, ja beeinträchtigt werden. Aber was wollen
Sie tun? So ist das Leben.

Vom Leiden anderer leben (II)

Im ersten Teil dieses Essays jammerte ich über die Art und Weise, wie Ärzte ihren Lohn verdienen müssen, daß sie nämlich vom Leiden anderer Menschen abhängig seien und davon leben und ihren hohen Lebensstandard aufrecht erhalten müßten.

Inzwischen dachte ich mir, das Problem wäre vielleicht dadurch zu lösen, daß den Ärzten ein staatliches Gehalt ausgerichtet würde, wie etwa den Pfarrern. Dies hätte viele Vorteile für alle Beteiligten, würde jedoch, wie man sofort einsehen wird, die therapeutische Freiheit des Arztes in einer Weise beschneiden, die unhaltbar wäre.

In diesem Zusammenhang ist es ganz amüsant, sich vorzustellen, wie wohl die pastorale und die seelsorgerliche Arbeit eines Pfarrers aussehen würde, wenn er dafür Honorarrechnungen zu erstellen hätte – wie wäre wohl das Kirchgangerlebnis, wenn es gegen Eintrittskarten zu erfolgen hätte, und wie die stimmungsvolle Sprechstunde in des Pfarrers oder der Pfarrerin ehrwürdigem Studierzimmer, wenn dafür dreistellige Frankenbeträge aufgewendet werden müßten?

Hätten die Pfarrerinnen und Pfarrer dann noch genug Kundschaft, genug Arbeit?

Nun, die Geistlichen würden hier natürlich sofort einwenden, daß wir Ärzte unsere Honorare ja auch nicht von den Kranken erhalten, sondern, mit Ausklammerung der Selbstbeteiligung, von den Versicherungsträgern. In unserem neuen Denkmodell müßten also den Theologen entsprechende Versicherungssysteme zugeordnet werden, wollte man fair sein im Vergleich mit der Ärzteschaft.. Ob wohl die Gesellschaft bereit wäre, solche „Glaubensversicherungsinstitutionen" zu schaffen und zu finanzieren, gleich wie sie dies für die Krankenversicherungen tut? Das ist schwer vorstellbar, und doch meine ich, wären solche Einrichtungen an sich genau so notwendig für die Gesundheit des Menschen wie die Krankenkassen es sind. Auch an der religiösen Dimension und Problematik können Leute zu seelischem und überhaupt zu gesundheitlichem und gesellschaftlichem Schaden kommen.

Dennoch – es dürfte dabei bleiben, daß die Pfarrer ihre Gehälter und Pensionen beziehen und die Ärzte ihre Rechnungen verschicken, inklusive den „Rappen" für die Alters- und Arbeitsunfähigkeitsvorsorge und für all die übrigen, obligatorischen und freiwilligen Versicherungen, mit denen man sich so eindeckt als Selbständigerwerbender.

Eben: die Pfarrer arbeiten ja wohl nicht gerade ausschließlich mit Menschen, die sich in Not befinden. Ihre Aufgaben scheinen sehr vielfältig zu sein. Bei den Ärzten ist dies meist anders. Womit wir wieder am Punkt wären, wo wir dieses Grübeln begonnen haben. Beim Eingeengtsein des Arztes auf den leidenden Menschen.

Immerhin wird jetzt verständlicher, warum so viele Mediziner einfach ausbrechen aus ihren Berufen. Es gibt solche, die Lehrer werden, andere werden Bäcker oder betreiben einen Krämerladen, wieder andere werden Politiker oder beginnen zu schreiben.

Mit Schreiben von Literatur kann man nicht nur viel Geld verdienen, sondern auch berühmt, ja unsterblich werden! Man schickt seine Manuskripte, leichtfertig in die Maschine getippt, den bekannten Verlagen im In- und Ausland. Am nächsten Tag erhält man einen Anruf eines begeisterten Lektors des Verlages, den man als ersten angeschrieben hat. Er freut sich an dem Manuskript und beeilt sich, weitere Texte zu bestellen. Selbstredend auf Verlagskosten!

Nach kurzer Zeit erscheint dann das Werk und wird weltweit laufend verkauft. Natürlich werden von Ihnen Bestseller-Werte nicht nur erreicht, sondern übertroffen, da Sie ein entsprechendes Thema gewählt haben und im entsprechenden Stil schreiben. Als nächstes kommt dann das große Geld herein. Die einzige Sorge ist, wie es anzulegen sei. Und es kommt, über Nacht sozusagen, der große Ruhm. Die Zeitungen reißen sich um Sie, die Bedrängnis ist so groß, daß Sie sich cool geben können und gerade dadurch noch mehr Aufsehen erregen. Sie werden an alle möglichen Veranstaltungen, Festivale und Kongresse eingeladen. Natürlich finden Sie dazu längst keine Zeit mehr. Man sagt, daß Sie mit Ihrem Werk die Welt, die Kultur verändern. Bald kennt man nur noch Sie und paar wenige andere als Schriftsteller. Alle übrigen haben nichts zu sagen, sind hilflose Anfänger.
So brauchen Sie dann auch nicht mehr Arzt zu sein. Sie sind dann endlich groß herausgekommen im Leben, was Sie sich schon immer ersehnt haben. Endlich sind Sie jemand. Anerkennung, Ehrungen werden Ihnen zu teil bis zum Geht-nicht-mehr.
Nun wissen Sie also, warum ich schreibe. Dennoch möchte ich Sie freundlich bitten, weiterzulesen.

Tauben an meinen Fenstern (II)

O süßes Wunder! Heute, am 8. Juli 1988, sind hinter dem Elektromotorenkasten an der Brüstung meines Nordfensters drei winzige kleine Täubchen ihren Eiern entschlüpft!

Schon längere Zeit hatten wir dort wieder ein Weibchen beim Brüten bemerkt. Wir hatten jedoch kaum noch Vertrauen in die Sache, da das dürftige Nestchen beim letzten Brutprozeß von der Taube ja verlassen worden war und die armen Eierchen ihrem Schicksal unbemuttert und unbetreut entgegen zu gehen hatten.

Und nun also dieser plötzlich so ganz besondere Augenkontakt mit der Süßen, als wir heute gegen Abend vorsichtigst hinter der Gardine hervorguckten. Diese ganz besondere Ängstlichkeit und zugleich dieser leise triumphierende Stolz im Glanz des Taubenauges (man sieht ja meist nur eines aufs Mal); dieses verräterische Gerangel der knapp sichtbaren Eischalenpole. Ja, und dann eben plötzlich das Entdecken eines beige-grauen Jungvögelchens, besser gesagt: Teilen davon, die sich immer wieder einerseits von den anhaftenden Schalenteilen freizurappeln suchten, andererseits gleichzeitig die schützende Wärme und Geborgenheit des Mutterleibes nicht zu verlieren trachteten.

Insgesamt ein überaus rührender Anblick: drei winzige rappelnde, rangelnde und drängelnde Miniaturtäubchen unter den schützenden, sanft streichelnden Fittichen des süßen Muttertieres und dieses in Angst und Stolz und im Dilemma, ob es nun eigentlich die Flucht ergreifen sollte oder eben doch bei seiner niedlichen Brut ausharren müßte, in Anbetracht der behutsamen, aber eben doch stattfindenden Bedrängnis

durch diese Menschen, die so unnötigerweise in kindlich-unschuldiger Neugier hinter der schützenden
Gardine hervorlugten.
Es tauchten uns Fragen auf.
– Haben wir schon je mal im Leben neugeborene
Tauben gesehen? Nein. Warum nicht?
– Haben wir je kleine, paar Tage oder paar Wochen
alte Jungtauben gesehen? Unseres Erinnerns nicht.
Weshalb nicht?
– Wovon leben neugeborene Täubchen? Wir wissen es
nicht. Trotz Hochschulabschlüssen.
– Warum haben wir das nicht gelernt, in der Schule
vermittelt bekommen?
– Kürzlich las ich zufälligerweise in einer Zeitung,
daß Pelikane ihre Jungen mit eigenem Verdauungsbrei ernähren. Die Jungen sollen diesen aus dem
Schnabel der Muttertiere saugen. Könnte das bei den
Tauben etwa ähnlich sein?
– Oder sind sie vielleicht doch schon in er Lage, auch
Un-vorverdautes, Hartnahrung von der Straße der
City gefüttert zu kriegen? Wenn ja, wer bringt ihnen
die Nahrung? Bisher haben wir kein Männchen zufliegen gesehen, und das Weibchen sitzt weiterhin auf
seinem Nest.
Fragen über Fragen – zu den einfachsten Dingen des
Lebens.
Einfach? Für wen?

* * *

Heute, am 11. Juli, weiß ich sozusagen alles über
Tauben. Habe mich entsprechend informiert. Ist man
einmal neugierig geworden, fällt es ganz leicht, zu
Wissen zu gelangen. Ein Griff in das Büchergestell
unserer Tochter genügte. Dort finden sich die schönsten Tierbücher, die man sich wünschen kann. Sie

erhielt die meisten davon von uns Eltern. Nun nützen
sie auch uns selbst.

Also: da Tauben offenbar nie mehr als zwei Eier legen, dafür bis zu fünf Mal im Jahr, mußte der Nestbe-
fund natürlich überprüft werden – und siehe da: es
stimmte! Tatsächlich waren zwei Junge im Nest, nicht
drei. Ich bitte vielmals um Entschuldigung. Unter
einer brütenden Muttertaube Junge zu zählen, ist
schließlich auch nicht gerade ein Kinderspiel. Es war
erst wirklich möglich, als das Muttertier einen Moment lang vom Nest abrückte.

Auch die Sache mit der Ernährung ist inzwischen ge-
klärt. Weshalb haben denn Tauben ihren berühmten
Kropf? Den sie gelegentlich leeren sollten, genau wie
Menschen den ihren (nur nicht so wörtlich gemeint).
Die Jungen kriegen also ihre Nahrung vorverdaut aus
dem mütterlichen Kropf. Leider ist es mir bisher nicht
gelungen, diesen intimen Akt zu beobachten. Die
Kleinen liegen noch immer wie bedäppert herum, mit
zwar großem Schnabel, aber noch geschlossenen
Augen. Sie scheinen von der Welt wenig bis gar nichts
wissen zu wollen. Wenn sie schlafen, sehen sie aus wie
tot. Eines lag kürzlich auf seiner Seite und wirkte wie
völlig weg, und die Mutter hockte auf ihm, es sah fast
zum Fürchten aus, aber vielleicht ist das alles normal
und gut und kennt die Natur eben ihre Wege, ihre
Mittel und Zwecke – vermutlich ja besser als wir ver-
nünftigen, gescheiten Menschenkinder.

Noch etwas ist mir in der Zwischenzeit klar geworden:
daß es sich bei „meinen" Täubchen ja um Brieftauben
handelt! Solche habe ich zuletzt im Militärdienst
beobachtet, bei den Übermittlungstruppen, die sich
diese Tiere bekanntlich zu Kommunikationszwecken
halten und sie im Nachrichtenflug trainieren. Ein
Jammer, daß ich vor Jahren bei der Aushebung nicht
begriffen habe, daß es auch solche Truppen gibt in un-

serer Armee! Ich wäre vielleicht einer der besten Brieftaubensoldaten geworden, jedenfalls ein motivierter, liebevoller, behutsamer. Und in den freien Stunden hätte ich von meinen militärischen Schützlingen gedichtet. Vielleicht sogar während der Arbeitszeit, denn: hätte man mich wirklich rügen können deswegen? Ist nicht die Brieftaubenpoesie eines Brieftaubensoldaten eine Art Dienst an der Armee, Dienst am Staat? Vielleicht hätte ich damit eine Dimension eröffnen können, etwa eine neue Funktion im Brieftaubenzug, die eines Taubenpoeten. Ich hätte sozusagen die Ideologie des Brieftaubenkonzepts konsolidiert und aufgebaut. Ich hätte geistige Landesverteidigung betrieben damit.

Aber nun bin ich ja nicht in der Armee, sondern immer noch in meiner Praxis. Doch auch hier empfinde ich meine Täubchen als wirkliche Brieftauben, bringen sie mir ja auch ohne Hülsen an den rostroten Beinchen ständig Botschaften von außen in diese vier Wände hinein – und tragen solche in die schöne, weite Welt hinaus.

* * *

Ich mache mir Sorgen um meine Täubchen: soeben stellte ich fest, daß die Stummelflügelchen des einen Babys ständig stark zitterten, wenn es nicht gerade vom Mutterbauch bedeckt war. Nach einigem Nachdenken und Beobachten wurde mir klar, daß dies von der Zugluft her stammen muß, welcher die Tierchen, unmittelbar an der Ventilatormaschine kauernd, ja sehr oft ausgesetzt sind. Eben immer dann, wenn der Ventilator bläst. Dabei zieht er Außenluft (mit Außentemperatur) in sich hinein und dieser Strömung sind die armen Geschöpfe also viele, viele Male täglich ausgesetzt, jetzt wo hochsommerliche Temperaturen herrschen draußen.

Ob dies den Jungen Schaden zufügen könnte? Ob sie
sich erkälten könnten dabei? Haben die Eltern an
diese Gefahr gedacht, als sie gerade diesen Nistplatz
aussuchten, oder konnten sie davon noch gar nichts
wissen, weil vielleicht die Klimaanlage noch nicht be-
nutzt wurde zur betreffenden Jahreszeit?
Muß ich nun auf meine 24 Grad Raumtemperatur
verzichten und wieder wie in früheren Jahren deren
28 oder gar 30 und mehr in Kauf nehmen? (Das Haus
heizt sich unglaublich auf im Sommer).
Fragen über Fragen. Vorderhand schalte ich nicht ab,
hoffe aber für die Tiere doch auf kühlere Tage, daß sie
weniger geplagt wären von Zugluft – oder ob ihnen das
vielleicht gar nichts ausmacht? Ob sie es gar schätzen,
dieses luftige Höhenklima im vierten Stock unseres
Gebäudes?
    Nun, ich werde weiterhin stündlich beobachten. Es
ist nicht zu fassen, wie rasend schnell die Jungen jetzt
heranwachsen. Eben erst waren sie noch eigentliche
Däumlinge, flaumig und eidottergelb. Und nun wachsen sie einem praktisch vor den Augen davon! Man ist
täglich voll überrascht von der Größenzunahme. Jetzt
sind sie schon semmellang und wirken immer lebendiger. Dabei sieht man nie, nie, nie wie sie irgendwie
gefüttert würden.
Aber was denn: in 3 Wochen sollen die Kinder voll
flügge sein und sich in die sommerlichen Lüfte bege-
ben! Da tut allerdings höchste Eile Not!
Gestern mußte ich wirklich lachen. Da rappelte sich
doch eines der Jungen plötzlich im Rückwärtsgang
von der Mutter weg. Das fand ich erstaunlich, sah ich
doch sonst bisher immer nur, wie sie rangelnd den
Schutz des Mutterleibes zu erreichen suchten. Ich
wartete also gespannt, was jetzt geschehen würde.
Und siehe da: mit seinem Hinterende am Nestrand
angekommen, gab das Kleine einen winzigen Spritzer

ab und kroch dann postwendend wieder in den Bereich mütterlichen Schutzes zurück. Hatte das kleine Dingerchen also bereits begriffen, daß Ordnung sein muß, auch im Taubennest!
Dieser frühe Hang zur Nesthygiene gab mir sehr zu denken. Wieso ist dies beim Menschenkind so ganz anders? Ich denke, daß Tiere ihre Nester nicht beschmutzen dürfen, weil es sonst echte Hygieneprobleme (zum Beispiel Besiedlung mit Schädlingen und Bakterien, Verkleben der Daunen usw.) absetzen könnten, die den Tieren eine ernsthafte vitale Bedrohung bedeuten würden.
Aber Staunen muß man einfach ob solchen frühen Instinkten. Und ob dieser drolligen Art ihrer Ausführung. Wie sensibel diese Wesen doch schon sind, wenn sie mit immer noch geschlossenen Augen einfach erspüren können, wo jeweils der spärlich ausgeprägte Nestrand liegt, und wo genau ihr Hinterteil sich ortet.

12. Juli: Ich habe einen Taubentraum gehabt (wen wunderts?). Ich sah mich als Taubenpoeten im Militär avancieren! Bald stieg ich zum Unteroffizier auf, dann zum Offizier. Schließlich war ich sage und schreibe Oberfeld-Taubenpoet, im hohen Range eines Korpskommandanten! Schließlich befehligte ich ja auch ein ganzes Armeekorps (von Brieftauben). Und hatte eine riesige Machtbefugnis. Ich gab den beiden Taubenjungen die Namen „Niki" und „Gorba". „Niki" brachte ich mit der griechischen „Nike", der „Göttin der Siege" in Verbindung, und natürlich auch ein bißchen mit mir selbst. Und „Gorba" leitet sich natürlich ab vom Namen des Herrn M. Gorbatschow, unserem lieben (Zeit)genossen, der die Welt vielleicht verändern wird oder bereits daran ist, es zu tun.
Nun befahl ich, als Obertäuberich bzw. als Oberfeld-Taubendichter, meinen lieben Kindern „Niki" und

„Gorba", mit Zweigen des Friedens auszuschwärmen unter die Völker der Erde, und ihnen endlich, endlich den Frieden zu bringen.
Daraufhin gab ich den Oberbefehl, daß die Armeen der Welt samt und sonders abgeschafft würden, und voilà: so geschah es. Dann kehrten meine Täubchen zu mir zurück und wir verbrachten in seligem Frieden, bei Dichten und Singen, unseren Lebensabend. Der alten, schrecklichen Zeiten eingedenk. Uns labend an der himmlischen Wonne.

* * *

13.7.88
O Schreck, laß nach. Meine kleinen Täubchen sind die Häßlichkeit selbst. Das mußte ich heute feststellen, als das Nest wieder einmal für eine kurze Zeit verlassen war. Die beiden sind wie abgefüllte Säcke. Riesig und schwabbelig, sehen aus wie frisch gerupfte Hühnchen, und die Haut ist noch so furchtbar dünn, man sieht sozusagen die Innereien. Die Leiber bewegen sich unglaublich heftig, die Jungen atmen ganz stark und pumpen dabei den Körper auf, daß es ein Graus ist. Das alles geht sehr rasch, die Kinder sind unruhig, sie zucken oder zappeln ständig mit ihrend einem Körperteil, vibrieren oder bewegen den Schnabel, die Beine, die lächerlichen Stummelflügelchen. Dabei sind die Augen nach wie vor entnervend zugeschlossen, wie zugeklebt. Man möchte den Tieren schon auch mal etwas Augenlicht gönnen, aber nein, es soll eben nicht sein. Zu früh in die Welt geguckt ist wohl ungesund, meint Mutter Natur.
Neben dem hartnäckig verschlossenen Auge, das keinen Kontakt nehmen läßt, ist eine rundliche Öffnung in der Haut. Die sieht ebenfalls recht eklig aus. Wenn ich nicht vermutete, es könnte sich um die Ohröffnung

handeln, würde mir fast übel – es sieht alles so räudig und elend aus.

Unglaublich, diese tägliche Mästung. Und immer noch konnte ich keine Fütterung beobachten. Die müssen ja massenhaft Nahrung beziehen von der Mutter.

Heute hatte ich übrigens einen kleinen Menschengast hier, ein winziges, herziges Büblein. Ob Sie's glauben oder nicht: der heißt ebenfalls Niki!!

Nun, dem Niki wollte ich natürlich schnurstraks meine Vögelchen zeigen. Er hatte auch einen Riesenspaß daran, aber das Muttertier richtete sich schützend und bedrohlich auf und breitete seine Schwingen in der ganzen Flächigkeit über die zwei „häßlichen Entelein" aus, man sah keinen Flaum mehr von ihnen.

Das alles war recht erschütternd – die Abwehr- und Schutzbewegung wäre ja im Ernstfalle grotesk, weil völlig unzureichend. Auch geringste Aggressivität vermöchte sie zu durchbrechen.

Und doch will es Mutter Natur so, daß diese Bewegung gemacht wird. Ob sie vielleicht Erbarmen auslösen und vor allem dadurch wirken soll? Bei mir hats jedenfalls diese Wirkung.

Es schmerzt mich im Herzen, wenn ich mir vorstelle, daß das Muttertier diese Bewegung auch bösen Feinden gegenüber machen würde, und daß es sich heldenhaft, in seiner ganzen Schwäche und Hilflosigkeit der Aggression entgegenwerfen würde, möglicherweise sich noch selbst aufopfernd dabei. Für seine Jungen kämpfend, wo es doch nicht wissen kann, was deren Leben und Überleben für einen Sinn haben sollte.

Das muß wohl Liebe sein.

Oder vielleicht doch nur Instinkt?

Was ist der Unterschied? Was ist das Verhältnis zwischen instinktiver „Liebe" und eigentlicher Liebe? Wie ist das beim Menschen?

Ich habe gehört, daß solch taubenähnliches Verhalten auch bei edlen Menschen vorkommen soll.

* * *

14.7.88

Über das schwere Atmen von Niki und Gorba habe ich gestern abend nachgedacht. Dazu ist mir eine Erklärung eingefallen. Könnte es so sein, daß der Stoffwechsel der Tierchen derart angetrieben ist, daß sie einen entsprechend hohen Sauerstoffumsatz benötigen? Bei dem ungeheuren Wachstum der Jungen wäre dies alles einleuchtend.

Die Tierchen müßten dann eben atmen wie Schwerathleten, und ganz genau so sieht das auch aus.

Die Armen! Diese Schwerstarbeit, nur um leben zu dürfen. Nur um innert nützlicher Frist das Element Luft befliegen zu können.

Niki und Gorba sind heute morgen nun schon so groß, daß sie förmlich unter dem Muttertier hervorquellen. Und siehe da: heute sind zum ersten Mal die Augen geöffnet (ich müßte mich ziemlich getäuscht haben, wenn nicht).

Die Geschwister sahen übrigens recht lebendig und munter aus, heute. Parallel ausgerichtet, lugten sie unter der Brust der Taube hervor, und ihre dunklen Schnäbel mit den hellgrauen Spitzchen sondierten interessiert in der Luft herum. Sie waren jetzt eindeutig auf ihren Füßchen und nicht wie früher, wo sie oft wie tote Fliegen herumlagen.

* * *

19.7.88

Lebt wohl, meine Täubchen. Ich muß weg. Ziehe mit den Vogelzügen gen Norden. Meine Ferien beginnen in wenigen Tagen. Werde noch viel zu tun haben, muß mich von euch vorzeitig verabschieden.

Ihr habt inzwischen ordentlich Federchen bekommen, schaut munter und zufrieden in die Welt hinein und macht einen überaus wohlgenährten Eindruck. Jeden Tag habt ihr zugenommen an Größe, Gewicht und Ausstattung. Euer Verhalten ist reifer und reifer geworden. Heute konnte man euch erstmals anmerken, daß ihr wirklich Täubchen seid. Es gab sogar erstmals etwas Weiß in eurem sprießenden Gefieder. Allmählich werdet ihr nun noch zu Brieftauben werden, wenn alles weiterhin schön nach dem Gestaltungsplan des Himmels verläuft.

Und in wenigen Tagen werdet ihr erstmals von eurer Mutter an die Kante des Fenstergesimses geführt werden. Ihr werdet dann den Abgrund vor euch haben. Zwanzig oder dreißig Meter Tiefe gähnen vor euren noch so jungen Äuglein. Und da, ja genau da müßt ihr euch hineinstürzen. Und hoffen, daß euch die ungebrauchten Flügelchen tragen werden. Ja, hoffen müßt ihr, vertrauen müßt ihr, was bleibt euch anderes übrig? Ihr müßt eurer Mutter glauben und vertrauen, daß sie den Zeitpunkt richtig wählen wird.

Ich gebe zu, meine Lieben, mir wäre himmelhoch Angst und bange, müßte ich euch dabei beobachten und begleiten. Welche Gnade, daß ich dann nicht mehr da sein werde, nicht mehr da sein kann. Wenn ihr den Sprung wagen werdet, bin ich in Auschwitz – ich werde den Geist derjenigen aufsuchen, die es nicht geschafft haben, am Leben zu bleiben. Und ich werde an euch denken.

Auch ihr werdet Angst haben. Die Kante des Aluminiumbretts wird euch eine existentielle Krise auslösen. Es wird um Sein oder Nicht-sein gehen. Ein Tag zu früh, und der Sprung in das euch angemessene Element der Luft wird zum Sprung in den frühen Tod. Zerschmettert oder beschädigt würdet ihr im Hof unten liegen bleiben und vom Ungeziefer aufgefressen werden. Eure aufgeregte Mutter könnte nichts mehr tun, höchstens noch um euch trauern.

Auf Taubenart.

Vom Vater gar nicht zu reden.

Vielleicht, daß schon ein paar Stunden entscheiden über Leben und Tod. Ein paar Stunden zu früh, vielleicht auch nur für eines von euch, das schwächere, und ein Dasein ist vorzeitig zu Ende.

Ich hoffe auf den Instinkt eurer Mutter, inständig und ehrfürchtig hoffe ich darauf. Ich möchte so vertrauen in die Stimmigkeit dieses Instinktes. Eure Mutter WIRD DEN RICHTIGEN ZEITPUNKT SPÜREN. Vertraut mit mir darauf, meine Lieben. Ich vertraue in sie, ohne dies Vertrauen wäre ich nicht im Stande, jetzt abzureisen und euch eurem Schicksal zu überlassen.

Ihr werdet springen, und es wird euch gelingen. Vielleicht nicht gerade brilliant, aber ihr werdet überleben. Ihr werdet euch noch eine Weile in Bodennähe aufhalten müssen, eure Versuchsflüge werden nur kurze Bögen aufweisen, die Schwerkraft wird euch noch zu schaffen machen. Aber bald schon werdet ihr schwerelos aufsteigen über den fünften Stock hinaus, über die Dächer hinweg, und werdet in die weite Welt hinaus fliegen.

Und eines Tages werdet ihr mich und meine Fenster wieder aufsuchen, mich gurrend begrüßen bei der Arbeit, und vielleicht auch einmal selbst eure Nester bauen, eure Jungen aufziehen.

Und der Welt den Frieden bringen.

Lebt wohl, ihr Kleinen, adieu Niki und Gorba...

Adjeu, liebe Mutter.

* * *

Ich danke Frau Margrit Lauterburg herzlich für ihre vielfältige Mitarbeit an diesem Manuskript.

Hanspeter Gertsch

Liebeserklärung

Wo bist Du gewesen, mein Leben lang,
wie hast Du gelebt, was hast Du getan?
Welchen Schmerz hast Du ertragen,
an welchen Freuden konntest Du Dich erlaben?
Du, die ich immer suchte und nirgends fand,
immer fragend wieso, ohne Verstand;
Du, große Sehnsucht meiner Träume
unerfüllt, ein Meer voller Schäume;
unerahnt von mir warst Du in einer anderen Welt,
unerkannt von mir war Dein Weg anders bestellt.
Doch jetzt hab' ich Dich erkannt,
jetzt ist mir Dein Gesicht bekannt;
und ich will Dich nie mehr verlieren,
ich will für Dich sorgen, Dich hofieren,
auf daß wir eins seien, heute und ewig,
ein Leben lang treu, und immer selig,
Dich glücklich zu machen ist Ziel meines Lebens,
bitte, weck nicht meine Hoffnungen vergebens!

Hoffnung

Was gestern noch war, ist heute nicht mehr,
vergangen sind all die schönen Stunden;
Erinnerungen nur noch,
getragen und gestützt
von jedem Schritt, den ich mache;
jede Blume, jeder Vogel
erinnert mich an Deine Nähe und die Tage,
die ich gelebt habe für Dich;
jetzt scheint alles nur noch ein Traum,
ein Hauch von Wirklichkeit,
und Traurigkeit umhüllt meine Sinne;
doch ich habe es erlebt,
damals, als es Zeit war dafür,
ich habe es gelebt,
voll und bewußt;
und ich weiß,
daß alles seine Bedeutung hat,
ich weiß,
daß ich eines Tages wieder glücklich sein werde,
denn die Liebe
ist in jedem Menschen,
sie wartet nur darauf,
erkannt und gelebt zu werden.

Trennung

Jetzt sitz ich da einsam in der Nacht,
verlassen, weil mein junges Herz Dich so stürmisch
　　　　　　　　　　　　bedrängte,
dabei wollte ich Dir ja nur meine Liebe schenken,
die Du so sehr verschmähst,
nun ist meine Stimme verstummt ob der Ohnmacht
　　　　　　　　　　　meiner Gefühle,
nur noch Schmerz spür ich, dort, wo früher Sehnsucht
　　　　　　　　　　　　　　　　war,
mein Atem, mein Blut droht zu stocken,
mein Verstand begreift nicht mehr,
meine Sinne scheinen zu bersten,
dann überfällt eine tiefe Traurigkeit
meine Gedanken und meinen Körper;
ob unsere Herzen sich wohl einst wiederfinden
　　　　　　　　　　　　　　werden?
ob wir uns wohl einmal wieder glücklich in den Armen
　　　　　　　　　　　liegen werden?
noch kann die Hoffnung meinen Durst nach Deiner
　　　　　　　　　　　　　　Liebe
vor dem Ersticken retten,
noch bleibt der Glaube, daß Du mich immer noch
　　　　　　　　　　　　　　liebst,
denn Du bist immer noch die Antwort auf viele meiner
　　　　　　　　　　　　Fragen,
Du bist immer noch die Erfüllung meiner Sehnsucht,
drum hoff ich, drum leb ich, drum glaub ich,
um Dich zu lieben auf ewige Zeit.

Abschied

Jetzt streichelst Du nicht mehr zärtlich mein Haar,
jetzt küßt Du nicht mehr leidenschaftlich meine
                                        Lippen,
jetzt ist alles anders,
Deinen Körper spür ich nicht mehr,
Deinen Geist erfahr ich nicht mehr,
jetzt, da Du mich verlassen hast,
ist alles anders,
keine Liebe empfängt mehr mein Herz,
keine Sehnsucht mehr stillt meine Augen,
jetzt, da Du nicht mehr da bist,
ist alles anders,
noch spür ich Deinen Körper an meiner Haut,
noch fühl ich den Atem Deines Geistes,
noch hör ich den sanften Klang Deiner Stimme,
noch seh ich den schimmernden Glanz Deiner Augen,
noch sag ich Deinen Namen leise vor mich hin,
aber Du bists nicht mehr, und antwortest auch nicht,
alles ist nur noch ein Hauch der Vergangenheit,
der bald weggetragen wird vom Wind,
um sich zu verlieren in der Weite der Unendlichkeit,
und um zurückzubleiben bloß als unvergängliche
Erinnerung an Deine Liebe.

Gedanken

Noch habe ich das Bedürfnis, mich Dir mitzuteilen,
noch fühl ich die Sehnsucht, mit Dir in Verbindung zu sein,
noch schmerzt es, Dich nicht mehr erreichen zu können,
mit meinen Gedanken,
mit meinen Gefühlen,
mit meiner Liebe,
mit dem, was ich Dir im Leben schenken und bereiten
                                                wollte,
denn Du bist es, an die ich denke,
Du bist diejenige, für die ich empfinde,
Du bist die Frau, die ich liebe,
Du bist da, und doch so unsagbar fern,
Du bist ein Teil meines Lebens, und doch daraus herausge-
rissen,
Du bist der Inhalt meiner Träume, und doch nur ein
                                                Schatten,
Du beschäftigst meine Gedanken, und doch muß ich Dich
daraus verbannen,
ich versuche zu verstehen, immer wieder aufs neue,
versuche, Dir zu verzeihen für etwas,
wofür es nichts zu verzeihen gibt,
denn Dein Leben gehört nicht mir,
ich hab nur einen Bruchteil daraus erfahren dürfen,
zuviel hast Du mir daraus gegeben,
als ich es je wieder vergessen könnte,
nein, nie mehr kann das Geschehene mir entrinnen,
aber behalten darf ich bloß die Erinnerung,
die Erinnerung an einen Menschen,
der unsagbar viel mir bedeutet,
der durch sein Wesen die Liebe verkörpert,
der durch seine Gefühle das Menschsein mir zeigte,
und für den Liebe das wahre Glück verheißt,
nein, ich suche keinen Trost,
ich versuche nur zu begreifen, zu verstehen was mir
                                                widerfuhr,
und siehe, plötzlich bin ich erfüllt vor lauter Glück,
glücklich, daß Deine Liebe mich erreicht hat,
auf meines Lebens kurzer Wanderung,
und mich ein Stück begleitet hat,
auf dem Weg zum ewigen Glück.

Hans Greis

Sich über eine Rose beugen

Sich über eine Rose
beugen
ihren Duft
inhalieren
schweigen.

Den Zug der Kraniche
beobachten
ihre Schreie
hören
schweigen.

Den Jumbo-Jet
stürzen sehen
die Toten
betrachten
schweigen.

Geschichte
erahnen
ihre Wirklichkeit
schauen
schweigen.

Die alte Frau
stehen lassen
die junge Mutter
auch
schweigen.

Das eigene Schweigen
hören
seine Wirkung
zerstören
leben.

Dazwischen

Zwischen
infrarot und ultraviolett,
Infraschall und Ultraschall
bewege sich
unser Leben,
sagen die Physiker:
Wellen und Schwingungen
seien wir. –
Auf welcher Frequenz
wurde mir das nur
mitgeteilt?

Die Flucht

Er lag nachlässig da, keine hundert Meter von der Grenze zur DDR weg und blickte in den blauen Himmel, der sich mittelmeerfarben als Halbkugel über ihn spannte. So hatte er früher manchmal in der Wiese gelegen, wenn das Gras ganz hoch war, kurz vor dem Mähen, wenn der Klatschmohn blühte und die Kornblumen blau dastanden. Dann hatte er an Nils Holgerson oder die Schatzinsel denken müssen, in der er gerade las. Aber es kam keine Gans, die ihn auf ihrem Rücken mitgenommen hätte, und es kam kein Schiff, mit dem er aufs Meer hätte hinausfahren können. Es gab nur diesen blauen Schild über ihm, so wie jetzt, und seine Sehnsucht, diesen ziehenden Sog. Und wenn er eine Stunde lang vergeblich so dagelegen hatte, dann war so ein fades Gefühl in ihm, das ihn ganz leer machte.

„So blau wie das Mittelmeer", murmelte er, „und genau so weit. Der Wind hat es besser."

Und er spürte den Wind, der wie eine frische Brise über sein Gesicht hinwegstrich und die kleinen Schweißtröpfchen auf seiner Stirn mitnahm.

Da! – Musik! Die Hitparade. Die können nur wenige Meter weit weg sein. Sie blieb stehn, die Musik. Er versuchte den Kopf zu heben, zu rufen hatte ja keinen Zweck. Es gelang nicht. Sein Kopf war zu schwer. Noch einmal strengte er sich an. Es ging nicht. Da rief er doch: „Hallo, he, hallo!" Die verdammte Musik, sie ist zu laut. Und nun entfernte sie sich.

„Die stehn da und knutschen sich, und ich verrecke hier. Verdammte Musik. Müssen die den Kasten so weit aufdrehen."

Er lag wieder ganz still auf seinem Rücken. Bienen summten. Er konnte sie genau hören. Käfer krabbel-

ten im Laub, Ameisen kitzelten über seine Hand,
seinen Arm. Er mußte sie gewähren lassen. Er konnte
ja nur still daliegen.
„Anja."
Wie oft hatte er mit ihr so dagelegen. Ganz still. Ohne
sich zu rühren, hatten sie ins Gras gestreckt dagelegen und hatten Zukunftsträume gesponnen. Das war
ein beliebtes Spiel von ihnen gewesen.
„Als erstes werden wir uns einen Wohnwagen kaufen", hatte sie gesagt, „und dann werden wir eine lange
Reise machen. Verstehst du, so eine richtige klotzige
Tour. Essen nehmen wir uns mit, kochen tun wir
selber."
„Klar", hatte er geantwortet, „und wohin soll die Reise
gehn?"
„Egal, nur weg von hier."
„Ich wüßte schon wohin", hatte er geantwortet, „wenn
nur nicht überall Stacheldraht wäre und die bescheu-
erten Posten, die sich selber bewachen."
„Und wohin?"
„Ans Mittelmeer. Das ist mein großer Traum. Oder
nach Amerika. Das wär'n Ding."
„Du Spinner, du. Dahin kommen wir nie. Mir würde
Hamburg schon reichen."
„Man muß es nur wollen", hatte er geantwortet. Wenn
die das hier nur wollten, dann gäbe es diesen Stacheldraht nicht. Und die Soldaten, wo jeder auf sich selber
aufpaßt. Man muß es nur wollen. Und ein Auto bekommen wir auch nicht, und schon gar keinen Wohnwagen. Wir haben kein Geld, und raus lassen die uns
auch nicht. Aber ich will raus."
„Du hast recht", hatte sie gesagt, „hier kommen wir nie
weg", und vor lauter Wut hat sie ganz hysterisch ge-
schrien. Doch er hatte sie beruhigt und zu ihr gesagt,
daß er hier rauskomme. Und er hatte ihr versprochen,
einen Weg zu finden. Und dann werde er dafür sorgen,

daß auch sie herauskomme. Nur jetzt könne er sie
nicht mitnehmen, das sei zu gefährlich. –
Aber aus alledem würde ja nun nichts mehr werden.
Sie würde es schon bald erfahren. Man konnte eben
nicht jedes Versprechen halten, das man einmal gegeben hatte.
Wieviel hatten sie ihm nicht schon versprochen, aber
dann hatten sie's nicht gehalten. Dabei hatte er ihnen
immer geglaubt. Aber immer wieder hatten sie ihn
enttäuscht und ihre Versprechen nicht eingehalten.
Auch jetzt nicht. Er hatte ihnen vertraut. Und deshalb
lag er jetzt hier. Es war idiotisch, ihnen zu vertrauen.
Sie ändern ihr Lächeln, ihre Haarfrisur, ihre Meinung, aber nicht ihre Haltung. Sie sind nicht einmal
Mumien.
Das ist eine ganz verdammte Scheiße, daß ich hier
liege. Wenn ich wenigstens einem von denen in die
Fresse schlagen könnte. Aber das ist es ja, was sie so
stark macht. In einer Sklavenhaltergesellschaft
schützt der Sklave seinen Herrn.
Sein Mund war ganz trocken.
Es raschelte im Laub. Er drehte den Kopf zur Seite.
Das konnte er. Ein Igel. Er kam heran. Der kleine Kerl
schnupperte an ihm, kletterte hoch auf seine Brust,
roch an dem roten Fleck dort und trollte sich. Der Geruch war ihm anscheinend fremd.
„Kannst laufen, wohin du willst", murmelte der Junge
und: „So am Mittelmeer zu liegen. Den blauen Himmel darüber, die Wellen klatschen hören, so wie hier
den Wald rauschen. Das müßte irrsinnig sein. Und
einem von diesen Friedhofswächtern in die Fresse
schlagen dürfen. Vaterland DDR. Ich scheiß auf ihr
Vaterland."
Der Himmel trübt sich ein, dachte der Junge. Aber es
war nicht so. Es ist nicht mehr so hell. Aber es war
nicht so.

Stille.

Wann kommt endlich jemand? Warum läßt man mich allein? Haben sie's denn nicht gehört? Einen solchen Knall muß man doch hören! Verdammt, so etwas hört man doch!

Aber es ist mir gelungen, weiterzulaufen. Und mich bis hierher vorzuarbeiten. Das ist mir noch gelungen. – Aber jetzt müßten die andern doch bald kommen. Hier haben sie keine Macht mehr. Sie müssen einfach bald kommen, dachte der Junge. Immer wieder dachte er das bei sich, und der Himmel wird immer trüber. Gar nicht mehr so blau. Sie können mich doch hier nicht einfach so liegen lassen. Ich hätte mich mehr anstrengen sollen, als das Radio vorbeiging. Sie hätten mich bestimmt gehört.

Da sind Stimmen! Sie kommen näher.

Der Junge will sich aufrichten, aber sein Körper macht nicht mit.

Er macht nicht, was mein Kopf sagt, denkt er. Er bleibt einfach liegen. Meinen Kopf kann ich heben, aber mein Körper bleibt einfach liegen.

Und dann liegt er wieder ganz ruhig. Und er hört, wie sich die Stimmen wieder entfernen und das Rufen verhallt.

Sie haben mich gerufen, also suchen sie mich. Sie werden mich finden. Ich muß nur ganz ruhig sein. Ich muß nur durchhalten.

Papa hatte nur genickt, als er es ihnen erzählte, daß er abhauen wolle. Mama weinte.

„Warum weinst du?" hatte er gefragt.

„Laß sie", hatte Papa gesagt, „es ist, weil Großvater schon wegwollte. Aber vorher haben sie ihn, bei den Nazis, noch ins KZ gesteckt. Mama und ich wollten auch immer weg, aber wir hatten doch dich und Katja. Und nun willst du nicht mehr bleiben."

„Sie soll nicht weinen, weil ich weg will."

„Darum weint sie nicht."

„Warum denn?"

„Daß es dir nicht gelingen wird. Darum weint sie. So wie es uns auch nicht gelungen ist. Wir waren immer die Verlierer."

„Ich komme durch", hatte er gesagt, „ja, ganz bestimmt."

Da, das Heulen eines Hundes.

Da liegt er ganz still und lauscht.

„Wolf", haucht er. „Wie oft bin ich mit Wolf in den Wald gegangen."

Dort hatte er trainiert. Zweimal die Woche. Über Baumstämme waren sie gehetzt, zwischen Bäumen hindurch wie zwischen Slalomstangen. Und sein Hund war immer bei ihm gewesen. Richtig Kondition hatten sie gehabt. Zwischen zwei Bäumen hatte er sich Maschendraht gespannt. Am Schluß, wenn er ganz müde war, ist er noch über den Draht geklettert und hat sich einfach fallengelassen. Mit letzter Anstrengung mußte er sich hochrappeln und im Slalom davonlaufen. Und es hatte immer besser geklappt. Und immer schneller. Und Wolf war immer dabeigewesen. Aber er war nicht über den Draht geklettert, sondern immer drum herumgelaufen.

Jetzt ist Wolf nicht da. Jetzt hatte er nicht am Draht vorbeilaufen können. Er hatte zurückbleiben müssen. Noch lange hatte er sein Winseln und Heulen gehört. Aber das hatte irgendwann aufgehört. Sie werden ihn abgeknallt haben.

Es muß schon spät am Abend sein, denkt der Junge, weil der Himmel immer dunkler wird.

Ich muß ganz ruhig liegen, ganz ruhig. Nur nicht aufregen. Sie werden mich bestimmt finden. Dazu sind sie ja da. Sie müssen den Knall doch gehört haben. Aber es wird immer dunkler... Wenn Wolf jetzt da wäre... aber er hat ja von mir ablenken sollen...

Mutter hatte recht behalten. Wir sind Verlierer. –
Aber ich habe es versucht. Und ich bin rüber gekom-
men. –
Jetzt begreife ich, daß Leben Bewegung ist, daß ich
Bewegung war. Erst recht, da ich so ruhig daliege. Das
uns Umfassende ist die Ruhe. Ich kehre zurück aus
der Bewegung in die Ruhe. Der Film läuft zurück. Ich
werde wieder Samenkorn... Es ist für den Arsch!
Er richtet sich auf.
„Ich muß Anja mitnehmen! – Da bist du ja. Ich habe dir
doch versprochen, dich abzuholen. Gib es zu! Ich habe
es dir versprochen."
„Du hast es mir versprochen."
„Ich habe Wort gehalten."
„Du hast Wort gehalten."
„Ich halte immer Wort. Und ich habe es getan. Mama
braucht nun nicht mehr zu weinen. Ich hatte es ihr
versprochen, daß ich durchkomme. Und dir. Und nun
komme ich dich abholen. – Du kommst doch mit,
oder?"
„Natürlich komme ich mit." Anja lächelt. „Natürlich."
„Es ist ganz einfach. Du mußt nur keine Angst haben.
Geh nur immer hinter mir her."
„Ich gehe immer hinter dir her."
„Aber du entfernst dich ja. Warum machst du das?"
„Ich bin ja da, Lieber. Ich gehe immer hinter dir her.
Ich bin ja bei dir. Bin ja bei dir..."
„Anja!"
„Ich – bin – ja – bei – dir –! – Bei – dir..."
„Bei mir. – Ich höre Hunde. Stimmen..."

„Da liegt er. Im Gebüsch. Darum haben wir ihn nicht
gleich gefunden. Verdammt! Der ist hin. Dem ist nicht
mehr zu helfen. Er kann noch nicht lange tot sein."
„Sie haben doch gesagt, sie würden nicht mehr schie-
ßen."

„Sagen sie", knurrte Hauptfeldwebel Hommer. „Sagen sie."
Unteroffizier Banger durchsuchte den Toten.
„Hier. Sein Ausweis. Frank Hoffling. Er ist zweiundzwanzig. Blond. Augen blau. 1.75 m groß. Wippra. DDR."
„Datum und Uhrzeit?"
„Sonntag, 26.07.1987. 14.45 Uhr."

Hier Herrscht Helena

Als ich in sein Haus eintrat, der Hausherr selbst hatte
mir die schwere Mahagonitür geöffnet, bemerkte ich
sie gleich über mir unter der Decke schwebend. Während ich nach oben blickte, lehnte ich mich an das
Geländer aus runden Eisenstäben, das an der Marmortreppe angebracht war. Die Schrankwand an der
gegenüberliegenden Seite fiel mir erst auf, als er
meinen Mantel darin aufhängte.
Durch den Luftzug begann sie sich an ihrem Faden zu
drehen. Mal sah ich sie von hinten, dann wieder von
vorn. Ich war begeistert von dieser kleinen, listig
dreinschauenden Puppe, die auf einem Besen ritt und
eigentlich weniger einer Hexe als einer liebenswerten,
freundlichen alten Frau glich. Sie trug eine blau weiß
gestreifte Schürze über einem langen Rock, das Haar
war geknotet, und auf der kleinen gekrümmten Nase
saß eine niedliche Nickelbrille. Wie leicht und bezaubernd sie auf ihrem Besen dahinritt. Und dann, sie
drehte mir gerade die Kehrseite zu, las ich auf dem
Zettel, der an ihrem Rücken steckte, folgenden
Spruch:
„Hier Herrscht Helena!"
Ich wurde abgelenkt, weil die Hausfrau in diesem
Augenblick aus der Tür des Wohnzimmers trat und
mich freundlich begrüßte.
Sie entschuldigte sich aber gleich wieder, da sie noch
in der Küche zu tun habe.
Ewald, der Hausherr, bot mir einen Schnaps an. Ich
wählte einen Mirabell. Und dann saßen wir und plauderten.
„Du fährst also in Urlaub."
„Ja. Nach Norwegen. Das ist ein alter Wunsch. Und da
wir in diesem Jahr Silberhochzeit feiern."

„Norwegen ist toll. Wir waren im letzten Jahr mit dem
Wohnmobil dort. Fast drei Wochen lang."
Während er nun Wein ausschenkte, steckte ich tief in
den Lederpolstern einer zweisitzigen Garnitur. Als er
sein Glas hob, um mit mir anzustoßen, trat Birgit,
seine Tochter ein. Sie ist neunzehn Jahre alt. Sie
begrüßte mich, ehe ich mich von meinem tiefen Sitz erheben konnte und ehe ich, mein Glas abzustellen, in
der Lage war.
Birgit ist Krankenschwesternschülerin. Während sie
mit ihrem Vater ein Problem ihrer Ausbildung be-
sprach, lauschte ich auf das Birkenholz, das im offenen Kamin zischte und knisterte.
„Geh zu Mama. Sie wird dir besser raten können als
ich."
„Wo ist Mama?"
„Sie steckt in der Küche."
„Dann geh ich mal zu ihr."
Er setzte sich wieder zu mir. Erneut nahmen wir die
Gläser zur Hand und prosteten einander zu.
„Wo sind eigentlich deine beiden Ältesten?" fragte ich
ihn.
„Ich kann dir sagen, wo sie studieren; aber wo sie sich
jetzt gerade aufhalten, kann ich dir nicht verraten!"
lächelte er verschmitzt.
Das war so seine Art.
„Unser Stefan", klärte er mich auf, „studiert in Aachen
Maschinenbau und Betriebswirtschaft. Den anderen,
unsern Ludger, zog es nach Kaiserslautern. Er will
Geologe werden, oder etwas Ähnliches."
Ich sah dem flackernden Feuer zu.
„Und was ist mit dem Jüngsten?"
„Der besucht in der Hauptschule zur Zeit das 10.
Schuljahr und liegt augenblicklich mit einer schweren
Angina zu Bett."
So genau hatte ich's gar nicht wissen wollen.

Währenddessen öffnete sich die Küchentür. Seine
Frau trat ein, deckte den Eßzimmertisch und lud uns
kurze Zeit später zum Essen ein.
„Deine kleine Hexe da draußen an der Decke gefällt
mir. Sie hat so etwas Stilles, Heimliches an sich. Warum hast du sie da hingehängt?"
„Es ist eigentlich ein Geschenk", lächelte er. Seine
Frau war gerade in die Küche zurückgekehrt. „Dann
fasziniert mich die magisch-mythische Vergangenheit von Hexen. Feen sind ja auch Hexen."
Ich nickte zustimmend.
Wir saßen also zu Tisch. Und gerade, als auch sie sich
dazusetzen wollte, um die Tafel zu eröffnen, rief der
Jüngste von seinem Zimmer aus um Tee.
„Helena", sagte mein Bekannter, „wenn du schon auf-
stehst, bringst du dann in einem Weg den Korkenzie-
her vom Couchtisch mit?"
Als ich meine Gastgeber drei Stunden später verließ,
schaute ich noch einmal zu der kleinen Hexe im Flur
hin. Sie sah lächelnd zu mir herab, und es war, als
bewege sie ihren zahnlosen Mund. Aber dann drehte
sie sich zwinkernd um und zeigte mir nur noch ihren
Rücken.

Der Schleier der Göttin zu Sais
oder
Der Dienst am Leben

„Du bist ein Tier", sagte Paul Anwalter.
Sein Gegenüber sah ihn belustigt an und meinte:
„Ein Tier ist ein unschuldiges, benommenes Wesen.
Ich dagegen bin mehr. Ich bin Mensch und damit
weniger benommen. Ich maße mir ein absolutes Recht
an. Ein totales Recht mit freiem, absolut freiem Willen; niemandem veranwortlich als mir und der Zu-
kunft der Menschheit."
„Und wo liegt die?"
„In unserer Existenz."
Hugo Staringer war Arzt. Er und Paul Anwalter, mit
dem er zusammen vor einer Flasche Wein saß, waren
ehemalige Schulkameraden. Früher hatten sie viel
Zeit miteinander verbracht, ohne daß man hätte sagen können, sie seien Freunde gewesen. Paul pflegte
mit Hugo Staringer damals Umgang, weil er in seiner
Art so frei war.
„Ich glaube, du hast noch nie ein Gespür für Schuld
entwickelt."
„Schuldgefühle zu haben, bedeutet zu unterliegen."
Paul betrachtete seinen Gegenüber. – Später hatten
sie sich kaum noch gesehen, weil jeder seinen eigenen
Weg ging.
Hugo wurde Arzt, er Journalist. Ein guter sogar, wie
man ihm bescheinigte. Man schickte ihn häufig in
sogenannte Spannungsgebiete, wo man die Auswir-
kungen von Macht vor Ort miterlebt und wo der Zy-
nismus dem Leben gegenüber immer wieder Vorteile
findet. Und wo Gewalt gleich einem Krebsgeschwür
wuchert. Man ist hilflos ausgeliefert. Man hat keine
Chance. Und die Krankheit ist bestrebt, sich bis zur
Neige auszuwachsen.

Paul Anwalter hatte erlebt, wie Fünfzehnjährige einen Mann auf offener Straße abschossen, weil sie Zigaretten brauchten. Das Leben dieser Jungen war Gewalt. Immer und immer wieder hatte er erfahren, wie Menschen Menschen, das Recht zu leben, streitig machten.

Was daran so wunderlich sei, fragte ihn einmal ein Milizsoldat.

„Nun", hatte Paul geantwortet, „daß ihr euch gegenseitig umbringt. Ihr tötet, mordet. Nehmt euch das Recht, einem anderen Menschen das Leben zu nehmen, obwohl es noch nicht ausgelebt ist."

„Man wird geboren und stirbt", sagte der Soldat lakonisch und schob seinen Zigarettenstummel in den anderen Mundwinkel.

„Aber man kann doch nicht einfach…"

„Doch", schnitt er dem Journalisten das Wort ab, „man kann!" Er schulterte seine Maschinenpistole und schlenderte davon.

Bei Hugo Staringer war das anders. Er hatte sich vor langer Zeit zum Dienst am Menschen und am menschlichen Leben insbesonders verpflichtet. Darauf hatte er sogar den Eid des Hypokrates geschworen:

„Ich werde die ärztlichen Kenntnisse nach bestem Wissen und Können zum Heile der Kranken anwenden, dagegen nie zu ihrem Verderben und Schaden. Ich werde auch niemandem eine Arznei geben, die den Tod herbeiführt, auch nicht, wenn ich darum gebeten werde, auch nie einen Rat in dieser Richtung erteilen. Ich werde auch keiner Frau ein Mittel zur Vernichtung keimenden Lebens geben. Ich werde mein Leben und meine Kunst stets lauter und rein bewahren."

Hugo lächelte nur nachsichtig, als Paul ihn nach Wert und Unwert dieses Schwurs fragte.

„Wir messen heute mit anderen Maßstäben."

„Aber Mensch bleibt Mensch, und Leben ist Leben."
Hugos schmale, lange Finger berührten sich an den
Kuppen. Er preßte sie leicht gegeneinander. Da zeig-
ten sich an seinen Händen Sehnen, und die Adern
stauten sich.
„Weißt du! – Als der erste Medizinmann anfing, an
anderen herumzudoktern, legte er eigentlich den
Grundstein für uns heutige."
Er sah Paul an. Seinen Schnurrbart verzog er dabei
leicht nach unten. „Und hat der liebe Gott nicht auch
schon an Adam herumgebastelt? Er hat es uns doch
vorgemacht. Oder nicht?"
Dafür hätte Paul Anwalter ihm am liebsten eine in die
Fresse gehauen. Aber mehr als ein blödes Hingucken
brachte er nicht fertig.
„Siehst du", lachte Hugo, „seit es wichtiger ist, dem
Leben zu dienen als dem Sterben, hat sich die Welt
verkehrt. Pervertierung des Lebens nennt man das."
„Wie oft treibt ihr ab in eurer Klinik? Sagen wir mal
pro Woche?"
„Zwanzig, dreißig. Ich kann es dir nicht genau sagen."
Hugo stützte sich nun mit langen spinnenbeinartigen
Fingern vom Tisch ab. „Es ist doch auch unerheblich.
Selbst wenn es hundert oder tausend wären. Welchen
Unterschied macht das? Das Problem liegt da nicht."
„Und wo?"
„Es liegt tatsächlich in der Freiheit des Menschen
begründet. Und im Gegensatz von können und sollen."
Langsam glitten die Finger über den Tisch.
„Die Zehn Gebote beispielsweise sagen nie: Du darfst
nicht. Sie sagen immer: Du sollst nicht. Und eine
Antwort geben ja auch diese hilflosen Deterministen,
die den Menschen auf sich selbst zurückgeworfen
haben. Vorher lebte man glücklicher."
„Müssen nicht gerade sie deine Freunde sein? – Geben
sie dir und deinem Denken nicht eine gewisse Legiti-

mation? Ein transzendentaler Begriff von Schuld existiert ja nicht mehr. Anscheinend."
Paul Anwalters grau-blaue Augen schienen wieder Mut gefaßt zu haben. Sein schütteres, blondes Haar rankte sich nach oben.
Hugo Staringers Hände lagen wieder vor ihm. Mit der rechten Hand machte er eine Bewegung über die rechte Schulter hin.
„Sei nicht albern", sagte er, „ich sehe jeden Augenblick die Grenzen meines Könnens, da ich die Folgen meines Tuns nicht absehen kann."
Nun wanderte die Spinne wieder.
„Neugier und Forscherdrang sind in mir so große Antriebsfedern, daß ich unfähig bin, mir Beschränkungen aufzuerlegen."
„Vielleicht müßten das andere für dich tun."
„Vielleicht". Er sah Paul eine Weile unverwandt – doch wie abwesend – an. Dann sagte er ruhig: „Der Eingriff ist nur Routine." Und nach einer kleinen Pause. „Die Herausforderung liegt in der Möglichkeit, aus den Abfallprodukten Lebenselixiere herzustellen. Hier gibt es noch Schwellenängste."
Paul schob sein leeres Glas in die Spinnenbeine und zitierte: „Ich werde die ärztlichen Kenntnisse nach bestem Wissen und Können zum Heile der Kranken anwenden."
„Eben. – Und die kosmetische Industrie zahlt ein Heidengeld. Du weißt ja: Dienst am Leben."
„Recycling", sagte Paul und lächelte zum ersten Mal.
Die Hände Hugos füllten die beiden Gläser, während seine Lippen sprachen.
„Vergiß nicht die Forschung an den Genen."
„Manipulation nennt man das ja wohl."
„Stimmt."
„Und wenn diese Experimente nicht gelingen?"
„Dann machen wir Schönheitscreme für unsere

Damen daraus."
Diesmal lachte er wie ein Lausbub, der gerade einen
schlechten Witz erzählt hat. Paul Anwalter lachte
ebenfalls.
„Du hast recht, schließlich soll man aus Menschen
auch schon Seife gemacht haben."
Der Spinnenkörper zog sich in sich selbst zurück. Nur
noch dunkle, schwarze Augen lauerten.
„Es geht nur noch darum, die Neugier zu befriedigen.
Tabus gibt es keine mehr."
„Das ist pervertierte Humanität", sagte Paul.
„Nein. Dienst am Leben", antwortete Hugo.

Ute Grigo

Über die Schwierigkeit, eine neue Sprachform zu finden

Neue Klassik

„Jedes Zeitalter hat die Dichter, die es verdient".
Für die Gegenwart scheint dieser Satz nicht gerade schmeichelhaft zu sein.
Denn „verdienen" wir wirklich die geist- und konturlosen Massenproduktionen mancher Erfolgs- und Bestsellerautoren, die ja inzwischen zu Volksdichtern des höchsten Ranges avancierten? Und ist diese Zeit etwa schon so sehr dem gegenständlichen Denken entrückt, daß wir die abstrakten Wortbilder wiederum anderer Autoren als gerechtfertigte Ausdrucksform empfinden, obwohl doch ihre angebliche Allgemeingültigkeit gerade der Allgemeinheit verschlossen bleibt ...?
Die Dichter, die wir verdienen?
Bewegt sich denn diese Zeit wirklich nur in diesen beiden Extremen – der vom Volk abgesegneten Trivialität und der fortgeschrittenen Abstraktion, die so viele ehrfürchtig betrachten?
Mit der Schaffung neuer Sprachformen- und Bilder sollte sich jeder Nachwuchsautor befassen, der die Literatur der jüngsten Vergangenheit samt ihrer Alltagssprache hinter sich lassen will, um wenigstens die Forderung nach Allgemeingültigkeit zu erfüllen.
Eine Literatur, die sich nicht nur die 'Bewältigung der Gegenwart' zur Aufgabe stellt, muß auch die 'Sprache der Gegenwart' entsprechend überwinden. Wer zu Aussagen dringen will, die nicht geschichtsspezifisch bleiben (die Trivialsprache aber ist ihrem Wesen nach geschichtsspezifisch – daher verbietet sich ihre Benutzung schon von selbst), sondern ihre Entsprechung auch in anderen Zeitaltern wiederfinden, muß

sich in der Sprache diesem Anspruch ständig neu anpassen.

Von diesem Standpunkt aus sind die immer lauter werdenden Forderungen nach einer „Neuen Klassik" wohl gerechtfertigt.

Wie aber können wir zu dieser gelangen? Die Sprachbilder der „Alten Klassik", bis zur Unkenntlichkeit als Klischees eingesetzt (wohl mangels eigener Ideen) und vom Volksmund längst als gängige Reden übernommen, erfüllen diesen Anspruch der Originalität wohl kaum. Denn wer kann denn wirklich noch (nach)empfinden, was hinter dieser Sprache an Anschauungen, Gedanken, Träumen und Visionen steht? Wer ist vom täglichen Umgang mit Klischees (auch unbewußt) noch nicht so verdorben, daß er mit reinem Ohr die Schönheit dieser Sprache erfassen und für sich wirken lassen kann. Unsere Klassiker, Goethe und Grillparzer beispielsweise sollten uns deshalb wohl in der gedanklichen Arbeit und Verarbeitung, in der Bearbeitung und Formung der Sprache Vorbild sein, jedoch nicht in der Sprache selbst.

Woraus kann die Sprache entstehen, die die Oberfläche durchdringt und uns zur Eigentlichkeit führt? Bedarf es vielleicht ganz besonders eingerichteter Köpfe, das Gewöhnliche auszuschöpfen und zum Ungewöhnlichen zu machen?

Denn in diesem Prozeß besteht ja wohl das eigentliche Schöpfertum: Nur das, was allen Menschen eigen ist, kann durch die Kunst zu wirklicher Allgemeinheit erhoben werden.

Der Mensch trifft im Alltäglichen stets auf sich selbst. So müssen wir lernen, dieses Spiegeln im Heute in seiner ganzen Konsequenz aufzuzeigen und durch die angewandte Sprache als Besonderheit kennzeichnen. Die Sprache des Alltags trägt nur den Alltag in sich; die Sprache des Autoren indes muß fähig sein, sowohl

den Alltag als auch die Ewigkeit auszudrücken. Die
chilenische Schriftstellerin Isabel Allende könnte uns
darin vielleicht Vorbild sein.
Wo also können wir nach neuen Anstößen suchen? Wir
sind gezwungen, in dem zu forschen, was wir heute
besitzen und erfassen können. Das heißt aber, daß wir
unsere Sinne schärfen müssen, um die Wahrheit und
das Wesen hinter den Dingen zu erkennen.
Denn wir haben uns nicht nur eine sprachliche Ober-
flächlichkeit angewöhnt, sondern vielmehr eine ge-
dankliche, die es aus dem Wege zu räumen gilt: Vom
jetzt zum Ewigen ... damit haben wir wieder die
Losung aller Literatur.
Sicher, die Zeit, die 'Zeitgeister' lassen sich nicht
leugnen und ignorieren, doch der Umgang mit ihr, die
Unbefangenheit im Umgang mit der Zeit bringt den
Gewinn.
Es ist nicht notwendig, sich auf eine einzige Sprachform zu beschränken; Natürlich nicht: Die Vielfalt der
Aussagen, die Vielschichtigkeit des Erlebens rechtfertigen eine Verschiedenheit der Sprachformen.
Das Gefühl für die angemessene Sprachform mag zu
einem Teil angeboren oder anerzogen sein – es läßt
sich aber erweitern; Je mehr Möglichkeiten zur Begegnung mit seiner Sprache sowie auch mit anderen
Sprachen der Dichter hat, desto schärfer bildet sich
sein Gehör für die Angemessenheit des eigenen Aus-
drucks. Daran scheint die gegenwärtige Literatur zu
scheitern; Der beschränkte Gesichtskreis macht es
unmöglich, Transzendenz der Gedanken zu erreichen.
Die Beschäftigung mit sich aufdrängenden Gegen-
wartsproblemen blockiert die Erkenntnis einer im-
merwährenden Problematik.
Daß diese existiert, wissen wir alle, denn ohne diese
gemeinsame Basis wäre eine Kommunikation zwischen Individuen beinahe unmöglich.

Die Dichtung, die ja bekanntlich eine Form der Kommunikation darstellt, muß sich deshalb diese gemeinsame Basis zu eigen machen.

Die Suche des Menschen nach Unsterblichkeit zieht sich als roter Faden durch die Literatur aller Völker und aller Zeiten. Sie ist das einzige, das wirklich zu allen Zeiten fähig war, die Gegenwart zu durchstoßen und den klassischen Werken ihren Wert zu geben.

Dieser Wert findet in einer Sprache seine Erfüllung, die sowohl verständlich ist als auch fähig, die eigenen Grenzen zu überschreiten.

Warum sollte es gerade jetzt nicht möglich sein, eine solche Sprache zu finden?

Die Sehnsüchte des Menschen sind die gleichen geblieben, sie sind nur verschüttet, verdrängt, kompensiert worden.

So wird die Literatur, die in dieser Zeit entsteht, ebenso die Möglichkeit haben, sich über sie zu erheben; wie es auch die Klassiker in ihren Werken taten.

„Jedes Zeitalter hat die Dichter, die es verdient" – unter diesem Gesichtspunkt ist auch dieser Satz kein Richtspruch, sondern stellt eine Herausforderung dar und ist ein Hoffnungsschimmer.

Die Suche des Menschen nach sich selbst ist nie wirklich aufgegeben worden; die Passivität unserer Zeit mag nur vorübergehend sein...

Und wenn der Dichter und seine Zeit sich gegenseitig beeinflussen, so ist der Zeit und dem Dichter die unbedingte Möglichkeit gegeben, etwas zu ändern – vielleicht zu verbessern. Der Mut, zum Unbekannten vorzudringen, bedingt den Mut, Bestehendes nicht als Immerwährendes anzuerkennen. Der Dichter, der diesen Mut besitzt, wird ihn auch der Zeit geben.

Aus dem Bewußtsein seiner selbst, des anderen und des Bandes, das ihn mit den Menschen verbindet, ist

es dem Dichter möglich, nicht nur sich selbst, sondern
auch seine Zeit zu erlösen.
Der Dichter als Prinz, der das Dornröschen wach-
küßt... dieses märchenhafte Bild, dieser so einfach
erscheinende Vorgang kann uns zu dem verhelfen,
was wir heute so dringend brauchen –
„Eine Neue Klassik".

Horst Grotjohann

Der Erdbeerwein von L.A. (sprich: 'el ai')

'L.A.' ist offenbar bis zweifellos eine Abkürzung oder
kurz: ein Kürzel. Es heißt soviel wie 'Los Angeles', was
wiederum soviel heißt wie 'Die Engel'. Dies für den
Fall, daß sich jemand finden mag, guten Willens, den
Versuch zu unternehmen, mäßig aufgenordet verball-
hornisiertes mexikanisches Spanisch in die deutsche
Sprache zu übertragen.

Die treffende Interpretation und der richtige Gebrauch des Kürzels 'L.A.' setzt entweder ein Studium
an einer geisteswissenschaftlichen Fakultät einer
Universität voraus, oder aber den Genuß und die
Einwirkung eines erklecklichen Quantums Erdbeer-
weines auf einen durchschnittlich geschulten Geist.

Allein der Gerechtigkeit wegen drängt sich der Gedanke auf, den umgekehrten Weg einzuschlagen, um,
als Ausgleich zu 'L.A.', den Begriff 'Erdbeerwein' zu-
rückzuübersetzen oder – hier besser – in Anpassung
an den vorgegebenen Stil: 'zurückzudolmetschen';
dies mit akademischer Akribie in gemütlicher 'Vine-
seeligkeit'.

Gilt es nur noch, einen geeigneten Ort zu finden, an
dem der Konsum des köstlichen, tiefroten Nasses
statthaft, der Genuß gesegnet, die Wirkung toleriert
und das Ergebnis halbwegs akzeptiert wird. Im Stadium des aktivierten und gedopten, doch noch nicht
eingenebelten Geistes wäre für die schon gelöste, aber
noch kontrollierte Zunge der folgende 'Output' denk-
bar: 'E.B.W.' (sprich: Ih bih dabbelju).

Vorausgesetzt, es kann in etwas weiter fortgeschrit-
tenem Stadium einerseits mit dem Ausbleiben von
Einwänden des Wirtes, andererseits von Beschwer-
den seitens der Gäste an Nachbartischen gerechnet
werden, zieht eine auf Phonetik und Singular be-

grenzte Beugung von 'E.B.W.' folgendes Resultat nach sich:

'Ih bih dabbelich,
Ih bih dabbelju,
Ih bih dabbeler,
Ih bih dabbelsie,
Ih bih dabbeles.'

Im weiteren Verlauf der Geistesschwängerung durch 'E.B.W.' kann der Intellekt zu den beiden folgenden übersetzungstechnischen Gedankensprüngen animiert und strapaziert werden:

'Ih bih dabbelju,
Ih bih doubleju,
Ih bih verdoppelju.'

Ähnlich dem nordamerikanischen Englisch neigt, im Hinblick auf eine möglichst gezielte, knappe und damit zeitsparende Verständigung, gelegentlich auch das lateinamerikanische Spanisch zur Eigenheit der Sprachvereinfachung.

Eine Art der lateinamerikanisch-spanischen Sprachvereinfachung soll im weiteren anhand eines Beispiels verdeutlicht werden:

Wenn es dem Lateinamerikaner danach gelüstet, seine Fingernägel zu kürzen, so benützt er möglicherweise ein und das gleiche Gerät, jedoch von der sprachlichen Ausdrucksform her keinesfalls etwa eine 'Nagelknipsvorrichtung' oder gar ein 'Maniküre-scheerchen', sondern stattdessen ganz schlicht und einfach: einen 'Corta uñas', also – übersetzt – einen 'Schneidenägel'.

Zur Erklärung soll hinzugefügt werden, daß sich der Teilbegriff 'Corta' aus dem Begriff 'Corta uñas' von dem Verb 'cortar', übersetzt: 'to cut', übersetzt: 'schneiden' ableitet. Entsprechend verhält sich demnach das Verb 'doblar' zu – übersetzt: 'to double' zu – übersetzt: 'verdoppeln'. Bezogen auf 'E.B.W.' wäre

also die – naja, der Leser möge es bitte verzeihen –
logische Schlußfolgerung:
    'Ih bih verdoppelju,
    Ih bih doubleju,
    Ih bih doblaju.'
Wie überall, unter ähnlichen Klimabedingungen,
zieht es ebenso der, in einer von Temperaturen und
Sonne verwöhnten Region lebende Lateinamerikaner
desweilen vor, nach getanem Tagewerk an einem
schattigen Plätzchen im Freien sitzend, möglichst an
gar nichts und wenn doch, lediglich über sich und die
Welt bedächtig und selbstzufrieden nachdenkend,
zum Einbruch der Dämmerung den schweißgetränk-
ten Hut aus der Stirn in den Nacken zu schieben und
durch eines oder mehrere Gläser Irgendetwas der
Sonne beim Untergehen behilflich zu sein, mit dem
Vorhaben und Hintergedanken, sich zeitig einem
späteren gesunden Schlaf auf dem Nachtlager zu
widmen.
Hier bietet sich die Bestellung und der Genuß von
Erdbeerwein oder kurz: 'E.B.W.' an. Der Lateinamerikaner bestellt sich einen 'Dobla gente', verdolmetscht:
einen 'Double people', verdolmetscht: einen 'Verdop-
pel Leute' oder, etwas freier übersetzt:
    einen 'Leuteverdoppler'.

Berlinerick

Ein Berliner in Spandau, der spürt,
Wo die Fährte der Pferde hinführt.
„Ach, Herr Mauerfeld:
Ooch die Mauer fällt."
Ob das Wohl von den Pferden herrührt?

Trennung

Sie hatte einst der Kinder drei,
Nur zwei sind ihr geblieben.
Das Eine war ihr einerlei,
Sie wollte es nicht lieben.

Sie wünschte sich der Kinder sieben,
Bevor sie ihn begann zu lieben.
Zwei Töchter hat sie ihm geboren,
Den Sohn hat sie, wie ihn, verloren.

Den Sohn und ihn hat sie verloren.
Ihn ganz, den Sohn an die Nation.
So schön frigide, kalt, erfroren.
Im Dienst der Emanzipation.

Bauernregel

Der dumme Bauer hortet Geld
Bis daß er auf die Nase fällt.

Der schlaue Bauer erntet Obst
Und tauscht's gegen Gemüse;

Der kluge Bauer macht's noch besser:
Er hält sich fit als Selberesser.

Gisela Haegler

Treue

Wann wendet sich für mich das Blatt
bin ich Dir denn noch gut genug

wann hast Du mich denn endlich satt
für mich ist's nur noch Selbstbetrug

um Dir nicht auf den Geist zu gehen
und um Dich fest zu halten

such ich nur noch nach neuen Ideen
um Deine Tage zu gestalten

auch nicht egal – denn jedes Wort
muß ich gut überlegen

es ist fast so wie Leistungssport
denn Dein Gemüt ist sehr leicht zu bewegen

vielleicht ist's besser für uns zwein
uns selber wieder treu zu sein!

Zweifel

Darf man's wagen sich zu laben
an den wunderbaren Gaben
die das Leben hat bereit
für die Unerästtlichkeit?

kämpfend schwankend
hin und her
die Versuchung ist oft schwer

sollte man um Gnade flehen
oder sie geschickt umgehen?

quälend ist dann doch die Pein
will man trotzdem standhaft sein
trotz Versuchung nach dem Neuen
sich nicht in der Täuschung freuen
um dann auch nichts zu bereuen?

Wo bist Du?

Bist Du nicht ganz nah bei mir
fehlt mein Lebenselixier

wartend fühl ich mich allein
nie könnt ich ohne Dich mehr sein

bist Du kurze Zeit nur fort
wünsch ich mich an jenen Ort
wo Du bist g'rad ohne mich
und weiß: „Schatz, ich brauche Dich!"

bist Du dann ganz nah bei mir
müßt ich's fühl'n das Elixier

weiß ich doch nun wo Du bist
wirst Du trotzdem noch vermißt!

Gefühlsinflation

Der Lauf des Lebens
auf und ab

diese Bewegung ist sehr stetig
und hält uns oft ganz schön in Trab

das Glück ist noch nicht all zu fern
da kömmt die Mahnung des Tributs
niemand zahlt diese Rechnung gern

wer diese weiß
der hält – meint klug
die Höhen fest
mit großem Fleiß

doch für diesen Fleiß
das zeigt die Rechnung Dir am Schluß
zahlst Du dann doch den höheren Preis

fast jeder hat es schon erlebt
man fällt nicht selten tief hinunter
wenn man in schönen Höhen schwebt!

Aufmuntern

Hast Du manchmal Angst vor Zahlen
die am Zeichentisch des Lebens
sich in die Gesichter malen?

Dann schau einfach in den Spiegel
rücke Dich ins rechte Licht
ich weiß er sieht Dein Gesicht
grinst Dich an
und sagt ganz schelmisch:
„Deine Zahlen sieht man nicht!"

Margarete Hertwich

Spätsommer 1977

die Mastenten
die schnattern so in den Tag hinein
       & wissen nicht

daß mit dem vergehenden Sommer
              auf ihr Ende naht

den Gartenblumen geht es ebenso
sie fangen an
       dahinzuwelken
           der Morgenwind wird kühler &
           der Himmel grauer

was soll das werden
       wenn demnächst
       auch die Vögel ziehen

die wenigen freundlichen Nachbarinnenaugen
lassen einen kargen Herbst erwarten
           & wer weiß
        was für einen Winter

das Jahrhundert
frißt sich in das Nichts
woher nimmt es seine Kraft
der Welt ein besseres Gesicht zu geben
es wird gezogen
und reißt uns mit

Oktober/Laub/Wald/Feuer

tausend Farben
rot rost gelb
stürzen sich grell auf die Augen
& hocken sich nieder im Herz'

was haben sie vor
die dickstämmigen Alten
in ihrem Blätterwams
daß sie das linde Grün
auf einmal verschmähen
um aufzublühen
wie sonst nur im Frühling die obstigen Frauen

sie wispern & locken
als seien sie Gold
& träumen den Traum jeden Herbstes

derweil fällt hernieder
vom Himmel die Bläue
& weist dem Auge den Aufwuchs

1977

herbstliches Wein'erliches

wo der Main
im Kitzinger Gau
nordwärts südwärts läuft
& zu seiner Rechten
Berge mit Wein hat
auf denen
in wechselgrünen Knopfreihen
die Rebbäumchen sich biegen
unter der Last
der prall gefüllten
unzähligen Perlen
da
führt eine Straße nach Würzburg

> die Sonnenlechzenden derweil
> müssen bleiben
> am erdigen Ort
> um vollendet zu sein
> wenn der Winzer demnächst
> in Bütten sie sammelt
> um sie anheimzugeben
> dem weiteren Schicksal
> im Dunkeln
> das sie zuerst keltert
> & scheidet
> das Brauchbare vom Nichtsnutzigen
>
> dann muß das Wesentliche
> sich wechseln
> damit es ruhig & klar
> kann gelangen
> in das neue Gefäß
> & munden dem Herzen
> dem wunden

1977

nehmt RÜCKSICHT auf KINDER
steht in mannshohen Lettern
auf dem Plakat für die Autofahrer
rechts an der Straße
derweil 20 Meter weiter rechterhand
kurzerhand 1000 eichene Bäume
hinfallen müssen als Brennholz
gerade noch gut genug
weil die Straße begradigt werden muß
für eine rennwütige Vätergeneration
was soll die Herbstsonne
denn demnächst färben
anstelle der Blätterpracht
färben die Väter
dann blutrot die Straßen
damit ihre Kinder
nichts mehr zum Lachen haben

an der B 14 in Lauf 1977

OPERSTÄTTEN
OPFERSITTEN
OPFERBRÄUCHE
neuzeitliche
derzeitige

geopfert werden muß . . . . LEBENDIGES
bedenkenlos ruiniert . . . . GEMAUERTES
ausgerissen . . . . GEWACHSENES
zerstampft . . . . KEIMENDES
befahrbar gemacht . . . . . . ERDIGES

Kurven verboten
gradlinige Nürburgringe
geboten den
prunksüchtigen Knäblein
im lackigen Wagen
handschuhbewehrt
mit eisernen Füßen
den Gashahn geöffnet
der Rausch kann beginnen
wehe den Kindern
die spielend noch jagen
auf teerigen Gassen
wehe den Großen
die arglos spazieren
im Grünen daneben
die kommen
beinahe um's Leben
derweil die Knäblein
werden zu Greisen
ohne zu kennen
die Pfade des Lebens

in Hahnbach auf der B 14   1977

dörflicher östlicher
herbstlicher Ausblick

jetzt
treten die Verspannungen zutage
& zeigen her
wie die Häuser ineinander vertäut sind

über
Lichtmasten   Leitungsmasten   Telegrafenmasten
laufen
die Vorkommnisse von Hof zu Hof

Fernsehantennen wären auch noch zu nennen
verkrallt
in den walbigen Ziegeln

was verbindet denn
untereinander
außer der Angst
jemand könnte sich mehr
vom Lebenskuchen abschneiden
als man selber
den Nachbarn vorweisen kann

sind auch die Obstbäume gelbneid
                         wutrot
weil sie
mit dem Sommer
verloren die fruchtige Frische
& nur
bekamen dafür einen hölzernen Ring

die Wurzeln indes
träumen überend
furchtlos
vom Blühen im Mai

1977

dörflicher Westblick
mit der letzten Oktobersonne

die Eichen brennen lichterloh
auch die Birnen & die Pflaumen

sich treu geblieben sind bis jetzt
die Pappeln & die Buchen

die festen Häuser sowieso
verändern nur die Schatten

das Hühnervolk
es rennt herum
& meint
es kommt der Frühling

die Kirchturmuhr zeigt 10 vor 12
& weiß allein die Stunde

1977

Karl Hotz

Sanssouci

Am Geländer rankt schon der
nordische Wein, Sonnenflecke,
die Melancholien entschweben
als Baumgespinste, sie künden
von anderem Leben, die Ruinen
vom schönen Vergehen in Lust –

Das alles gesetzt in den mär-
kischen Sand, so viel Vertrauen,
Schlösser errichtet wie Figurinen,
noch ahnst du den Klang, die
Schwingung über dem Garten –

Kein Eckstein erschüttert
die Gesetze, Herrschaft war
immer, wird bleiben, heute
lässig geduldet, alle Tore
stehn offen, draußen flutet
die Stadt, Preußens armen
Königen war das genug, Gitter
und Ornament, noch trägt
der Zauber, noch darfst du
trauen ...

Böser Morgen

Nachts wend ich mich um
im Halbschlaf, ich höre
die Stimmen der Tiere, die
lautlos unheimlich mein Zimmer
bevölkern: die blauen Delphine
zunächst, die freundlich-
menschlichen Tiere, sie
schwimmen mir zu, ich beug
mich ihnen entgegen und winke,
vergeblich, und ich merk, daß ich weine –
dann seh ich plötzlich die andern,
die fratzenhaften Gestalten,
präparierte Schädel, gespaltene
Rachen, gedunsene Bäuche, Falada,
der du hangest, bluttriefend Nüstern,
die Mähne von Nägeln durchschossen
(aber noch immer tief hinten die
treu-treuen Augen –)
ich falle zurück und ich schreie
mit tonlos rasselnder Stimme,
die Bilder zerreißen, ich erkenn
die hohe Lafette, raketenbestückt,
von vielen Wesen umgeben,
gesichtslos und stumm und wieder
versuch ich zu schreien:
UNWISSENDE!
SCHULDBEWUSST.

Zeitmaß

Den Aurorafalter auf der
kleinen Tanne
den hab ich photographisch
erfaßt

Die einzelnen Wachstums-
phasen der Iris
die hab ich wissenschaftlich
dokumentiert

Dem Gesang des Amsel-
männchens dem hab ich
aufgelauert und
alle Tonlagen
registriert

Bei den Dichtern früherer
Zeiten da hab ich
nachgeschlagen
nach den tiefen
Wäldern

Auf den Grabsteinen
die Inschriften entziffert
und aufgelistet nach den
Sterbedaten

Restbestände

Die Natur mußte ich anschaun
mit Geduld, Leiden schafft Nähe,
vergeblich Spätem begegnet man
traurig –

        aber sie lassen dich
nicht vergessen das Unrecht: der
Sand, der sich hingibt den Wellen,
ein leuchtend verblassender Spiegel,
die schöne Verweigrung der Welle,
wiederzukehrn ohne Erinnrung,
Lust, die lautlos verströmt und
schamlos –

        auch daran hast du nicht
teil, du bleibst ein Fremder und
Mitleid –
wir lasen redlich Betroffne von
Robbenkindern, die zärtlich
starben, wir holten die Bilder
ins Haus, wir wußten (und das
war tröstlich) vom Sterben der
Arten, auch wir würden erlöschen,
auch uns einholn das Verhängnis,
nutzlos trauriges Wissen, wir
schreiben Verluste

Nach grauen Tagen   (I. Bachmann)

„Hoch fliegen über den Tag" –
vernehmen den Schrei der Eule,
wenn sie abstreicht über den Strom,
Botschaft unterm Gefieder, den
Freibrief: nichts mehr zu wissen
von Trauer, den falschen Träumen,
dem tiefen Entsetzen vor Glück.
Aber bestehn den Schmerz des Abschieds,
LICHT zu trinken und tiefer und tiefer
zu sinken, bewohnbar machen wieder
den dunklen Erdteil: Liebe. So
will ich zahlen das Zehrgeld
und nicht mehr verdammen müssen
die fernen Gedanken. Noch einmal
spüren die Blicke, einverständiges
Schweigen, den Finger noch einmal
leis auf die Lippe gelegt.
Verlassen die Krater und Höfe,
die Kanzeln und Eide und frei
schweben ins Weite und hoch
fliegen über den Tag.

Mike Jankowski

Oktobergedanken

Ein Jahr zu Ende geht,
die Blätter werden golden schnell – und alt.
Der Herbstwind wütend durch die Straßen fegt,
nimmt meine Gedanken mit sich und wird kalt.

Mit diesen Stürmen fallen sie hernieder,
winden sich noch 'mal hinauf und werden stille.
Wie meine Gedanken – wirr mit Für und Wider.
Was mir als Resultat geblieben ist: der Wille!

So bin ich wohl für dieses Jahr den fall'nden Blättern
gleich und auch den wilden Winden.
Was ich in diesem Jahr mit aller Macht nicht mehr
erreich',
werd' ich im nächsten wie mit der Kraft der neuen
Blätter finden.

10.10.86

Immer

Er sagte immer,
sie sei der helle Sonnenschein in seiner Welt,
der jedes Dunkel, jede düstere Nacht mit Licht erfüllt.

Er sagte immer,
sie sei der warme Sommerwind,
der alle Sorgen, allen Kummer von ihm nimmt.

Er sagte immer,
sie sei das Glück, die Zuversicht für ihn auf Erden,
daß Furcht und Angst durch sie so nichtig werden.

Er sagte immer,
sie stellt für ihn die letzte Hoffnung dar,
daß doch sein Lebensinhalt, durch sie, nicht sinnlos
                                                   war.
Er sagte immer,
sie sei für ihn das nie ausgehende Lebenslicht,
und einen hell'ren Stern im Universum gäbe es nicht.

Er sagte immer,
sie sei der einzige und teuerste Wert für ihn in seinem
                                                   Leben.
Nichts anderes als doch nur sie und ihre Liebe gäb' es
                                                   zu erstreben.

Er sagt es immer noch –
und kann es nicht begreifen, nicht verstehen,
daß Liebe, Leben, Hoffnung dann doch verschied'ne
                                                   Wege gehen.

11.03.87

Erinnern und Denken, Glauben und Wissen

Erinnerst Du Dich noch an uns're Sommerträume?
Denkst Du noch an uns'ren hellen Himmelsstern?
Glaubst Du noch, daß roter Wein der Liebe Flügel gibt?
Weißt Du noch, daß unser beider Licht kein Dunkel je ge-
kannt?

Erinnerst Du Dich noch an uns'ren Waldesweg; die ewig
grünen Bäume?
Denkst Du noch an Deine warmen Herzensworte: ich hab'
dich gern'?
Glaubst Du noch an den, der Deine unvergeßliche Liebe
liebt?
Weißt Du noch das glühende gemeinsame Feuer? Es hat uns
fast verbrannt.

Erinnerst Du Dich noch an uns're Liebesmelodie?
Denkst Du noch, so stark wie ich, daß wahres Glück nie
endet?
Glaubst Du noch, daß Blumen die ich gab, nie mehr ver-
blühn?
Weißt Du noch, daß ich Dich einst auf meinen Händen trug?

Erinnerungen an Dich verbleiben immer in mir – so tief sind
sie.
Denken will ich, daß Dein Gefühl für mich sich einmal
wendet.
Glauben will ich, daß es der Liebe Schicksal ist nicht zu
verglüh'n.
Wissen will ich nur die Macht, die Dich aus meinem Leben
zog.

Erinnerungen, Denken und der Glaube an Dich sind meine
ganze Kraft.
Ich werd' es wohl nie wissen – was habe ich nur falsch
gemacht?

24.03.1987

My Love

My Love, you are to me the ever warming sun,
my love for you growes each and every day.
My Love, you are to me the endless shining star,
my love for you will last untill all times are over.

My Love, I feel, I'm in your soul since time begun,
my love, for you I laugh and cry and pray.
My Love, no other women is the way you are.
My Love, you are my shield, my strenght, my cover.

My Love, you are my pillow and my resting place,
my love for you is almost heavenly.
My Love, you are my living dream.
My love for you means never sorrow, never pain.

My Love, I never knew more beauty and more grace,
my love for you will ever last so strong and tenderly.
My Love, you are my mountain in lifes running
stream,
my stay on Earth without you love would not be same.

20.04.87

Frage nie ...

Laß' doch Dein Herz für meines nur alleine schlagen
und führe mich durch Deine Gegenwart zum Glück.
Laß' meine Seele Deine Liebe tragen
und frage nie – was gibst Du mir dafür zurück.
Denn alles was ich Dir je geben kann,
bin ich; mit aller Stärke, Schwäche, Hoffnung und
                                                    Versagen.
Nur auf den innern Wert des Menschen kommt es an.
Das zu erkennen, will ich Dir all' meine Erdenjahre
                                                    geben.
So gibt es Gott, daß in der fernen Zukunft irgendwann
Du sagen wirst; die Zeit zusammen war das schönste
                                                    Leben.

25. Jan. 1988

Verzeih'

Verzeih', daß ich nicht besser in die Zukunft sehen
kann.
Verzeih', daß große Träume meistens nicht zur
Wahrheit werden.
Verzeih' mein Zweifeln an das Leben dann und wann.
Verzeih', daß ich Dir keine Schlösser geben werd' auf
Erden.
Verzeih' mir, wenn ich zu oft in Deinem Körper, Geist
versinke.
Verzeih', wenn ich die wilden Stürme nicht mehr
entfache.
Verzeih' mir, wenn ich in Deinen Augen immer fast
ertrinke.
Verzeih' die Müde nach all den Jahren. Ich halte
trotzdem Wache.
Verzeih', daß ich der Dunkelheit das Licht oftmals
nicht gebe.
Verzeih' der Stille kalter Nächte und auch den
flüchtgen Küssen.
Verzeih' daß ich für Dich allein nur lebe.
Verzeihen heißt, niemals um Vergebung bitten zu
müssen.

06.03.88

Verloren

Ich habe Dich verloren.
Stattdessen hab' ich Regenbogen
und Tage gemeinsamer Träume der Vergangenheit
als Illusion zu meinem Schutz erkoren.
Erschlagen haben mich mächtige, leere
         Gefühlewogen.
Im Geiste bin ich immer bei Dir, nie zu weit.
Ich habe Dich verloren.
An was soll ich noch meine Lieb', mein Herz und Seele
           geben?
Denn jede Hoffnung, jedes Leben bist nur Du.
So schrei' ich denn in mich hinein, erreiche niemals
         Deine Ohren.
Es gibt die Hoffnung nur so lang wir streben.
Doch hörst Du mir schon lange nicht mehr zu.

11.03.88

Vielleicht

Wir lasen immer in des ander'n Augen,
ersahen jeden Wunsch, erfüllten ihn im zweisam Glauben.
Wir schenkten jene Blumen, die niemals welken.
Wir waren eins und einzig – in dunk'len Welten.
Wir spürten diesen warmen Wind, der niemals endet,
auch wenn er schon die Segel and'rer nicht mehr wendet.
Wir lachten, träumten, weinten.
Gemeinsame Himmelsflüge uns vereinten.

Die Tränen in des andern Augen –
wußten wir wohl zu deuten, wollten's nur nicht glauben.
War Liebe, oder Schmerz.
Wir waren Einigkeit und Seele, Körper, Herz.
Uns dreh'nde Räder standen stille nie.
Doch gibt es selbst für stärkste Liebe keine Garantie.

Wir hätten endlos' Jahre einen Fabeltraum gelebt,
für immer und für ewig zusammen durch die Zeiten
                                                wandern.
Wir waren doch so anders als die ander'n.

Vielleicht ist unser Traum verweht,
vielleicht die gemeinsame alte Brücke nicht mehr steht,
vielleicht seh'n wir nicht jetzt des ander'n schillernd Licht,
vielleicht bereitet es nur Schmerz – der Blick in das Gesicht.

So bleibt nur Stolz – und Einsamkeit.
Doch Wiederholung gibt es für uns – nicht?
Uns war es nicht bestimmt; durch diese Welt zu zweit.

Auch wenn die Welt dort draußen voller Regenbogen,
seh'n wir die Regentropfen nur, und Farben nicht?
Was hat uns nur zu dieser Tat bewogen?

Vielleicht läßt sich der Traum einst wiederfinden,
vielleicht holt uns Erinn'rung wieder ein,
vielleicht kann man zerschlag'ne Brücken wieder binden,
vielleicht erglüht das unfaßbare, tote Feuer,
vielleicht ist's wieder dann – wie einst beim Wahrheitswein.
Deine Werte sind mir so unsagbar, und so teuer.

09.04.1986

Verlassen

Es ist so einsam hier.
Ich hab' Dich nicht verlassen.
Seh' ewig nur Dein Bild vor mir,
irr' ziellos durch die Straßen, Gassen.
Ich hab' es so doch nie gewollt,
hing' so an Dir, wollt' Dir die Welt zu Füßen legen.
Hab' Dich verehrt und himmelweit Respekt gezollt.
Trotzdem – Du wanderst nicht mehr auf meinen
                                        Wegen.
Das ändert aber meine Liebe nie.

Auch wenn die Brücken nicht mehr sind,
auch wenn das Herz vor Sehnsucht brennt –
ich werd' zu Dir noch finden, irgendwie.
Nur, daß die Zeit durch uns're Hände rinnt
und Freund nicht mehr den Freund beim Namen
                                        nennt.
Gemeinsame Herzschlagstunden aus der Erinnerung
                                        verbannt,
Musik für alle anderen nur noch erklängt.
Ich bleib' von Dir gezeichnet und gebrannt.

Die Mauern, die uns trennen, kann ich nicht mehr
                                        zerschlagen,
mir fehlt der Wille und die Kraft zum neuen Wagen.
Ich hab' Dich nicht verlassen.
Auf meinen Händen wollt' ich Dich zum Licht
                                        erheben –
Du hast mich nicht gelassen.
Für was soll ich noch streben?

28.08.85

Felix Joch

Bilanz

Er beschloß eines Tages,
reinen Tisch zu machen.
Fort mit der Vertrauensseligkeit,
fort mit der Gutgläubigkeit.
Stattdessen: kühles Abwägen
der Dinge, Distanz.
Lieber mißtrauen und sich dann
angenehm überraschen lassen
als vertrauen
und dann hereinfallen.
Lieber konstruktive Kritik,
wie er es nannte,
als spontaner Beifall.

Und er blieb seiner neuen Devise
treu – Jahre, viele Jahre.
Eines Tages zog er Bilanz.
Das Ergebnis: niederschmetternd.
Was hatte er falsch gemacht?
Vielleicht wußten die Freunde Rat.
Er lud sie ein – doch die Antwort
blieb aus.
Er versuchte es noch einmal,
bittend, flehend.
Doch die Freunde – die längstvergessenen –
blieben stumm.

Psychotherapie

Kopf hoch, mein Freund,
wenn dich der Ekel überkommt,
das Grauen dumpf an deine Seele pocht.
Professor Schnatterbeck weiß Rat,
schenkt Mut und neue Lebenskraft –
und mäßig ist das Honorar.

Geduld, mein Freund,
wenn jäh die Angst dich überfällt,
die ungeklärten Fragen dich bedrängen.
Professor Schnatterbeck ist da,
er tröstet immer wunderbar,
und seine Wirkung ist enthemmend.

Nun lächele, Freund,
im Angesicht des Endes,
wenn es in dir schreit auf aus Not und Einsamkeit.
Professor Schnatterbeck kommt schnell,
er hat den Fall noch nicht vergessen. –
Und legt auch ihn schon bald zu seinen Akten.

Keine Rolle für mich

Ich sagte dem großen Regisseur,
daß ich unzufrieden sei,
höchst unzufrieden, jawohl.
Immer diese elenden Komödien!
Ich bin doch Schauspieler und kein
Komödiant.
Das ist doch ein feiner Unterschied!
Wann endlich erhalte ich eine
andere Rolle?
Eine ehrliche, anständige
selbstverständlich,
eben meine Rolle.

„Mein Sohn", sprach der Alte – noch nie
erschien mir sein Gesicht so zeitlos
und starr –,
„ich habe keine andere Rolle –
für dich.
Entweder du spielst Komödie,
oder du spielst gar nicht..."
Er sagte es stockend, voll gütiger
Nachsicht.

Gar nicht spielen? Das ist der Tod!
Traurig habe ich mich gefügt. Nun weiß ich:
Nie werde ich meine Rolle
spielen können. –
Oder bin ich doch ein Komödiant?

Auch ein Mensch

Sie war in allen ihren Tagen
voll Güte gegen die Bedrängten
und ließ verstummen Not und Klagen.
Gar manche der von ihr Beschenkten
sie priesen – und dann schnell vergaßen.

Oft hatte sie sich übernommen.
Zu viele waren wie auf Zeichen
voll scheuer Hoffnung angekommen,
gleich Vögeln, die um Feuer streichen,
Auswurf und Strandgut fremder Straßen.

Nur einmal sie die Nervenkraft verließ,
als wieder einer draußen hungrig stand.
Voll Ungeduld sie barsch ein Wort ausstieß,
beschämt er nahm das Brot aus ihrer Hand
und blickte sie dann lange schweigend an.

„Bin auch ein Mensch", rief er im Gehen,
„ein Mensch, das sollten Sie bedenken...!" –
Und sie gedenkt, wie es geschehen,
daß sie an ihn muß immer denken,
den alten, heimatlosen Mann.

Wiedersehen

Du warst es nicht, die da sprah.
Nicht du ergriffst meine Hand. –
Dreißig Jahre!
Wort- und Tarnspiel, Vergessen oder Verdrängen?

O Nebeldunst verblichener Träume,
o Sprödigkeit erkalteter Räume und Zeiten!

„Mein Mann ist gesund, die Kinder sind groß.
Heinz ist bald Doktor, Karin Studienrätin...
Und wie ist es dir ergangen?"

Du täuschest mich nicht. Und ich lasse dich nicht –
bis sich die Maske gelöst
und – vielleicht nur für Sekunden –
sich unsre Augen lächelnd
in unserm Geheimnis begegnen.

Irmgard Junk

Heute –
durch die Brille des Gestern

was ich heute sehe, habe ich schon gestern geahnt,
habe es kommen sehen, gehört, gerochen.
Ist es deshalb heute da?

Was ich heute sehe, sehe ich nur so, wie es die Brille
des Gestern erlaubt. Sie bestimmt den Ausschnitt, die
Perspektive und die Schattierungen. Sie sondert aus,
rückt in den Vordergrund, läßt Anderes im Hintergrund verschwimmen.
Ist das Heute eine Projektion des Gestern?

War auch das Gestern schon eine Projektion des Vorgestern?
Ist das Determination, determiniere ich mich selbst?
Wo bleibt der Ansatz für den Einbruch des Neuen, des
nicht Vorhergeahnten, des nicht per Vorstellung Vor-
weggenommenen?

Ich muß die Brille ändern, um das Heute zu sehen.

Blick auf die Straße

Er trifft zuerst die selbstsicheren Fassadenträger, die
Hochgereckten und die Mitläufer, beharrend auf
bürgerlichem Prestige, Regeln und Normen festigend
und befolgend –
und doch sehe ich dahinter die Unsicherheit, die
Angst, allein vor dem eigenen Ich zu stehen, den
Zwang, mit allgemeinverbindlichen Regeln eine Art
von schützender Ordnung zu schaffen.

Dann trifft er die eilfertig Geschäftigen, die kleinen
Leute, die ihren Tag und ihr Leben genau eingeteilt
haben und sich buchhalterisch bemühen, Punkt für
Punkt säuberlich abzuhaken –
und doch sehe ich dahinter das tiefempfundene Un-
glücklichsein, die neben aller äußeren Ordnung fühl-
bare Leere, die sie versuchen mit ungezügeltem Konsum zu füllen, ohne je zur Ruhe zu kommen.

Zuletzt trifft er die Menschen der Mitte, einen Fuß
noch im Soll-und-Haben-Buch, die Arme ausgestreckt
nach sicheren Fassaden –
und doch sehe ich sie so verharren, nirgends zugehö-
rig, überall fremd, sehnsüchtig und doch abgestoßen,
die Grenze wie die Weite fürchtend, herausgefallen.

Wozu gehörst Du?

Leben,
das heißt geben
und nehmen immerzu,
in Tränen sich verweben
und finden keine Ruh';

heißt immer wieder aufstehn,
ein steter Neubeginn,
heißt vorwärts- nie zurückgehn,
zu neuen Zielen hin;

heißt neu nach Sinn zu forschen,
wenn Hektik nicht mehr trügt,
heißt in sich rein zu horchen
wo tief sich alles fügt;

heißt atemlos verstehen
und sei's auch erst zuletzt:
es gibt kein Vorwärtsgehen,
das Sein ist hier und jetzt.

Subjektiv erlebte Zeitlichkeit

Ich stehe vor der Schule, um meine Tochter vom Abendturnen abzuholen.
Fünf Minuten Muße.
In meinem Kopf kreisen die Gedanken um das, was ich an diesem Tag erlebt habe, was erledigt wurde, was noch unerledigt drängt, was mich belastet: Widersprüche, Mißverständnisse, Kritik und Tadel.
Ich erlebe mein Heute müde und erschöpft, als Häufung von Terminen, als ständiges Unter-Druck-Stehen, als Mangel an Zeiten, Atem zu schöpfen.
Ein unbedachter Blick an den Himmel läßt plötzlich den Kreislauf meiner Gedanken stille stehen. Die unermeßliche Ruhe des Abendhimmels nimmt meine Seele gefangen. Der Blick über die Dächer läßt friedliche Feierlichkeit empfinden und ich fühle tief und intensiv, daß das von mir erlebte Heute nur *ein* subjektives von vielen möglichen ist.

Frei für das Sein?

Heute – morgen – übermorgen
ach, mich quälen viele Sorgen:
ob ich komme, oder geh',
ob ich stumm verharrend steh',

ob wohl an zukünft'gen Tagen
meine Bäume Früchte tragen,
ob am Abend ich zufrieden
seh' den Tag, der hingeschieden,

ob erreicht ich, was ich wollte,
ob erfüllt ich, was ich sollte,
ob ich schlafen kann bei Nacht
von Gedanken noch bewacht,

ob genügend Kraft verblieben,
ob, was wichtig, aufgeschrieben,
ob Termine eingehalten,
Meinungen aufeinander prallten,

ob im Anderen nach dem Streit
etwas Liebe übrigbleibt?
Kann mit soviel Fragezeichen
ich überhaupt das Sein erreichen?

Birgit Kalkbrenner

Das Heute liegt irgendwo zwischen Gestern und Morgen

Der kalte Herbstwind blies gerade die letzten verdorrten Blätter von den Bäumen, als sie Hand-in-Hand, tief gebückt und in unsäglichem Schmerz gebettet den Kieselweg, der zum Friedhofsausgang führte, entlangschritten. Wenige Augenblicke zuvor hatte man ihr einziges Kind, ihren sechzehnjährigen Sohn Helmuth, ein Verkehrsopfer des Samstagnachtfiebers, zu Grabe getragen. Langsam war der hölzerne Sarg in die unbekannte Weite der Totengruft hinabgeglitten und hatte all die unerfüllten Träume der Eltern des Jungen mit sich gerissen, unwiderruflich und gnadenlos. Denn es war in Wahrheit nicht Helmuth, um dessen Verlust das Ehepaar trauerte, ihr Leid verursachten vielmehr die nun sinnlos gewordenen Zukunftspläne und Erwartungen, die sie in den schmächtig gebauten Jungen gesetzt hatten. Während das Leben der Mutter größtenteils von der kultähnlichen Haltung zu dem Showmaster und Multitalent Peter Alexander bestimmt wurde und sie dazu veranlaßte, ihrem Sohn von frühester Kindheit an Gesangsunterricht erteilen zu lassen, drängte der Vater den Heranwachsenden zu ausgezeichneten Schulerfolgen, die Helmuth nach erfolgreich abgelegtem Abitur und Jurastudium eine solide Beamtenlaufbahn und vor allem eine „saftige" Pension sichern sollten. Daß sie dabei die persönlichen Interessen ihres Sohnes gänzlich ignorierten, wurde den beiden gar nicht bewußt, standen sie doch in einem Besitzverhältnis zu ihrem Kind, dem sie die Abhängigkeit von der elterlichen Gunst deutlich spüren ließen.
Die spärliche Freizeit zwischen Gesangsstudium und Lernprogramm nutzte der Sechzehnjährige oft, um mit Hilfe seines erst kürzlich erworbenen Motorfahr-

rads vor der materialistischen und von Idealen durchsetzten Welt seiner Eltern zu fliehen und in den Vorstädten nach dem bescheidenen Rest unbelassener Natur zu forschen. Er liebte die Einsamkeit, die Stille, fernab vom Gekeife seiner Mutter, die ihm in angespannten Situationen noch immer unlautere Vorwürfe über seine Nichtaufnahme in den Chor der Wiener Sängerknaben machte; lag dieses Ereignis doch bereits ein volles Jahrzehnt zurück. Sein Vater hingegen tyrannisierte ihn mit der permanenten Kontrolle seiner Hausaufgaben, dem beharrlichen Abfragen diverser Vokabeln und dem konsequenten vierteljährlichen Besuch der jeweiligen Klassenlehrerin Helmuths. Er hatte wohl Angst, daß dem Jungen ohne die ihm unmögliche Protektion der Einstieg in das Beamtenleben verwehrt bleiben würde. Aber obwohl beide Elternteile eine so unterschiedliche Auffassung über das Berufsziel ihres Kindes hatten, gerieten sie nie darüber in Streit; stand doch für jeden der beiden insgeheim fest, daß einzig die eigene Vorstellung sich durchsetzen würde. So hatte sich Helmuths Mutter in ihren Gatten allein aufgrund dessen Ähnlichkeit mit Peter Alexander verliebt. Er war ebenso schlank und hochgewachsen wie der Star, auch seine Stimme ähnelte jener sympathischen Timbre. Das Paar hatte sich in einem der unzähligen Wiener Kinos der Nachkriegszeit kennengelernt und sobald klar war, daß Helmuth unterwegs sein würde, geheiratet. Als kleiner Angestellter in einem gastgewerblichen Betrieb verdiente sein Vater jedoch nicht genug, um sich all die von einer vom Wiederaufbau und dem damit verbundenen Wirtschaftsaufschwung vergifteten Gesellschaft geforderten Statussymbole leisten zu können, weshalb auch seine Frau als Teilzeitkraft in einem Architektenbüro Geld zu verdienen begann, aus dem sie kurz vor Helmuths Tod wegrationalisiert wurde.

Schon bald belebten pausenlose Besuche diverser Bekannter den Alltag der Kleinfamilie, erfüllten die er-
starrte Dreizimmerwohnung mit ihrem Geschwätz
und ließen Helmuth einstudierte Chansons vortragen
(seine Eltern drohten ihm mit dem Entzug seines
ohnehin mageren Taschengeldes, würde er sich wei-
gern), für die er nur halbherzigen Applaus der Gäste
erntete. Die Hausherrin pflegte bei derartigen Gele-
genheiten immer am lautesten zu klatschen, so daß
dem Beifall stets ein betretenes Schweigen folgte. Um
diese Lücke im Zahnrad der anspruchslosen Unter-
haltung zu stopfen, berichtete dieselbe sogleich eu-
phorisch über ihr erstes und einziges „höchstpersön-
liches" Zusammentreffen mit dem Meister der leich-
ten Muse, Peter Alexander, am Wolfgangsee, auf den
sie geschlagene fünf Stunden in Begleitung ihrer
Freundin Sissi vor dem Eingang des von ihm bezoge-
nen Hotels gewartet hatte. Stolz deutete sie hiebei in
Richtung eines hinter einer Glaswand eingerahmten
Autogrammes, das wohl das Resultat des stundenlan-
gen Ausharrens gewesen sein mochte.
Jahre hindurch hatten sich all diese Vorgänge zu
lästigen Gewohnheiten in Helmuths Leben verfestigt,
die er nur noch aus Mitleid mit seinen Eltern über sich
ergehen hatte lassen und aus denen er nun auszubre-
chen gedachte. Ihn interessierten deren kleinkarierte
Probleme nicht mehr, die dazu führten, daß sich die
Menschen stetig im Kreis bewegten, ohne sich auch
nur einen Schritt nach vorwärts zu entwickeln. Oder
konnte vielleicht ein nach Wochen endlich wieder
makellos zusammengeräumtes Zimmer die Welt vor
dem drohenden Untergang bewahren? Nein, niemals;
auch nicht zehn oder zwanzig derartige Reinigungs-
versuche. Um die Apokalypse aufzuhalten bedurfte es
des Engagements jedes einzelnen, vor allem jenes
Teils der Bevölkerung, der das Glück gehabt hatte, in

freien, durch High-Tech-Industrie an Macht und Geld reichen Ländern geboren zu sein. Doch gerade jene waren es, die sich am vehement- und raffiniertesten gegen die kleinste Beschneidung ihres oft extrem luxuriösen Daseins zu wehren wußten. Helmuth wollte nicht mehr zu der großen Masse der biedermeierlich Dahinlavierenden gehören, deren Glück vorwiegend in der Anhäufung materiellen Gutes bestand, für die aber Werte wie Freiheit, Ehrlichkeit, Gefühl nichts anderes als verschwommene Begriffe darstellten. Gerechtigkeit war ja nicht einmal vom Lebenslauf selbst zu erwarten, warum sie dann noch fordern?

Von derartigem angewidert, hielt sich der Junge allmählich immer öfter vom Gesangsunterricht fern, und auch die Schule besuchte er nur noch sporadisch. Stattdessen verbrachte er die dadurch gewonnene Zeit in Kaffeehäusern und Bibliotheken, um sich durch dortige dicke Zeitungsstapel zu lesen und in Büchern, die sich mit aktuellen Konfliktstoffen befaßten, zu schmökern. Helmuth verlor sich förmlich in dem Meer negativer Berichterstattung und ging darin wie ein leckgeschlagenes Schiff unter. Seine Gedanken kreisten nur noch um die Vielzahl gegenwärtiger Allerweltsprobleme wie Overkill, Waldsterben, Gentechnologie, Umweltverschmutzung, Aids, Dürrekatastrophen, Faschismus, Ozonloch, Meeresschnee, und, und, und. Mit diesem Hintergrundmaterial vollgesogen, versuchte er verzweifelt und ebenso erfolglos Ansprechpartner zu finden, die bereit waren, die schwere Last des Wissenden durch befreiende Diskussionen und gemeinsame Lösungsvorschläge um ein Vielfaches zu mindern. Daß hiebei weder seine Eltern, noch deren Bekannten- oder Verwandtenkreis in Frage kam, war dem Sechzehnjährigen von vorn herein klar gewesen. Hatten sich diese doch bereits vor langer Zeit damit abgefunden, dererlei Thematiken

im allzeit präsenten Fernsehapparat zwar kopfschüttelnd zur Kenntnis zu nehmen, ihrem kriminologi-
schen Interesse aber, sobald sich die Nachrichten-
sprecher mit einem freundlichen: „Guten Abend" zu
verabschieden drohten, Vorrang einzuräumen. So
irrte Helmuth ziellos umher, fand sich bald im Kaffee-
haus, bald in freier Natur wieder, aber niemals glücklich. Tag für Tag umlief er in weitem Bogen Schulhaus
und elterliches Gefilde, ständig von Unrast und Ohnmacht, den monströsen Problemen gegenüber, geplagt. Immer schon fiel es ihm schwer, außerhalb des
familiären Gesellschaftslebens engere soziale Kon-
takte zu schließen. Er bevorzugte die unverbindliche-
re Außenseiterposition, beobachtete lieber, als selbst
im Mittelpunkt des Geschehens zu stehen.
Eine Woche nachdem Helmuth als vermißt gemeldet
worden war, griff in die Polizei, durch Leute aus der
Umgebung alarmiert, in der Höhle eines Steinbruchs
nahe seiner Heimatstadt völlig verwahrlost auf, als er
gerade im Begriff war, gemächlich zu frühstücken.
Neben einer Decke, ein paar Lebensmitteln und etli-
chen Getränken konnten die Ordnungshüter auch
zahlreiche Transparente unterschiedlicher Größe
und Art sicherstellen, die der Wachrüttelung der einheimischen Bevölkerung dienen hätten sollen. Der
Junge plante seit geraumer Zeit die Durchführung
einer spektakulären Einmanndemonstration samt
anschließendem Hungerstreik, um dermaßen auf die
katastrophale Überhandnahme der Zerstörung der
natürlichen Kreisläufe durch den Menschen aufmerksam zu machen.
Wieder in die Fänge elterlicher Erziehungsgewalt zurückgekehrt, war es Helmuth von nun an strengstens
untersagt, die gemeinsame Wohnung ohne ausdrück-
liche Genehmigung eines Elternteils zu verlassen.
Außerdem war er gezwungen, erneut den früheren

Alltagsrhythmus aufzunehmen und schlitterte infolgedessen in einen apathischen Zustand, der ihm die Sinnlosigkeit derartig vergeudeten Lebens noch deutlicher vor Augen führte. Ein halbes Jahr nach diesem Vorfall, als die Widerstandskraft des Sechzehnjährigen schon gänzlich abgeschwollen war, entschloß man sich, die erteilten Verbote etwas zu lockern, auch sein geliebtes Motorfahrrad stand ihm wieder frei zur Verfügung. Von Freunden dazu animiert, besuchte er sogleich am darauffolgenden Abend eine der unzähligen Diskotheken des Stadtteils, den er bewohnte, um sein Hiersein nun in angepaßter, populärer Form fortzuführen. Kaum hatte er Platz genommen, verfiel er jedoch wieder in den alten Zustand tiefschürfender Grübelei, trank sich einen Rausch an und verließ, leicht taumend, das Lokal.

Die Untersuchungen des örtlichen Polizeipostens ergaben, daß Helmuth, aufgrund des Alkoholkonsums merklich enthemmt, nur aus Selbstmordabsichten den tödlichen Unfall erlitten haben konnte. Auch hatte er entgegen seiner Gewohnheit auf das Tragen des Sturzhelms, den er am Parkplatz zurückgelassen hatte, verzichtet.

Am Gestern und Morgen und letztendlich auch am Heute gescheitert, spielt das Wort Zeit für den Jungen nun keine Rolle mehr.

Monika Klein

Schwarz-weiß gedacht

Herr X traf auf der Lebensbühne
sprich seiner Kneipe ein paar Grüne,
in deren Reden Worte schwangen,
die bös' ihm in den Ohren klangen.
Die Leut' verschwanden, da entlud
vor seinen Freunden sich die Wut.
Die träumten ja von alten Zeiten
von Kühen, die bloß widerkäuten.
Mit Ekel füllte ihn das Stroh,
das alt, statt neu und zukunftsfroh!
Man kriege heut' mit Paff und Piff
und Wissenschaft all das in Griff,
woran vor langem wir noch nagten.
Weshalb die Leute sich beklagten,
das sei ihm wirklich unbegreiflich.
Im Lande sei doch alles käuflich,
an Banken reich, an Geldern flüssig
und die des Daseins überdrüssig!
Wenn die vorm Fernsehgucker säßen
und nicht die linken Schriften läsen,
wenn die sich nach der Decke streckten
und nicht an fremden Töpfen leckten,
vor ihrer eignen Türe kehrten
und nicht von ihren Träumen zehrten,
die eignen Hände wieder rührten
und nicht so kleine Feuer schürten,
wenn die sich wieder mal beschieden,
dann herrschte überall der Frieden.
Die sollten sich an Polen messen,
dort hätten sie kaum was zu fressen
und von den Russen ganz zu schweigen,
die tanzten überall einen Reigen.
Da lob' er sich Amerika,
die sein für alle einfach da,

erfüllten allerorts zum Lohn
des Erdenballs ihre Mission.
Mit Waffen, Gott und den Moneten
sein bald schon alle breitgetreten,
die gerne ihre Messer wetzten
und sich dem Willen widersetzten! –
Die Freunde nickten mit den Köpfen,
sie alle mit geleerten Kröpfen.
Als diese Welt dann kahl und nackt
hat's schließlich auch Herrn X gepackt.
Hätt' ich doch damals zugehört
wärn wir vielleicht noch unversehrt.

Reinkarnation

Weil, wie er meint, die innre Leere,
so nackt und kahl ihm nichts beschere,
begibt Herr X sich zu nem andern,
der meint, daß alle Seelen wandern.
Doch weil ihn der Gedanke grault,
hat unser Mann schlicht aufgejault.
„Ha, Freund, das würde dir so passen.
Sieh auf der Welt die Menschenmassen!
Ich frage dich, na bitte sehr,
wo kommen all die Seelen her!"
Wie immer sagt er es ironisch.
Der andre antwortet lakonisch.
„Mein guter X erlaube,
ich mein dir fehlt der Glaube."
„Das sei es eben, daß der Glaube,
dem Braven jeden Mist erlaube."
Es lacht Herr X gleich einem Schlingel
halb tot sich über's Wortgeklingel.
Der andre meint, er hätt's gespürt,
daß die Idee zu etwas führt.

Aus seiner Seele quöll es reich.
Herr X aus tiefstem Innern bleich,
meint wehmutsvoll: Das sei es eben,
doch daran glauben: Nie im Leben!

Körperfülle

Ein kluger Arzt wie ein Prophet
nimmt X, den Dicken ins Gebet:
„Nicht lang und deine äußre Hülle
erstickt in so viel Leibesfülle!"
Der Angesprochne sieht gleich karg
verschlossen sich in einem Sarg,
von Würmern, denen Fraß sonst fehlt
begierig nagend ausgehöhlt.
Und weil die Bilder an ihm nagen,
will er ein neues Dasein wagen
mit einem Büchlein, das ihm rät:
„Mensch sei nicht blöd! Halte Diät!
Entsag dem Eis und auch dem Kitzel
von Sahne, Brot und fettem Schnitzel!
Verzicht auf Soßen oder Brühen,
gewissenhaft zähl Kalorien!
Statt faul im Sessel rumzuhocken,
geh schwimmen, tanzen oder joggen."
Und es verspricht, er wird gehätschelt,
geküßt, liebkost und sanft getätschelt
von Frauen, die ihm bald zu Füßen
das Leben ewiglich versüßen.
Der Traum in ihm bleibt wohl genährt.
Doch was ihm alles widerfährt!
Wo er auch geht und steht, es schreien
nach ihm, nur ihm die Leckereien
mit süßen hingehauchten Worten,
den Widerstand in ihm zu morden.

Ein Teufel namens Ungerührt
ist's der in ihm das Feuer schürt.
Wie er ihn packt! Wie er ihn rüttelt,
solange bis er durchgeschüttelt,
den Lüsten, diesen wüsten, schrägen
um Haaresbreite wär' erlegen.
Doch bleibt er stark. Mit eisnerm Willen
besiegt er alle seine Grillen.
Und plötzlich merkt er, daß er Perle
inmitten all der andern Kerle:
Die Muskeln sind jetzt wieder kräftig.
Die Lust zur Liebe brodelt heftig.
Warum die Frauen ausgeblieben,
ist stets ein Rätsel ihm geblieben.

Der Versicherungsvertreter

Herr X nun geht, Gesundheitsbeter,
modern gekleidet als Vertreter
von Haus zu Haus, sagt gegen Not,
da hätt' er viel im Angebot.
Und er bemüht als ein gescheiter
gleich dunkle Mächte, böse Reiter,
die in er Nacht durch Türen fegten
und manches kleine Feuer legten,
das gierig alles das verbrenne,
was so ein Mensch sein eigen nenne.
Und außerdem es gäbe Diebe,
die mit Bedacht und Räuberliebe
mit eignen Händen Armut heilten,
indem sie einfach umverteilten.
Und überdies müßt man bedenken,
gewiß er wolle niemand kränken,
es läg' ihm fern es zu beschreien,
doch bät' er drum ihm's Ohr zu leihen:

So mancher sei schon über Nacht
gar um sein Kostbarstes gebracht.
Sei's drum, er würde sich's erlauben,
ein jeder müsse mal dran glauben.
Jedoch man müsse sich nicht grämen,
man könne etwas unternehmen.
Der Angesprochne raunt und zittert,
weil plötzlich er so vieles wittert.
Daß er nicht längst schon eine Leich'
käm einem wahren Wunder gleich.
Geschwind, geschwind die Unterschrift.
Jetzt hat er's schwarz auf weiß verbrieft:
Von aller Not, von Angst und Leid,
hat X auf immer ihn befreit.
Doch die beschwornen dunklen Mächte
verlangen nachts noch immer Rechte.

Leihmutterschaft

Weil nun Familien nur dann sind
beschert der Herr ein kleines Kind,
ersehnt Frau X mit aller Kraft
sich endlich eine Schwangerschaft
Jedoch versagt, trotz mancher Kur,
ein drittes Glied ihr die Natur.
Bestärkt vom Mann im Trieb der Pflege
beschreiten beide neue Wege.
Ein ältrer Herr im weißen Kittel
weiß jetzt um ein ganz neues Mittel:
Man brauche jetzt nur Mütter leihen
und schon würde das Kind gedeihen.
Die Medizin sei fortgeschritten
und wer so lange arg gelitten,
vorausgesetzt, er sei gewillt,
würd' dieser Wunsch alsbald erfüllt.

Was machbar sei müßt ohne Stutzen
man heutzutage einfach nutzen.
Er schwöre drauf, wie sich's gebühre,
daß es vortrefflich funktioniere.
Nachdem der Mann nun so geraten,
setzt Worte um er gleich in Taten.
Geöffnet ist das letzte Türchen
und's läuft, es scheint, so wie am Schnürchen. –
Doch jene andre Frau bewegt,
das, was sie unterm Herzen trägt.
Im Arm das kleine Menschenwesen
ist sie vom Run auf Geld genesen.
Sie flieht bestürmt vom eisnern Willen,
das kleine Kind nun selbst zu stillen.
Und nun beginnt für alle schwer
ein mühbeladnes Hin und Her.
Nur zwischendurch hilflos in Windeln
ein neugebornes Menschenbündel.

Ursula Krylow

Macho

Da sitzt du wohlgefällig
in deinem schönen Heim,
plusterst dich auf wie ein Gockel,
schaust dich erwartend um, ob man dich auch ja
                                  beobachtet.
Deine Freundin schmiegt sich verliebt an dich.
Es ist dir fast peinlich;
denn was sollen die anderen Schönen von dir
                                  denken?!?!
Der Typ hat nur eine Freundin?!?!
Du, der du so toll aussiehst in deinem neuen
                              prächtigen Gewand.
Du hebst den Kopf, stolz,
stellst dich in Positur,
reckst deinen schönen Körper.
Jeder sieht, daß du toll aussiehst.
Du weißt es,
alle scheinen es zu wissen.
Jeder bestätigt es.

Nur wenn ich Dir, mein schöner blauer Wellensittich,
dein Futter bringe
bin ich die Größte – aber nur einmal am Tag!

Leben

Die Ampel wird grün.
Wie huschende Ameisen eilen sie über die Straße.
Emsig bemüht, nicht nach rechts und links zu
                                        schauen.
Schnell zur Arbeit,
um emsig wie die Bienen das Tagwerk zu verrichten.
Essen Nebensache.
Schnell eine Zigarette.
Einen Schluck Kaffee.
Dann geht's weiter.
Das Telefon klingelt.
Verdammt, immer diese Störungen.
Hektik, Streß, Ärger mit dem Chef.
Die nächste Zigarette ist fällig.

Man nennt es normal.
Man spricht von Karriere.
Hektik!
Streß!
Herzinfarkt!
Exitus!
Normal?!?

Und im Nachruf steht:
Hier liegt der Karrieremensch.
Wir blicken zurück auf ein erfolgreiches Leben.
Ruhe in Frieden!

Mein Sohn

Ein Stern ist aufgegangen,
ein Leben ist erwacht.
Mein Sohn, du bist geboren,
hab' oft an dich gedacht.

Ich liebe dich schon lange.
Du weißt es nur noch nicht.
Sei gegrüßt auf dieser Erde,
die du erspähst im ersten Morgenlicht.

Du blinzelst in der Morgensonne.
Zum erstenmal scheint sie dir.
Nun beginnt dein junges Leben.
Ich geh' ein Stück mit dir.

Ich halte dich in meinen Armen
und bin fassungslos vor Staunen.
Neun Monate waren wir EINS.
Nun bist du ein Mensch mit eigenen Launen.

Doch an so was denke ich noch nicht,
mein kleines Menschenkind.
Bist erst vor drei Stunden geboren.
Hast Eltern, die sehr glücklich sind.

Dein Stern soll ewig leuchten.
Dir Glück und Liebe geben.
Deine Eltern werden immer dasein
und wünschen Dir ein vollkommenes Leben.

Ulrich Kübler

Der Pilzsucher

Manchmal drehen sich die Ereignisse wie im Kreise
und gehen die eigenen Geschichten einfach nicht weiter. Nolo versucht es dann mit der eines anderen, wie
damals, als ihm jemand seine erzählte, als wieder
einmal sein letzter Versuch, sie dadurch wirklich zu
vergessen, wenn er sie nur oft genug vor anderen
ausbreitet, um sich so auch noch davon zu lösen, was
sich bisher von ihr scheinbar so hartnäckig in ihm
festhält.
Er ist sich in ihr einfach noch nicht entkommen. Sie
hat ihn bis jetzt nicht losgelassen oder zumindest
immer wieder heimlich eingeholt. Es ist, als hielte ihn
irgendetwas von damals zurück, ließe ihn darin nicht
von der Stelle kommen und käme er deshalb nicht darüber hinweg. So versucht er diesen Berg abzutragen,
in dem er sein Erlebnis vor anderen ganz bewußt
ausgiebiger erzählt. Er legt sich damit willentlich
bloß, um sich zunächst durch diese Unbedecktheit vor
den anderen solange immer wieder selbst herauszu-
fordern, bis er endlich den Sprung über seinen Schatten schafft.
Was daran zunächst wie ein unverständiges Wachhal-
ten wirkt, ist vielmehr die Einsicht, sich dem nun
bewußt stellen zu müssen, was ihn unbewußt so nicht
zur Ruhe kommen läßt, als der einzigen tragbaren
Abwehr vor sich selbst. Was oberflächlich betrachtet
wie eine Selbstverletzung scheint, ist in Wirklichkeit
seine erklärte Absicht, endlich Abstand zum Erlebten
zu gewinnen, als eine heilsame Distanz zu sich – aber
dadurch ist er schon zum anderen geworden und darin
sich gegenüber bereits fremd.
Es ist jene erkannte Unausweichlichkeit, sich an sich
selbst so verwunden zu können, als das persönlichste
Geheimnis, worin jeder durch etwas Einmaliges aus-

gezeichnet ist und zwar ohne jedes Mitgehen der anderen, aber immer nur als Erfahrung mit ihnen – das irgendeinmal selbst erworben werden muß und nur so zu haben ist. Das ist jene Selbstbegegnung von seelisch-ungeschützten Stunden, in denen jeder so schonungslos auf sich selbst geworfen ist.

Deshalb muß es immer diese erste wichtige Geschichte sein, als er nämlich irgendeinmal beim Pilze sammeln die Hülle seines Messers verloren hatte. Es wurde schon dämmrig und der suchende Blick nach unten war anstrengend.

Er hatte also wie immer beim Entdecken eines Pilzes ganz selbstverständlich das Messer aus dem Korb genommen, die Hülle heruntergestreift und den Pilz abgeschnitten – war selbstvergessen, wie immer, weitergegangen, bis auf einem Mal, bei irgendeinem nächsten, plötzlich diese schon unbewußt gewordene Handbewegung durch das Fehlen der Hülle in ihrem gewohnten Ablauf ganz einfach gestört war und ihn wachgeschreckt hatte. Ihr Graubraun ging dabei so leicht auf dem Waldboden unter.

Seine immer schneller werdenden Schritte um die letzten Fundstellen wurden zu Kreisen der Tagesvermutung über sich – und immer größer. Nicht der kaum nennbare materielle Wert war der Grund seiner Beunruhigung, sondern das dadurch veranlaßte Gespür, sich selbst heute einfach noch nicht auf die Spur gekommen zu sein. Dieses Gefühl kam von der Empfindung her, wie sehr er momentan mit sich übereinstimmte und wieviel Zutrauen für die Tagesanforderungen sich daraus ergeben konnte. In solchen Tagesdetails vermochte er wie bei der Gradeinteilung eines Barometers für seelische Stärke seine inneren Kräfte abzulesen. Sie waren ihm manchmal so sparsam gegeben, daß er für alles nur wie die Zerbrechlichkeit von Glas hatte. Jedes Besitz-Ergreifen ist nur mit dem

Preis der Vergänglichkeit zu haben, aber in solchen
Stunden muß er ganz nüchtern voll bezahlt werden.
Es ist das ständige, meist aber unbewußte Selbstwert-
gefühl, wieviel des Tages psychisch auszubalancieren
noch möglich ist oder eben gegen sich gerichtet zur
weiteren Verarbeitung davon übrig blieb.
Daraus beschlich ihn die Befürchtung, die Lederhülle
vielleicht schneller finden zu können, als es etwa dem
Gespür für die Geschwindigkeit dieses Tages entspre-
chen würde. Diese seine Tagesunsicherheit verdichte-
te sich immer mehr zu einem Gefühl, das er am besten
mit einem Bedürfnis nach Kongruenz von sich und
Umwelt bezeichnen würde – sie, ganz konkret gesprochen, nämlich nicht eher als für Tag und Moment
entsprechend als deren Gesamteindruck auf ihn,
wieder zu sich stecken zu dürfen, um sich nicht an den
seelischen Raummaßen des Augenblicks zu verwunden.
Deshalb suchte er natürlich auch dort, wo sie leicht zu
erkennen gewesen wäre, aber wo er auf jeden Fall
heute noch nicht war, um mit solchem Mitspielen
Entgegenkommen zu zeigen und damit – wie in einer
Transzendenz – Wohlwollen für sich zu erwirken. Ein
solches Tagesgespür konnte für ihn im Moment bedeuten, als würde nach Erfüllung einer wie ihm auf-
erlegten Zeit der Suche die Hülle wieder ganz bestimmt hergegeben werden, fast wie von selbst und
habe er nur dieses Maß an heutiger Mühen zu erfüllen. So kramte er auch in seinen Taschen und spielte
überzeugend, ob er sie vielleicht versehentlich nur
eingesteckt hatte. Und als er ganz sicher war, daß sie
bestimmt auch da nicht irgendwo dazwischenge-
rutscht sein konnte und er sie also wirklich verloren
haben mußte – kehrte er mit besonderer Gewissenhaf-
tigkeit und Ausdauer nochmals alle Taschen aus, um
sich seines momentanen Gefühls auch erfahrungsmä-

ßig ganz sicher zu sein und sich daraus seinen wahren inneren Handlungsraum abspüren zu können. Er brauchte gerade jetzt unbedingt die Gewißheit darüber, ob diese, nur zu ertastende Tagessumme mehr zur Vorsicht tendiert oder aber zum offenen Zweifel. Da war eine Steigerung seines Suchens unvermeidbar und so lief er jetzt mehr herum, als er an stärkeren Tagen wohl kaum selbst für das Messer an Mühe aufgebracht hätte. Dabei stand einem fortgesetzten Pilzesammeln im Moment nichts im Wege, denn er konnte weiterhin abschneiden und einlesen. Ihm war dafür doch ausreichend geblieben. Nicht nur für heute. Ganz zu schweigen für kommende Spaziergänge – stand an dieser Stelle einem ungestörten Pilzesuchen deswegen doch nichts im Wege. Auch hätte ihn nichts gezwungen, um dieses Waldstück gar einen Umweg machen zu müssen – wenn er eben nicht in der verlorenen Messerhülle einen Widerspruch zur Partnerschaft mit diesem Tag gespürt hätte. Es schien ihm nämlich, als müßte sein bisher unbelasteter und ausgeglichener Eindruck von heute – wie eine eigenständige Größe die Kraft aufbringen, diese Dissonanz wieder rückgängig zu machen. Zum bisherigen Bild von diesem Tag paßte die verlorene Messerhülle einfach – farblich nicht.
Es ging ihm ausdrücklich darum, diesen Tag weltanschaulich so nicht stehen und von ihm nichts zurückzulassen – und da gehörte die Messerhülle eben mit dazu.
Deshalb entschied er sich an diesem Spätnachmittag für das Wiederfinden, als seine eigentliche Frage nach der wirklichen Tagesantwort. Außerdem war jetzt schon so viel Zeit damit vertan, daß jedes Weitersuchen nicht nur gerechtfertigt war, sondern nun gerade erst geboten schien. In der allmählichen Dämmerung lösten sich aber immer mehr die Konturen auf und be-

siegelten sie damit zunehmend, wie sich der Tag
scheinbar doch selbst verstanden wissen wollte.
Von der untergehenden Sonne zum Aufbruch getrieben, kam ihm auf dem losen Waldboden der Heimweg
wie eine nochmalige, mit letzter Kraft aufgebrachte
feste Steigung seines Hoffens vor, so, wie er auch
äußerlich bergauf führte.
Inzwischen war natürlich die Belastung durch die
vertane Zeit mit dem Suchen auch so groß geworden,
daß er nun beruhigt abtreten konnte – wenn auch nur
für diesen Tag. Deshalb würde er wiederkommen
müssen, mit neuer Hoffnung und auch diese müßte er
sich wieder selbst zusprechen – wie alle anderen
zuvor. Aber heute hatte der Tag nicht ganz hinter ihm
gestanden. Ja, und gerade darum würde er wiederkommen und ebenso selbstverständlich durch die
gleiche Erwartung dann aber schon der ganz andere
sein.

Ob es für Nolo heute noch wichtig ist, daß er damals
doch noch gefunden hat – am nächsten Tag oder später, fragt er ihn immer wieder. Genauso, daß er es auch
mir heute noch erzählen muß, immer wieder und wir
schon öfter gemeinsam dort waren. Nolo und ich
kennen nun die Stelle ganz genau. Inzwischen werden
dort sogar auch meine Schritte jedesmal langsamer
oder eben schneller, je nach dem. Er sucht wieder
Pilze, auch dort. Mit dem gleichen Messer – oder
einem anderen. Ob Nolo ihn verstehen könne, fragt er
ihn jedesmal, wenn noch Zeit dafür ist – dieses eine
Mal wegen, seit dem er so wie noch nie um seine eigene
Gegenkraft weiß und die also doch alles verändert hat
und womit endlich auch er zu einem Tag zurückfinden
könnte, der eigentlich zu jedem doch noch dazugehört.

Einmal darf doch jeder sich als Ausnahme haben und
sich für einen einzigen Augenblick ins Gesicht sehen.
Trotzdem läßt mich an seiner Geschichte irgendetwas
immer noch nicht los, denn er kann damals doch
unmöglich dabei gewesen sein.

Sabine

Sie ist in einem Alter, in dem man das halbe Jahr noch
dazusagt. Ich kenne sonst niemand, der einfach nur
Sabine heißt.
„Wenn es zu heiß wird, rufen Sie bitte."
Das sagt sie so wohl zu jedem.
Abschalten der Geräte. Kleidung anziehen oder mit-
nehmen.
Kabinentausch.
Zwischendurch ihr Sprechfunk: Ja, ich komme.
Ich muß bäuchlings liegen. Einmal sogar mit dem
Kopf schräg nach vorn. Für sie nicht ungewöhnlich.
Zur Mittagspause klingelt es nicht, ruft niemand oder
wird nichts hereingereicht, sondern es geht ganz ein-
fach der letzte Patient. Abrechnungen gibt es keine,
aber einen genauen Terminkalender – bestimmt von
Diagnosen, ihren Therapien und den Behandlungs-
zeiten. Ein halbes Dutzend jedesmal.
„Nein, ich fahre mit dem Bus. Ich habe noch keinen
Führerschein". Ich stutze – ach so, ihr Alter. Sie zählt
ja noch die Monate dazu. Die Apparate sind monoton.
Ob sie steril sind, bleibt zu hoffen. An ihre Geräusche
kann man sich gewöhnen. Es ist angenehm dabei zu
dösen.
„Wenn es zu heiß wird, rufen Sie bitte". Genau wie
immer. Aber heute mit dem Bus kurz vor sieben und
daß sie noch nicht ganz volljährig ist.

Endlich

Endlich –
Ankunft in Birkenhain, woher auch immer – oder es
ist sonst irgendwie schon Mai geworden. Zartes Grün
in eine bis dahin graue Landschaft mit braun bis
schwarzen Koffern, Taschen und Umhängebeutel.
Der Wind ist sich an diesem Tag nicht so recht einig,
woher er kommen soll, was wiederum die einzige
Gewißheit der Gäste ist – auf alle Fälle feucht und das
macht die Schuhe naß. Der Wind sucht sich seine
Richtung, wie die Angekommenen auch. Erstes Begegnen mit Birkenhain, wie die jungen Blätter, denen
noch die Sommererfahrung fehlt und die sich deshalb
witternd in das regnerische Wetter hängen – wovor
die Besucher sich gerade zu verhüllen suchen.
Ankunft im Alltag, für beide – was natürlich auch an
einem Sonntag sein kann. Man schnuppert an der
Luft, die jungen Blätter und Menschen – und beiden
riecht es zuversichtlich.
Birkenhain mit dem noch unverbrauchten Maigrün
seiner Bäume und ihren blaßen weißen Rinden, sowie
der kräftigen Gesichtsfarbe seiner Menschen. Beide
bleiben sich in der Begegnung. Der eine als Jahreszeit,
der andere vermag sich in seiner Weise noch Gast zu
sein.
Die Schauer an diesem Maitag, oder eben einem
anderen, wollen gerade heute nicht enden, während
die Gäste dagegen bereits vollzählig sind. Die kleine
Gruppe ist leicht zu überblicken – die noch ausstehen-
den Regentage nicht ganz so sicher.
Für heute hat zunächst jeder erst einmal genug. Er
legte sich nieder oder verharrt still als Blatt an einem
Frühlingszweig.
Morgen, ganz in der Frühe, probieren beide vielleicht
noch einmal ganz anders: Ankunft in Birkenhain –

sicher noch abgespannt und woher auch immer, aber
endlich da.
Dieser Morgen kennt dann aber schon das Unbekannte als Gewißheit.

Ankunft in Birkenhain – nicht mit roten Teppichen,
aber vielen, vielen kleinen Schäfchenwolken und dem
schmalen Strich einer Vogelfluglinie oder ganz einfach mit dem Fährbetrieb auf dem nahen Main. Leichter Wind zupft an der Kopfbedeckung jeder Art, die
Wagen werden am Parkplatz innerhalb der Mauern
am Eingangstor zugeschlossen, mit dem Handgepäck
anschließend ein letzter Aufbruch.
Der Tag ist nicht mehr ganz so jung, wie seine Gäste
heute auch. Freizeit mit Absicht. Die Vorstellung davon hat am Bewußtsein Maß genommen. Deshalb dieser erste prüfende Blick in die Runde, die Örtlichkeit
wird der mitgebrachten Hoffnung gegenübergestellt.
Vorsichtiges und äußerlich kaum wahrgenommenes
Abwägen. Ausgewogenheit ist jetzt nur eine neue
Form der Erwartung. Kaum etwas widerspricht ihr
zunächst, bis auf die momentane Beschwerlichkeit
eines ansteigenden Fußweges. Aber einiges hatten sie
sich ja ohnehin für hier vorgenommen, es einmal ganz
anders als üblicherweise zu versuchen. Ein An-
marsch, leicht bergauf, kann darum auch etwas von
Symbolik haben.

Ankunft in Birkenhain. Endlich da, stöhnt jemand,
müde und abgespannt auch die anderen. Seelische
Bootanlegestelle für ein paar Urlaubstage. Die Koffer
noch in den Händen oder irgendwo abgestellt. Heim-
liche Suche nach dem ersten Blickkontakt. Welche
innere Ausformung stimmt spontan mit einem äußeren Detail überein. Jenes erste Bild – dann auch im
Fotoalbum. Es wird dann auch das letzte sein, daß am

Horizont der Erinnerung untergeht, das längste Echo hat und über die größte Leuchtkraft verfügt. Ein Stern ist ja immer der letzte am Morgenhimmel.

Birkenhain ist aber schon in vollem Tageslicht, wie seine ständigen Gäste auch. Die Autos werden auf dem Parkplatz gleich hinter dem Eingangstor abgestellt. Den letzten Teil der Anreise, so man will, übernimmt ein Pferdefuhrwerk, nicht von früher übriggeblieben, sondern bewußt neu eingesetzt. Schnell sind die Koffer aufgeladen, einige steigen zu, andere nutzen den Weg, um die steifgewordenen Beine wieder in Bewegung zu bringen. Vielleicht wollen sie ganz unbewußt ihren ersten Eindruck nur bewußter wahrnehmen und sich ihn auch mit den Füßen ertasten.

Du, diese Zeit hier soll endlich ganz allein uns gehören.

Jetzt oder sofort.

Wenn sich das Meer
in die Höhlen der Augen
zurückzieht
und wie ein Blatt Papier
verbrennt,
steigt von seinen Ufern
Halblautes auf.

Daß aber keiner mehr kennt,
wird nicht sein,
weil so viel Sehnsucht
in den Wind gesät.

Zeit tropft von den Bäumen
und Licht aus den Herzen.
In diesem Anruf,
der mir wichtig ist,
sage ich gern
zu.

Einsamer Vogel
im laublosen Geäst
und lautlos ist auch sein Rufen.
Und wenn die Stille mehr
sein will,
als daß sich Zeit
in Atem auflöst,
sondern Schauen darf –
dafür könnte ich
schon nachts aufbrechen.

An den unvergeßenen
Tagen,
wenn der Himmel
von der Erde abbricht
und die Steinmauern
übereinanderstürzen,
dann wiegt sich
immer noch ein
Mauerblümchen im
Frühlingswinde –
mit den Farben
eines Morgensterns.

Über abgebrochene Zweige
fällt der Schatten nur schwer.

Bleiben
als Rauch der Zeit.
So soll es sein
an den Berghängen des Waldes
und immer zu.

Weidenröschen
Schleier von Tränen,
Mädchen und Männer
schlummern.

Mit der Vergeßlichkeit
unsagbarer Nächte,
liegt dein Hauch
auf meinem Morgengesicht.

Sicher bin ich mir nicht,
über meine Hand
voll Abendschimmer,
frostfrei in die Nacht
geatmet
und dessen Spur doch
bis zum Horizont zu sehen ist.

In der Sommernacht,
wo die Geschichte
ihr Echo wirft,
da zieht auch der Geier
seine Kreise.

Tagstaub
bleibt mir von
diesen Nächten.

Kräfte,
die die Nacht geboren
und die am Tage niederbrennen,
mit ausgebreiteten Flügeln,
auf dem Trapez
unschuldiger Träume.

Roxane

Geschichtlich
und zu unserer Geschichte
wirst du.
Die Gedanken
zählen schon auf,
die Erzählungen mit dir.
Dazwischen deine Hände

die auch Tränen
abwischen,
weil man das Leben
so oft vergißt.
Der Schlaf deckt
manchmal alles zu,
nicht nur an
diesem Abend.

Träumen
Sich-Träumen
Auf-Sich-Zu-Träumen.

Träumen
Sich-Trauen
Auf-Sich-Zu-Rennen.

Wo dann selbst
dunkle Anemonen
blühen,
brech ich auf –
manchmal –
stückweis –

Brigitte Kürten

Für Freiheit und Menschenrechte

Nicht-Gewalt ist in ihrer Anwendung Wohlwollen
allem Leben gegenüber. Sie ist reine Liebe. Ahimsa
(Nicht-Gewalt) ist die Grundlage der Wahrheitssu-
che. Nicht-Gewalt ist ein unveränderlicher Glaube.
(Mahatma Gandhi)

Verbannung

Die Gegenwart hält mich in ihrem Bann
Ich kenn' nicht Zukunft noch Vergangenheit
Wie fange ich ein neues Leben an
Gibt es denn eines
Das vielleicht befreit

Soll ich mich opfern dieser Gegenwart
Für aller Menschen unverständig Heer
Kein Bitten um Notwendigstes erspart
Mir Flehen,
Tränen, der Verzweiflung Meer

Die Gegenwart hält mich in ihrem Bann
Ein schwacher Hauch der Ahnung gibt sich mir
Loht mit ihm Lösung für ein Leben an
Das sprengt die siebenfach verschlossene Tür

Ich kenn' die Gegenwart und ihren Bann
Bewegungslos verdammt dem Wunsch nach Flucht
Mit Ketten unlösbar in dem Gespann
Ersehnend den
Der mir Befreiung ruft

Der weiße Sklave

So steht er da,
Ist sonnverbrannt...
Die Sklavenpeitsche in der Hand
– Der weiße Mann im schwarzen Land –

„Schritt und Tritt,
Schritt und Tritt, ...
Schwarze Sklaven,
Haltet Schritt!"

Sieben Menschen, eng gebunden,
Durch die Ketten wund geschunden,
Auf den Schultern Sklavenpfahl,
Der sie bindet, ...
Sieben Mal!

„Schritt bei Schritt,
Tritt bei Tritt,
Schwarze Sklaven,
Ich schreit' mit!"

In den Augen schwarzer Schweiß...
Dornsavanne, glühend heiß...
Wasserkanne, zwölf Stück Brot...
Jeder folgt dem Gebot!

„Unser Arm ist hochgebunden,
Unser Angesicht geschunden,
Unser Lied im Leid verdorrt."

„Meine Schwarzen, schreitet fort!"

„Nenn uns doch die deinen nicht!
Denn du haßt unser Gesicht.
Mich und meine sechs Gefährten,
Mußt als krankes Vieh du werten.
Schritt bei Schritt,
Tritt bei Tritt,
Weißer Herrscher, schreite mit!"

Unsre Wege sind verdammt.
Unser Hirn zum Schrei entflammt,
Schritt um Schritt!
Unser Wärter geht hintan
Folgt wie wir dem Marterstamm,
Tritt um Tritt."

„Ich bin unfrei so wie du.
Auch mein Herr gibt keine Ruh,
Bin verpflichtet immerzu...

Fern aus einem andern Land,
Wo der Menschen Geist verrannt,
Wo die Seele nur ein Knecht,
Friede nur zum Schein benannt."

„Lös uns, weißer Wärter,
Von der Ketten Qual.
Unsre starken Schultern
Schmerzen allzumal!"

„Ich teil euer Los und Brot.
Das ist meines Herrn Gebot!"

„Lös uns, weißer Bruder,
Von der Ketten Qual.
Unsre starken Schultern
Schmerzen allzumal!"

„So versteht doch meine Pflichten:
Ich führ euch zum Meere fort,
Dort, wo sie die Anker lichten
Wenn sie nehmen euch an Bord.
Schwer mein Tritt,
Müd mein Schritt,
Schwarze Brüder,
Ich komm mit."

„Weißer Bruder, glaube mir,
Ich möcht gerne sterben hier.
Weib und Kind laß ich zurück.
Sklave sein, heißt dies Geschick!"

„Wenn ich lasse meine Pflichten,
Wird man mich zugrunde richten.
Frau daheim mit kleinem Kind
Ohne mich verloren sind.
Komm ich ohne euch zum Kahn
Läßt man mich nicht heimwärts fahr'n.
Will ich lösen euer Leid,
Ist der Meinen Not nicht weit.
Schwarzer Sklave,
Schreit nun fort,
Denn ich fluche diesem Ort!"

Glühend heißes Dornenland,
Wasserkanne in der Hand...
Jeder denkt an seine Not.
Unfreiheit heißt das Gebot.

„Weißer Bruder, glaube mir,
Lieber woll'n wir sterben hier!"

„Nur der Gott in deiner Brust,
Macht dir auch mein Leid bewußt!"

„Rede nicht von einem Gott,
Hohn für uns und bitterer Spott!"

„Schritt um Tritt,
Schritt um Tritt...
Sieben Schwarze ... kommen mit!"

„Weißer Wärter, ende
Dieser Ketten Qual!
Sieben Menschen sterben,
Sieben an der Zahl!"

Hoch die Peitsche in der Hand,
Schaut in sein Gesicht,
Läßt sie gleiten in den Sand,
Und sein Zorn zerbricht.

Zitternd faßt den Schlüssel er,
Hell im Schloß er blinkt.
Dicke Ketten fallen schwer,
Baumstamm niedersinkt.
Sechs Befreite laufen fort
Hin zu ihrem Heimatort.

Schwarze Hand und weiße Hand
Finden sich im kargen Land.
Kopf gesenkt und Lider schwer...
Scheuer Blick von unten her.

Gehen auf die Sträucher zu
Schritt um Schritt...
Betten sich zur nackten Ruh, –
Auf dem harten Dorn das Haupt,
Doch an Freiheit fest geglaubt,
Tritt um Tritt.
„Schwarzer Freund, nun meine Bitt',
Geh mit mir zum Schiffe mit!"

Franz Ludin

Sommerliche Romanze

Unbarmherzig strahlt die Sonne auf meinen Körper. Der Himmel ist blau – keine Wolke – kein Wind. Soweit ich sehe: Berge mit ihren grünen Hängen und Wäldern und mit den kleinen Bergdörfern. Die kleinen Häuser sehen wie hingeworfen aus, so ganz ihrem Schicksal überlassen. – Der blaue Gardasee sieht einladend aus. Vereinzelte Segelboote und Surfer tummeln sich auf der blauen Wasseroberfläche: ein sommerliches Ferienbild – eine Sehnsucht nach Ferienvergnügen erfüllt mich. Im Auto werden die Temperaturen mächtig ansteigen und die Fahrer zum Schwitzen bringen. – Doch plötzlich – wie aus dem Nichts: eine blecherne Autoschlange vor dem Tunnel. Sie ist zum Stillstand gekommen, wie wenn sie einmal austreten müßte. Auch am linken Straßenrand sind Autos abgestellt. Menschen haben ihren sonntäglichen Badeplatz kampfartig erobert – das Auto am Rand stehengelassen.
Ich biege von der übelriechenden Straße ab und begebe mich auf der Suche nach einem romantischen Badeplatz – Wasser – einem Ort, wo man still vor sich hin träumen kann – sich erholen kann – sich von seinem eigenen Ich treiben lassen kann. Der steinige Weg führt mich an den Strand. Phantasien von einer grünen einsamen Wiese mit einer kleinen Bar oder einer heimligen Taverne erfüllen mich. Ob mich höre ich das Gehupe der stehenden Autos. Der kleine Weg führt mich ans Wasser – meinem Lido entgegen.
Mein Lido – der Rastplatz meiner Seele und meiner Gedanken – mein stiller Ort, wo ich meinen Gedanken nachgehen kann, wo ich in mich gehen kann, um vom Alltag mit allen seinen Mühen und Plagen Abstand zu nehmen. – Doch was sehe ich da?

Menschen – Frauen und Männer, junge und alte
Körper mit allen ihren Anzeichen der Anmut und des
Zerfalls liegen da auf dem Streifchen „Grün". – Mein
„Grün". Oh, hatte ich mich auf dieses „Grün" gefreut.
Und jetzt? – Das Grün ist fast nicht mehr zu erblicken.
Der Abstand von Fleischhügel zu Fleischhügel beträgt
oft kaum mehr als eine Handbreite. Da liegen sie – die
sonnenhungrigen Sonntags- und Ferienausflügler –
voller Hoffnung, endlich braun zu werden, heimgehen
zu können und den Daheimgebliebenen zeigen zu
können, wie man braun geworden ist und daß es sich
lohnt, weiter Überstunden zu schuften, um nächstes
Jahr noch bräuner zu werden. Die fetten Würste
lampen dem einen über die Badehosen und erinnern
an eine deutsche hausgemachte Wurst. Andere Würste glitzern in der Sonne, als seien sie einer Oliven-
büchse entnommen worden. Frauenbrüste baumeln
auf den holden Körpern, als hätten Generationen
daran gesaugt. Andere Brüste blicken klein und keck
in die Luft. Brustwarzen so groß wie 100-Lire Mün-
zenstücke starren in den blauen Himmel; andere blik-
ken klein und steif in die Luft. Wiederum andere Brüste sind von knappen bunten Stoffen umhüllt, als gelte
es, den Tag der Auferstehung abzuwarten. Deutsch,
Französisch, Italienisch und Englisch erfüllt die Luft
– ein echter internationeler grüner Streifen Erde. Von
weitem höre ich immer noch das Gehupe der stehenden Autokolonne. Manchmal hüpfen schreiende Kinder an mir vorbei und bewegen sich verwegen durch
die internationalen Fleischklöße hindurch auf der
Suche nach Mutters Brust oder Vaters Hand. – Ich
meine – die Luft rieche an bestimmten Orten nach
Benzin der stehenden Autos vor dem Tunnel und nach
Kinderpisse und Katzenscheiße – oh du schöner grüner Streifen Erde am Gardasee, inmitten der sommerlichen Pracht – was wirst du mir bescheren? Mein

Blick bleibt an einer schlanken Blondine „made germany" haften: so schlank, so voll in Blüte mit ihren
kecken Brüsten und dem langen Haar und den Ferien-
blick „ich mag dich – wollen wirs einmal versuchen?"
– Es ist wärmer ge-worden. Eine leichte Brise ist
aufgekommen. Ich glaube an das „Heute".

Heute

Die Hitze drückte ihn in den Boden. Der Schweiß rann ihm unter dem Hemd den Körper hinunter. Ein unappetitlicher Anblick. Er kam sich wie eine Sardine im Öl vor. Die Luft war in der Stadt stickig. Überall roch man die Abgase des Verkehrs. Die Bürohäuser ragten in den blauen Sommerhimmel. Keine Wolke am Himmel. Das ewige Gehupe der Autos ging ihm auf die Nerven. Es war immer das Gleiche um die Mittagszeit. – Er hatte mit Sonja abgemacht. Es war das Übliche: ein Treffen in einem Straßencafe über die Mittagszeit. Einen Kaffee trinken – einander anstarren. Sonja versuchte immer, ihn zu reizen. Es waren immer die gleichen Rituale über die Mittagszeit – in der sommerlichen Hitze. – Immer das gleiche Straßenbild um diese Zeit: Menschen auf der Suche nach einem Verpflegungsplatz, Gehupe, Gestank und das Gebimmel der Tramglocken, das Gedränge in den Straßencafes. Ja, die Stadt lebte ihr Leben – lebte auf ihre Weise den Sommer. Ihm kam es vor, als sei die Stadt eine riesige Eiterbeule, die irgendwann einmal platzen würde. Dann würde der Eiter dieser Stadt ausfließen und alles Lebende ersticken. –
Der heutige Morgen war der gleiche wie schon der gestrige und vorgestrige. Die gleichen Arbeitsabläufe der EDV-Geräte, die gleichen Anweisungen wie gestern und vorgestern. Die Sekretärin hatte die gleiche blaue Bluse an wie gestern und vorgestern. Ihr Deo war das gleiche wie gestern und vorgestern. Die Schminke auf ihrem Gesicht war wahrscheinlich auch die gleiche wie gestern und vorgestern. Der Blick von ihr widerspiegelte die gleichen Sehnsüchte wie schon im vergangenen Sommer. Er mußte lächeln. Sie würde alles tun, was er von ihr wollte. Sie war ihm

gegenüber so machtlos – so ausgeliefert auf eine Art und Weise, die er sich erst in den letzten Wochen bewußt wurde. Manchmal kam sie ihm wie ein Schattenwesen aus der Hölle vor.

Eine alte Frau stand vor der roten Ampel und wartete mit ihrer Einkaufstasche. Er schwitzte. Er sah den Schweiß auf der Stirne der alten Frau. Sie hatte einen altmodischen Hut an. Auf dem Hut saß ein blauer Vogel als Schmuck. Er hatte große leblose Augen. Die alte Frau schwitzte. Heute schwitzten alle. Es war warm. Was würde Sonja heute wieder sagen? Gestern hatten sie sich um die gleiche Zeit getroffen. Sie hatten einige Worte gewechselt und sich für den Abend verabredet. Sie waren am Abend ins Kino gegangen, dann noch in irgendeine Bar der Altstadt und dann hatten sie miteinander geschlafen. Ein Ritual, das sich in regelmäßigen Abständen jeweils wiederholte. Gestern war es auch warm gewesen. Er mußte sich selber belächeln. In ein paar Minuten würden sie wieder zusammen im Straßencafe sitzen, schwitzen, Kaffeetrinken und einander anstarren. Die Ampel wechselte auf grün. Die alte Frau setzte sich schnaufend wie eine verrostete Lokomotive in Bewegung. Der Vogel auf ihrem Hut wippte hin und her. Er überquerte die Straße und nahm den Weg durch den Park. Hier gab es kein Gedränge. Von Ferne hörte er das Getöse der Stadt. Die Bäume mit ihren grünen Blättern erinnerten ihn an das Leben. Die Vögel zwitscherten. Auf dem Rasen saß ein Pärchen, das sich eng umschlungen hielt. Plötzlich verspürte er das Verlangen, sich auf die Bank zu setzen und auszuruhen – auszuruhen von dieser Alltagshektik. Sonja mit ihrem belanglosem Gespräch war ihm gleichgültig geworden. Ein Junge spielte Gitarre. Die Vorstellung von Sonja über „Leben" bedrückte ihn. Sie ließen ihm zunehmend keinen Freiraum mehr. Was sollte später einmal werden?

Vielleicht wird sie auch im Alter einen blauen Vogel
auf dem Hut tragen, der nichtssagend hin und her
wippte, wenn sie die Straße überquerte. Die jetzt
drallen Brüste werden verwelken wie die Blätter an
den Bäumen. Ihre Haut wird Runzeln erhalten, ihre
Stimme wird brüchig werden. In den Straßencafes
wird sie dann Kaffee mit Sahne bestellen. Ihre Figur
wird unförmig werden. Und er?
Die Vögel zwitscherten. Der Junge hatte mit dem
Gitarrenspiel aufgehört.
Irgendwie gab ihm der Park Ruhe. Er spürte, wie er
sich selber sein konnte. Der Duft der Blumen neben
der Bank gaben ihm das Gefühl zu leben. Es war Zeit,
daß er sich Gedanken machte über Sonja und ihrem
Verlangen, ihn über die Mittagszeit zu treffen, mit
ihm nichtssagende Gedanken auszutauschen. Irgendwie wußte er plötzlich, daß er Sonja nicht mehr treffen wollte. Er hatte es satt, sich mit ihr in den Straßencafes in der heißen Mittagszeit zu treffen – sich mit
ihren Ritualen von Liebe auseinanderzusetzen. Es
war Zeit, aufzubrechen und den eigenen Park in sich
zu suchen. Den Park mit den grünen Bäumen, dem
Vogelgezwitscher, den Duft der Blumen.
Er stand auf und machte sich auf den Weg. Sie würde
ihn entgeistert anschauen – seine Worte nicht begreifen. Doch ihn machte der Gedanke frei. Er würde sie
stehenlassen. Sie mußte ihren Weg gehen – ihren Weg
in dieser Stadt suchen – ihren Sommer selber suchen.
Er wollte und konnte nicht mehr. Diese Stadt mit ihrer
Hitze – mit ihrem Verkehr, den Ampeln und den alten
Frauen mit blauen Vögeln auf den Hüten. Er wußte
jetzt, daß er aufbrechen würde – irgendwohin, wo er
sich sein konnte – wo er sich selbst finden konnte. Er
mußte in sich etwas suchen, was er einst als Kind
gehabt – und als Erwachsener verloren hatte: ein
Stück „Freiheit". Sonja und die Stadt konnten ihm

dieses Gefühl nicht mehr geben. Er freute sich auf die
Suche nach seinem „Park mit den grünen Bäumen
und den Vögeln".

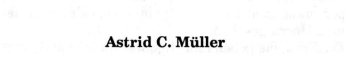

Astrid C. Müller

Eine einfache Geschichte

Es war ein warmer Maimorgen in einem wohlhabenden Viertel einer Großstadt. Ein Mann und eine Frau gingen eine Allee hinauf und hielten sich dabei zärtlich an den Händen.

Der Mann war groß, schlank und braun gebrannt. Er hatte volles dunkles Haar. Sein Gesicht war kantig, sein Mund schmal. Beim Sprechen schürzte er die Lippen manchmal, das hatte er einmal bei einem vornehmen Herrn gesehen.

Die Frau, die neben ihm ging, war kleiner und jünger als er. Sie bewegte ihre ebenfalls schlanke Figur auf eleganten Stöckelschuhen, wobei sie sich nicht um einen geraden und aufrechten Gang bemühen mußte. Sie trug ein sommerliches Kostüm und hatte ihre Haare locker mit Kämmen nach hinten gesteckt. Ihr gleichmäßiges Gesicht mit der kleinen schlanken Nase und Lippen, die zum Schmollen neigten, war dezent geschminkt.

Manchmal blieb sie stehen und sah den Mann sehr glücklich an.

Beim Arzt mußten sie nicht lange warten.

„Wir wünschen uns ein Baby", sagte der Mann zu dem Arzt.

„Fein", sagte der Arzt. „Möchten Sie ihr Kind selbst zeugen oder wünschen Sie eines, das im Labor gefertigt wurde?"

„Ach, wissen Sie", antwortete die Frau, „mein Mann bekommt schon jetzt einige graue Haare, und ich selber habe auf den Schultern im Sommer so viele Sommersprossen. Da dachten wir, es wäre doch besser, sich ein Kind zusammenstellen zu lassen, damit es später keine Probleme hat."

„Das ist in Ordnung", sagte der Arzt. „Es wird nur ein
wenig teurer werden."

„Oh, damit haben wir gerechnet und die letzten Jahre
darauf gespart", sagte die Frau und der Mann fragte:
„Wie teuer wird denn das Kind?"

„Nun", antwortete der Arzt, „das kommt darauf an,
welche Ansprüche Sie stellen." Er richtete sich an die
Frau: „Wollen Sie Ihr Kind denn selbst austragen und
gebären?"

„Ja, wir haben uns entsprechend beraten lassen", antwortete der Mann.

Die Frau sah ihn wieder glücklich an.

„Das verbilligt die Sache natürlich erheblich", sagte
der Arzt.

„Sie müßten mir dann nur noch einige Fragen beantworten. Soll es ein Junge oder ein Mädchen werden?"

„Ein Junge!" antwortete der Mann energisch.

Die Frau sagte leise: „Eigentlich ist es uns egal."

„Können Sie weitere Eigenschaften nennen?"

„Also, intelligent muß er sein", sagte der Mann, „und
sportlich."

„Sensibel", fügte die Frau hinzu, „gesund natürlich
und ohne Sommersprossen."

„Ich möchte nicht, daß er zu große Füße bekommt",
erklärte der Mann.

„Und er sollte das gewisse Etwas im Blick haben."

„Musikalisch soll er sein", fiel dem Mann ein, „aber
nicht zu sehr, eben so, daß es ihm leicht fällt, fremde
Sprachen zu lernen."

„Und ein offenes freundliches Wesen wünschen wir
ihm."

„Wie teuer wird denn das Kind bis hierher?" fragte der
Mann.

Der Arzt antwortete: „Wenn keine Schwierigkeiten
auftreten, dann wird Ihr Sohn zwischen 150.000,– und
200.000,– DM kosten."

„Gut", entgegnete der Mann, „dann wollen wir es dabei belassen, oder fällt dir noch etwas ein?"
„Haben Sie vielleicht noch Anmerkungen zu seinem Äußeren?" half der Arzt, woraufhin die Frau einen träumerischen Blick bekam und sich lange schlanke Hände für das Kind wünschte. Der Mann fügte noch schnell hinzu, daß er groß und gut aussehend sein solle.
Darauf verließ das Paar zufrieden die Praxis des Arztes.

Nach kurzer Zeit wurden sie angerufen und der Frau wurde das Kind in den Bauch gepflanzt. Die Schwangerschaft verlief gut, der Mann und die Frau hatten ein Krankenhaus gefunden, das sich auf besondere Wünsche zur Geburt einstellen konnte und das Kinderzimmer war fertig eingerichtet.
Glücklich brachte die Frau das Kind zur Welt und ebenfalls glücklich hielt der Mann ihre Hand dabei.
Das Kind begrüßte seine Eltern liebevoll, legte sich zärtlich auf den Bauch der Mutter, lächelte und schlief ein. Es hatte kleine zierliche Füße, wunderschöne lange Finger und eine tiefe, satte, dunkelgrüne Hautfarbe.

Frühling

Für alle diejenigen,
die keine Speise mehr genießen können,
weil Salz oder Zucker enthalten ist,
die nicht mehr spazieren gehen können,
weil sie an tote Bäume denken,
die keine Kinder mehr wollen,
weil sie sie nicht
in „so eine" Welt setzen mögen,
die sich nicht mehr freuen können,
weil sie vor Angst
das Lachen verlernt haben:

Ihr erinnert mich
an eine Landschaft,
die vom Schnee zugedeckt ist
und vergessen hat,
daß auf den Winter
der Frühling folgt.

Zeit

Ich
Ich habe
Ich habe keine
Ich habe keine Zeit
Ich habe keine Zeit für
Ich habe keine Zeit für Dich.

                    habe
                            für
        Zeit
               mich   nicht

        Ich
                    mal

Helmutguenter Oewermann

Der Engel und das Ewige im Vergänglichen

Mein inneres Gegenüber in der sichtbaren und unsichtbaren Welt kann ich verschlüsselt als Engel (Bote) beschreiben.

Als unsichtbares großes Geheimnis! Wann war der Engel da? So wie es im 91. Psalm steht: Er hat seinen Engel befohlen über dir, daß sie dich behüten auf all deinen Wegen!

Oft betrachte ich Chagalls „behütenden Engel" wie er verschlüsselt goldgelb aus dem Reich des Himmels kommt.

Ein Engel der immer schon da ist, wenn ich komme, der die Wege mit mir teilt!

Es ist etwas was mich immer unsichtbar weiterschiebt, meinen Weg beeinflußt, was ich nicht Zufall nennen mag. Das, wenn es einmal im Traum in der Meditation und im Wachsein offenbart, so überwältigend sein kann. Daß diese Offenbarung ihren festen Platz als Bild in der Seele hat. Eine Offenbarung durch die Wirklichkeit. Eine Erfahrung, die der große Geistesforscher Rudolf Steiner auch machen konnte. Wie aber ist es mit dem sichtbaren Engel? Hier möchte ich verschlüsselt viele Frauen aller Völker als Engel bezeichnen. Den größten Teil dessen, was Menschen sich aufgeladen haben, mußten Frauen in allen Ländern als Engel tragen. Ihr Leiden, ihre Entsagung und ihre stille Kraft (z.B. Miep Gies: die „Anne Frank" betreute) vergißt die Weltgeschichte nur allzuleicht. Sie haben gebangt und gearbeitet, menschliches Leben getragen und beschützt. Sie haben getrauert um gefallene Menschen bzw. um die Opfer der Gewaltherrschaft. Viele Frauen haben sich in aller Stille auch hineinnehmen lassen, mehr als Männer in das bewegende, bedrückende und unaufgearbeitete Kapitel

deutscher Geschichte. Sie haben in den dunkelsten
Stunden das Licht der Humanität vor dem Erlöschen
bewahrt. Die Frauen als sichtbarer Engel ist die große
Seele. Das Ewige im Vergänglichen.
Meine Seele (Anima) ist ein religiöser Begriff für denjenigen Teil meines menschlichen Wesens, der nicht
greifbar, aber entscheidend ist! Ausgestattet mit
Identität und Bewußtsein und das Ewige im Unver-
gänglichen, ja unsterblich! Etwas Inmaterielles, was
im materiellen Körper nur auf Zeit zu Gast ist. Meine
Seele braucht den Engel für die Wirklichkeit.
Der Engel als Symbol ist aber ein Zeichen oder Sinn-
bild, das stellvertretend für das Göttliche in der materiellen Welt steht.
Auch im Traum bin ich diesem Symbol nahe. Hier ist
der Engel, die kleine und geheime Tür zu den inner-
sten und geheimsten Winkel meiner Seele, den unbewußten!
Die Engel sind immer und überall! So wie der „Geist
von Assisi" es uns 1986 lehrte. Ob man nun die Wirklichkeit mit dieser oder jener Gottesbezeichnung verehrt, bleibt sich gleich.
Laßt uns Priester Licht und Fackelträger der unsichtbaren einen Kirche werden, deren Lichtdom die Kirchen, Pagoden und Synagogen, Moscheen, Tempel
und Heiligtümer aller Religionen und Völker umschließt.
„Und wenn eines Tages ein neuer Frühling kommt
und mein materieller Körper gestorben sein sollte,
werden die Blumen blühen wie immer und die Bäume
nicht weniger grün sein als im vergangenen Frühling."
Aber mein Seelenvöglein lebt, wo es auch sein wird,
die Wirklichkeit braucht mich! Oh, Seele jetzt bist du
ganz mein!
Die Wirklichkeit ist immer lebendig – sie kann nicht

sterben, sagt doch der Rabbi. Jesus von Nazareth:
Gott ist kein Gott der Toten, sondern der Lebendigen.
Die lebendige Wirklichkeit ist kein greifbares Ding,
wie Erde und Wasser, Fette und Farben.

Aber durch die Natur, durch Meditation, Traum, Literatur, Bilder und Symbole können wir die nicht-
materielle Wirklichkeit, den Grund unseres Seins
sichtbar machen. Ohne das Bild und die Symbole dabei, verlieren wir die Mitte in uns. Ohne das Sichtbare
und Tastbare kann kein Bild Unsichtbares verwirklichen.

Mein inneres Gegenüber, das ich als Bild verschlüsselt, als Engel bezeichne, von solchem Engel auf meinem weiteren Lebensweg behütet! Ist eine große
Erfahrung... Wenn ein genialer Geist oder Seele in
einem schwachen Körper lebt, merkt man die Gast-
funktion der Seele im Körper sehr viel deutlicher. Das
Ewige im Vergänglichen offenbart sich deutlicher.

Alles hat seinen letzten Sinn im Geheimnis Gottes
und ich hoffe zuversichtlich, daß der Engel mich auch
in der nichtmateriellen Wirklichkeit behüten wird.
Das Ewige wird weiter leben.

Das Ewige ist die Wirklichkeit, sagt Augustinus. Deshalb laßt uns voller Hoffnung sein.

Der Weg führt uns zur Quelle und der Fluß strömt
dort, wo er soll und es immer tat! Und die Blumen sind
rot im neuen Tag!

Otto Ludwig Ortner

Schöner Wohnen

Ein stilles Haus aus alten Bauerntagen,
vergessen in den Bäumen schwer von Frucht,
das neue Bauten schmucklos überragen
gibt meinen Lieben gottbegnadet Zuflucht.

Warum gab mir der Himmel diese Gaben,
wo doch so viele allzu häßlich hausen,
und kann noch Licht und Vogelstimmen haben,
in Lärm und steinig wüstem Grausen?

Das Böse ist dem Häßlichen der Bruder.
Nicht allererst der Menschen Überzahl,
vielmehr daß Habgier führt das Ruder
verdammt die meisten zur gottfernen Qual.

Diejenigen, die amtlich es verkünden, Gottes Wort,
sie geben allzuoft das Zeugnis ihrer Gier
und so verlor der Armen Herde weit sich fort
allein im Unglück, fern von Baum und Tier.

Liebt Gottes Werke wie ihn selbst
und werdet schnell das Wunder reich erfahren,
daß auch in uns'rer arm gedrängten Welt
die Schönheit lebt, kann man sie nur gewahren.

Der Lido im Mai

Der Strand ist leer, verschlossen die Kabinen,
den frühen Gast empfängt der freie Raum,
den sonst die Menschen decken wie Sardinen:
Des Sommers lautes Treiben ahnst Du kaum.

Wenn in des Frühlings mildem Lebenshauch
das Meer, wie seit die Erde ist, dir rauscht,
und Du hier ruhst und Deine Sinne auch
sich fassen, und von Drangsal taub, Du lauschst:

Kehrt es zurück, schon fast Dir ganz entwendet,
Gefühl der ersten Jugend, Dir aus Müh' entfernt
für eine schön're Welt, und Menschen nicht geschändet
von Eigensucht und Gier, da sie es ganz verlernt

zu lieben und zu schenken, wie das Meer,
aus dem entstiegen alles, was da lebt
und nicht zu raffen, was am Schluß doch leer:
Lebendig bleibt Euch doch nur, was Ihr gebt!

Die Renaissance in Italien

Im Strom der Zeit, von fernsten Tagen
erhellt ein Gnadenstrahl von reichem Glück
erwählter Menschen hoffnungsvolles Wagen
und läßt den Enkeln seine Spur zurück.

Mag zwar die Schönheit lang im Grab schon liegen,
bleibt sie doch Maß von menschlichem Geschick,
das nicht verlassen ist, stets neu kann siegen,
kehrt erst die Seele sich dem Göttlichen zurück.

Ein Tag um Fuschlsee

Vom Sommerhimmel strahlt die Mittagssonne,
im Wind bewegt, bricht sich ihr Licht im See,
der dunkle Wald umringt der Wellen lebensfrohe
                                        Wonne
in diesem Frieden vergeht der Sorgen Weh.

Wenn wir am Wasser liegen, in die Wolken seh'n
über dem Blätterdach am Ufersaum,
und zärtlich plaudern, schwimmen geh'n,
und so der Tag vergeht, Du merkst es kaum,

da weitet sich das Herz vor lauter Glück,
umarmt voll Jubel all die Freuden,
kehrt in vergang'ner Kindertage Traum zurück
will alles, was es kränkt, für immer meiden.

Das ist der Zauber hier am Fuschlsee,
wo man den Augenblick bewahren will,
so schön ist er. Und wenn ich heim dann geh',
bleibt eine Freude, die verweilt, ganz still.

Maria Plain, 19.8.86

„Ex Libris für Heinz Rieder – Kaiser Karl"

Xandl Roth zum 50. Geburtstag

Ein Fürst, dem Hause Österreich entsprungen,
litt er für seiner Väter Schuld.
Ward auch der Kaiserlichen Heer bezwungen,
lebt ihre Fahne doch in ihrer Völker Huld.

Kein Leiden ist umsonst, ward es getragen
im Geist des Dienstes für das Gute:
Weil es die Hoffnung stärkt – und neues Wagen
erweckte oft, was sterbend lag im Blute.

Wien, 20. Oktober 1985

Peter Rahn

einweg

Lange Wege
machen Ziele erreichbarer
als
kurze Wege
Ziele erreichbar machen

18.6.84

vergänglich

Was weißt du
vom Alltag
als du
nur
die Stunden zählst
und nicht weißt
daß so
auch deine Zeit
vergeht

28.10.83

totsagen

die Zeit
hat zur Zeit
keine Zeit
und weltweit
ist der Mensch bereit
die Zeit
abzustellen

15.10.83

für heute

zu müde
zu leer
zu viel
zu schwer
—
vielleicht
ein Blick noch
—
auf morgen

17.2.85

ohne Schicksal

Zuerst geliebt
und nichts danach
–
Zuletzt getötet
und nichts davor
–
Zugesehen
Ich habe nur
zugesehen

6.3.87

ein Gefühl

Mit dem Gefühl
neben dir zu stehen
gehe ich weiter
und bleibe
neben dir stehen
mit einem unheimlichen Gefühl

21.1.87

anders numeriert

Heute
wird das Leben
in Nummern gemessen
und
eingeteilt
in Gruppen
von gut
bis böse
und
vom Leben
zum Tode gebracht

29.3.87

Zeitwert

Heute denk ich mir
ist die Zeit noch wert
daß sie vergeht
–
Morgen sag ich mir
ist die Zeit ein Wert
den keiner mehr kennt

3.2.85

doch noch

Ich bin schon lange zu ende
doch wie lange
kann man zu ende sein
–
Ich bin wie leer getrunken
doch wie leer
kann man getrunken sein
–
Ich fühl mich fortgeworfen
doch wie weit fort
kann man geworfen sein
–
Ich werde einmal auferstehen
doch woraus
soll ich dann auferstehen
–
So werde ich weiter leben
und weiter
nichts

9.6.84

Thilo Redlinger

Kommende Zeiten

Der Himmel,
Trabant eines lahmenden Weltgangs,
Öffnet wehklagend seinen Bauch
Und vereinsamte Tropfen –
Trübsinnige Gedanken zu kommenden Zeiten –
Nieseln aus den Eingeweiden,
Plätschern auf Beton, auf Blech
Und komponieren die salzigen Töne
Zu seinem hilflosen Fragen:
„Erkennt ihr meine Leiden?
Erkennt ihr das Elend kommender Zeiten?" – –
Die Menschen schauen mit fragenden Augen –
Ahnungslos,
Längst vergessen der eigenen Mutter Schoß –
Und suchen nur die von Wolken verdeckte
                                        Sonne.

Sehnsucht

Über neblige Wege
Tragen mich Gedanken,
Über tauperl'ne Wiesen,
Über Ängste und Freuden
Zu den Spiegelbildern meiner selbst,
Die mich entblößen,
Bisherige Schätze entreißen,
Schließlich in einen gefräßigen,
Schwarz-schleimigen Abgrund werfen.

Schon bin ich dieser selbst,
Schon bin ich –
Zerfleischt, mir wertlos –
Opfer der sinnlosen Suche nach der
erfüllten Sehnsucht.

Todesspiel
Katrin Werner gewidmet

Es leuchtet die andere Welt –
Zerreißend – versöhnend –
In meines Herzens Narben
Und grün und rot sind ihres Scheines Farben.

Sie sucht mich,
Versucht mich.

Und doch:
Verderbend ist ihres Spieles Spiel
Und Tod ihr verlockend' Ziel.

Dionys und Apoll,
Rausch das Gekommene,
Zerronnen das Begonnene.

Abschied und Wiederkehr.

Und sie singt der Nixen Melodie
Und brandet Feuer um der Zeiten Kiel.

Und ich weiß:
Verderben ist ihres Spieles Spiel
Und Tod mein verlockend' Ziel.

Hertha Reepel

Ostern

1. Strophe 1983
O nimm mich mit /
in jene fernen Räume /
die Welt ist eng / die nur das Gestern
Das Leben stirbt im Kreise des Gewohnten
doch weitet strahlend sich
so oft du singst.

2.–4. Strophe 1986
O nimm mich mit /
zu jenen alten Träumen /
die Welt ist eng / die nur den Fortschritt kennt
Das Leben stirbt am Knopfdruck des Computers
doch weitet strahlend sich
so oft du sinnst ...

O nehmt mich mit /
Ihr Schwestern aus den Schulen,
die Welt ist eng, die nur den Alltag kennt /
das Leben stirbt an gestriger Routine /
doch offenbart sich neu an jedem Tag.

O weckt mich auf /
aus steinzeitlichen Höhlen –
wir schliefen lang genug in diesem Traum.
Der Geist beflügelt sich seit den Äonen
und schaut nun endlich
fern sein eigen Haus.

Die Geschichte der Menschheit

Ein verwunschener Prinz im Bettelgewand
mit verschmutztem Gesicht und vernarbter Hand
steht suchend und tastend am Zauberberg
denn es hat ihn genarrt ein häßlicher Zwerg.

Seine gute Fee wohl Schutz ihm bot:
Gab Losungen ihm für jegliche Not;
doch wie luftige Vögel entließ er sie bald
und blieb vor dem Berg ohne Schlüsselgewalt.

Da stand er und sann, jahraus, jahrein –
die Schlüsselwort kamen nur zögernd hinein.
Das Öffnen der Türen war mühsam und bang,
er klopft und klopft, mal heftig, mal bang.

Als Jahrzehnt um Jahrzehnt verflossen war
und Türe um Türe sich aufgetan,
(und manch schwere darunter gewesen war)
da seufzt er wohl vor dem letzten Gemach,
das all seine Prinzenherrlichkeit barg.

Denn auf diese Tür paßte kein menschliches Wort
und wie er auch drehte und wandte den Reim,
sein Hirn war zuletzt so leer, so leer,
wie ein Becher Wein.

Da sieht er: Die Wand wird zu Glas und Licht –
er selbst, nein, er selbst er tat es nicht:
Sein Warten und Pochen hat zuletzt
den Stein zerschmolzen, der so hart und fest.

Der innere Tag

Morgen, so licht und leicht,
trägst der Verheißung Kleid;
Schleier noch breitet der junge Tag
Still ist das Herz, wartend am Tor
hört es das Lied der Erfüllung im Ohr.

Träger der Mittag
entzaubert und platt
faltet die Flügel der Ahnung glatt.
Ach, und der lange Nachmittag –
fern ist das Schweigen des jungen Tags.
Emsige Zungen zerreden schnell
tiefer Geheimnisse
ewigen Quell.

Dank sei dem Abend
jetzt wird es still.
Nun erst verwandelt sich wieder das Bild
und die Kulisse verschiebt sich sacht
in die mystische Tiefe der blauen Nacht.

Der neue Tag

Ein neuer Tag bricht an für viele
den neuen Tag sieht unsre Welt;
die alten Normen schal und trübe,
wie Eierschalen abgepellt
weichen dem Licht,
dem nie Erlebten,
das alles Sein im Arme hält.

Die alte Welt,
geteilt in viele,
die sich mißtrauen nun zerfällt.
Die Völker, ihrer Fesseln müde,
sind nicht mehr Sklaven für das Geld:
Sie, Kinder einer Mutter Erde,
die grenzenlos nie Grenzen kennt.

Was bin ich?

Wir schlafen, schlafen, schlafen
der dunkle Traum währt lang:
ein halbes Jahr, ein halbes Leben
ist ohne Licht von oben.

Wir sehen dann mit Staunen,
wie Formen sich erheben
und in dem Kräftespiel der Luft
vom Lichte angezogen
ihr Wesen neu beleben.

Was ist dies aber, fragt der Geist,
der vieles sieht, doch wenig weiß,
der Farben, Formen,
Ordnung, Duft
in seinem Herz verdauen muß.

Das Rätsel ist so abgrundtief!
Die eigne Ohnmacht schließlich rief:
Dies ist ein Wunder ja fürwahr,
in das ich einbezogen.
Der große Dirigent hat klar
den Einsatz mir befohlen.

Ich kann nicht Rose sein,
nicht Linie oder Flieder;
doch was ich bin
ward offenbar
im Monat Juni wieder.

Juni 1984

Mir ist, als träten Feen mit leiser Hand zu mir
und lösten manche Rätsel, die dunkel, schwer und
                                                wirr.
Das Alte ist vergangen, die Zeit ohn' Führung weit –
Es tritt ein lichter Morgen ins Zelt der Ewigkeit.
                                        (1986)

In der Dürener Schweiz

Was siehst du, gelber Vogel, der in den Lüften
                                        schwingt?
Ich sehe Flügellose, ihre Fahnen wehn im Wind.
Der Wind ist nur der Eine, der Fahnen viele sind –
ach, hätten sie doch Flügel, sie flögen in dem Wind,
sie brauchten keine Fahnen, sie hätten nur den Wind.
                        (pneuma – griech. Geist)

Wie löst du diesen Knoten,
sag an, sag an, sag an –
es sind der Liebe Boten,
sie ists, die alles kann.

Ich stand bei dem gelben Vogel,
er wiegte sich im Gezweig
das Korn stand in bläulichen Wogen,
dem Blau des Himmels vereint.
Und meine Seele jauchzte
dem lieblichen Bilde zu

O Mensch, ein verborgener Wille
teilt dir deine Rolle zu,
o lausche und sei stille,
die Rechenschaft, die gibst du!

(1986)

Es kommt ein Punkt, wo Stille herrscht –
Probleme, gestern noch ein hoher Turm
sind aufgelöst
Die Hände ruhen festgebannt
und still
der Motor der Maschine wurde ausgeklinkt
Der nächste Plan liegt fern.

Da sitzen wir und warten
und unser Herz befiehlt:
Tritt leis herzu und störe nicht,
was hier sich will entfalten.

Auf einem Eiland lebt eine Rasse, die sich homo sapiens nennt. Von Geschlecht zu Geschlecht erleben die Inselbewohner diese umgrenzte Welt und die Kenntnis von dem Mutterland, von der die Insel in grauer Vorzeit abgetrieben wurde, ist verloren gegangen.

In jeder Generation fragen die Nachkommen erneut nach dem Woher, nach dem Mutterland und einige erhalten die Antwort: Unsere Insel ist eine Art Strafkolonie, oder besser gesagt: Ein Ort der Rehabilitation, die, wenn vollzogen, den Rückweg zum Mutter- bzw. Vaterland ermögliche.

Auch lehrte man jeden, der auf dieser Insel geboren wird, daß es eine Prophezeiung gebe, dahingehend, daß das Geheimnis über den Rückweg einmal enthüllt würde. Bis diese aber erfüllt würde, müsse den Jungen und Mädchen von Jugend an ein Werkzeug zur Deutung der Inselwelt mit ihren Begrenzungen an die Hand gegeben werden, eine Brille sozusagen.

Manche haben die Brille ohne Bedenken angenommen und leben mit ihr die Lebensspanne, die das Eiland erlaubt. Anderen paßt sie nicht recht und auch die Zollstöcke, die ihnen nach dem Urmeter angeboten wurden, sind ihnen zu klein, um ihre Welt, die sie innerlich suchen, auszumessen. Auch die Schlüssel, die vorhanden sind, um zu den Weisheiten der Vorfahren zu gelangen, sind zu verschieden.

So machen diese letzteren die Erfahrung, wenn sie in die Reife kommen, daß sich jeder den Anschein gibt, als sei er im Besitz des richtigen Schlüssels, obschon sicher ist, daß niemand ihn wirklich besitzt. Da die Strafkolonie kein angenehmer Aufenthalt ist, aber die Kenntnis von dem Land der Sehnsucht verloren gegangen ist, entsteht immer wieder ein Drama, in dem jeder die Rolle des Schlüsselbesitzers spielen möchte; dem einen gelingt es besser, als dem anderen, der das Rollenspiel auf die Dauer langweilig findet. Die Intel-

ligenteren in der Gruppe der Inselbewohner haben
mit der Zeit manch ein Geheimnis ihrer Umwelt ent-
schlüsselt und das Leben insgesamt hat sich etwas
verbessert, einige Brillen wurden unnötig. Aber selt-
samerweise sind dann andere, andersfarbige Brillen
erforderlich geworden und die Konflikte mit den verschiedenen Brillenträgern blieben nicht aus.

Auf der Insel gibt es eine Einrichtung, die die
gesamte Erkenntnisse der Tausend Geschlechter seit
der Aussetzung gespeichert hat und regelmäßig kommen die Bewohner, die sich zu dieser Einrichtung
hingezogen fühlen, zusammen, um die Lehren, die in
den hinterlassenen Schriften niedergelegt sind, zu
studieren. Denn das Geheimnis des Heimat- oder Ur-
sprungslandes ist dort, wenn auch in verschlüsselter
Form, zu finden. Der Prophet, der sein Lebenswerk
darin sah, die falsche Brille seinen Landsleuten abzu-
nehmen, mußte einen hohen Preis für seinen Mut
zahlen. Aber die, die dann klar sehen gelernt hatten,
waren so glücklich für die neue Schau – sie erblickten
nämlich die Heimat, nach der sie sich so gesehnt
hatten – daß sie alles verließen und nicht mehr in Versuchung gerieten, zurückzuschauen. Sie hatten nämlich nicht nur die alten Brillen verloren sondern auch
die alten Zollstöck = Maßstäbe. . Diese entsprachen
nicht mehr dem Urmeter sondern erhielten ihren
Ausgangspunkt vom Weltmittelpunkt. Das war eine
Befreiung! Es hatte, so erinnerten sie sich, schon vor
dem Auftreten des neuen Propheten einige Mathema-
tiker gegeben, die diese neue Sehweise gelehrt hatten
(Archimedes) man hatte sie ehrfürchtig verehrt. Doch
die nivellierende Bewegung von Ebbe und Flut hatte
ihr Wissen versanden lassen.

So ergeht es den wenigen, die ausbrechen immer:
Sie müssen nicht nur für ihre Verwegenheit zahlen
sondern ihr Wissen ist nach einigen Generationen

weggewaschen vom Strom der Zeit.

Da geht eine unüberhörbare Erschütterung durch die Inselwelt: Natur und Kreatur streiken. Mit ihren beschlagenen Brillen können die Einzelnen nicht mehr die Zusammenhänge des Insellebens wahrnehmen. Sie trennen sich in ihrer Unwissenheit von dem „Baum", auf dem sie sitzen. Und obschon sie durch ihre inzwischen zur Perfektion ausgebildete Nachrichtenkette täglich von den Folgen ihres Tuns anschauliche Bilder sehen, macht sich nur hier und da jemand die Mühe, die neue Sehweise zu erlernen und die alte Brille abzulegen. Dabei lassen sie sich von dem Vorurteil leiten, die Umstellung sei zu schwierig und unbequem.

Und das alles, obwohl ein jeder von ihnen in der Jugendzeit, als die Brille verpaßt wurde, ebenfalls gelernt hatte (ein oder zwei Jahre dauerte die Unterweisung): Der Weg ist schmal, der zum Leben führt und wenige sind es, die ihn finden und der Weg ist breit, der ins Verderben führt (in die Inselwelt) und ihrer sind viele, die darauf gehen."

Herbst 81
Friedensmärsche, Abrüstungsgespräche
Besuch eines Literaturbüros
(in Stolberg b. Aachen)

Das industrielle Zeitalter geht dem Ende entgegen.
Seine Anfänge bezeugen die Fabrikgebäude aus der
Gründerzeit rechts und links von der langen Straße,
die auf dem Weg liegen, der zu einem geistigen Zen-
trum führt, ein Umschlagplatz nicht für Waren son-
dern fdas Wort. Ein Anfang, um das Zeitalter der Ma-
terialisierung, der Verdinglichung zu überwinden.
Das Konsumdenken ist an seine Grenzen gestoßen.
Und die Menschheit hat Angst wie der Zauberlehr-
ling. Ob dies in den literarischen Strömungen einen
Niederschlag findet? Das neue Zeitalter wird unter
Schmerzen geboren. Wir sind die Geburtshelfer. Die
Zerstörung aller Werte durch den Menschen, z.B.
zwischenmenschliche Beziehungen, Bindungen zum
natürlichen Lebensraum, die Infragestellung des
Lebenssinnes seitens der jungen Generation ist er-
schreckend. („Die hatten noch Ziele", bemerkte ein
Student vor einem Bild der älteren Generation.)
    Mir wird ein Buch an die Hand gegeben (Hals Kals,
Ein Heldengedenken) und ich stoße auf einen Satz,
den ich nicht vergessen kann. Er lautet etwa: Der
blaue Planet Erde, einen kleineren Fixstern (Sonne)
umkreisend, birgt Wesen, die im Begriff sind, sich
selbst zu vernichten. Gott hatte sie durch einen Spalt
seine Wunder schauen lassen aber selbst dieser war
zu groß für sie.
    Auf dem Heimweg vergegenwärtige ich mir diesen
kosmischen Aspekt, im Spiel der Wolken und des
Herbstlaubes. Hier, in dieser Stadt, wo die Arbeit
rechts und links am Wege liegt und der „Segen" des
Industriezeitalters greifbar erscheint – hier steht der

Gedanke: Was hat der Mensch aus seinen Möglichkeiten gemacht, nahe im Raum.

Noch ganz versunken in die drastische Science fiction-Vision eines Nach-Atomkriegzeitalters, gerate ich auf dem Bahnhof in ein Gespräch mit Fremden. Der Bahnhof ist mir schon oft als Ausnahmezustand, als Ort ohne Schranken, erschienen. Heute spüre ich es ganz deutlich, daß etwas Über-Raumzeitliches auf mich zukommt.

Das Ehepaar mittlerer Jahre fragt nach einem abgehenden Zug. „Es ist hier wie am Ende der Welt", entfährt es mir. Sie blicken mich an und erkennen, daß ich in Gedanken bei etwas weit Entferntem verweile. Ich erzähle ihnen von dem eben Gelesenen und sie sagen mir, wie schon andere in den letzten Wochen, daß sie Angst haben vor der Katastrophe. Ganz rasch folgen Rede und Gegenrede und wir erkennen unsere Gemeinsamkeiten in einigen wenigen Sätzen. Der Mann möchte das Buch erwerben, das ich soeben in der Hand hatte. Er schreibt sich den Titel auf. Er war in Afrika unter Rommel und in amerikanischer Kriegsgefangenschaft. Jahrgang 23. Er steckt mir eine Visitenkarte in die Hand und ich lese: Hard Wood President, Montreal, Canada.

Die Begegnung erlischt so schnell, wie sie entstanden ist, denn unsere Züge bewegen sich in entgegengesetzten Richtungen. Ein Schlaglicht wurde gesetzt, das der nivellierende Wind des Alltags bald wieder verweht in die Gleichgültigkeit der Routine.

1945 pflegten wir zu sagen: Wir sind noch einmal davongekommen.

Schulerfahrung – Lebensschule

Voran einige harte Worte:
Ich klage an, unsere Schulerziehung und ihre Wissen-
schaftsgläubigkeit, die uns jungen Menschen ein
Pseudoweltbild aufdrängte, das im Zustand der Reife
zu schweren Konflikten führen mußte. Die kreativen
Anlagen verkümmerten nach und nach und wurden
durch die Überbewertung des Intellektes fast ausge-
löscht. Diese Erziehung bildete eine Art Lexikonwe-
sen heran – für ein junges Mädchen wahrhaftig ein
beschämendes Etikett.
Und so begann es:
Ein Schulhof, wie viele andere neben einem Gebäude
aus der Gründerzeit. Eine Erstklasse von etwa 30
Schülern. In einem Winkel hatten sich einige Mutige
versammelt, sie traten aus der Reihe heraus, um den
anderen etwas vorzuführen. Auch ich wagte den
Schritt nach vorn – die Mutter hatte es gelehrt – wurde
dann jäh zurück gestoßen. Diese Erfahrung hatte
einen Einfluß auf den weiteren Entwicklungsprozeß.
Obschon durch das Erlebnis des Nichtangenommen-
seins zu größeren Anstrengungen angefeuert, blieb
die Verhaltensweise: Ein Schritt zurück vor den anderen, vorherrschend.
Nun hätte eine weise Schulerziehung diese Ein-
schüchterung durch kreative Förderung ausgleichen
können. Aber dies war nicht vorprogrammiert. Um
den sozialen Anschluß, d.h. das Angenommenwerden
zu realisieren, richteten sich alle Kräfte auf das Erreichen des Lehrzieles. Die Folge war einseitige Bildung
und ein seelisches Vakuum sowie Konflikte mit den
herrschenden Lehrmeinungen in einem Alter bzw.
Lebensabschnitt, der in der Natur sehr kurz zu sein
pflegt: Dem Wonnemonat Mai.

Dies ist keine Einzelerfahrung. Die Schriftstellerin
Luise Rinser hat ähnliches von sich gesagt.
Heute noch sehe ich mich mit 16 in der Oberklasse des
Lyzeums sitzen und entsetzt dem Biologieunterricht
entnehmen, daß der Mensch von seinen Körperfunk-
tionen abhängig ist. Die Desillusionierung muß so
groß gewesen sein, wie heutzutage die unserer Kinder
ist, wenn das Fernsehen ihnen das Lebensgeheimnis
entzaubert. Bisher hatte ich mich nicht mit meinem
Körper identifiziert. Ich war gelehrt worden, als lebendige Seele zu leben. So hatte es im Konfirmanden-
unterricht geheißen. Und wenn ich auch dort oft zum
Fenster hinaus geschaut hatte, so wußte ich doch stets
jede Frage zu beantworten. Ich hätte es begriffen, hieß
es später.
Ähnlich erging es mir in der Abiturklasse. Wir hatten
in dem Sommer 1938 die Hahnsche Atomphysik
durchgearbeitet und ich erklärte meiner Klassenlehrerin, jetzt wüßte ich, daß das ganze Universum aus
Schwingungen bestehe und keine feste, reale Existenz
besäße. Obschon diese mütterliche Frau, die heute
noch lebt, mir nicht weh tun wollte, lachte sie mich
glatt aus.
Nach den Kriegsjahren, deren vordergründige Exi-
stenzsorgen keine Zeit für größere persönliche Problematik ließen, faßte ich den Mut, die verschüttete
Kreativität zu testen und nach einiger Zeit hörte ich
aus dem Mund meines Kunstpädagogen eine Anerkennung der musischen Begabung. Meine Klassenlehrerin hatte bemerkt: Schade, daß Sie der Wissenschaft verloren gegangen sind. Welch ein Urteil, das
mich mit 20 Jahren belasten mußte. Und nun tat sich
ein kreativer Weg auf. Ich selbst hatte den Start mutig
gewagt.
Da ging die nächste Schranke vor dem fahrenden Zug
ins Leben herunter: Künstler werden von der Gesell-

schaft nicht benötigt. Sie existieren nur als Randfiguren des Daseins, in einem technisch-wissenschaftlichen Zeitalter sind sie unerwünscht. Auch die Eltern hatten das gewußt und für Kunst, die sprichwörtlich „nach Brot ging" wenig Verständnis gezeigt.

Das Erlebnis der Sechsjährigen wiederholte sich also alle zehn Jahre etwa. Dies war ein Moment der Unsicherheit und der Hafen der Ehe auch – wie meine damaligen Kolleginnen prophezeit hatten, ein nicht unbedingt sicheres Element. Immerhin aber doch sicher genug, um in seinem Boden ungestört Wurzeln in die Tiefel ausstrecken zu können.

Und wieder vergingen zehn Jahre. Mutter hatte nicht umsonst bemerkt: Jedes Jahrzehnt macht uns reifer, d.h., alte Wertmaßstäbe sind überholt, die Fahrt muß neuen Ufern entgegengehen. Und die anschließende Fahrt war eine Talfahrt. So merkwürdig es klingen mag – der Bildungsweg war noch immer nicht verdaut und ich wußte nicht, woran es lag. Am liebsten hätte ich Rechenschaft gefordert. Hinzu kam ein gewisser Zweifel an der eigenen Kreativität, die zwar vorhanden, aber nicht anerkannt wurde. Das Selbstvertrauen fand in der vorgefundenen Umwelt keine Stütze. Aber, wie es in den Märchen so schön heißt – einige gute Feen säumten den Pfad im Dickicht menschlicher Meinungen. Der schwache Strahl der Erkenntnis begann durch stetiges Geradeausgehen zuzunehmen. Ich lernte zu arbeiten mit Gesetzen, geistigen Gesetzen. Und wiederum nach zehn Jahren entzündete sich die Kreativität an einem bislang unbeachteten Werkstoff – dem Glas.

Unvergessen war das Erlebnis in meiner Heimatkirche geblieben: Während eines ruhigen Wartens im Mittelschiff fiel plötzlich Licht durch ein seitliches Fenster. Es fiel ins Herz.

Nachdem ich dem Glas ein Jahrzehnt treu geblieben

war, ergab sich die Gelegenheit meine Kunst, die seit
der Jugendzeit in mir vergraben war, der Öffentlichkeit vorzustellen. Sie fand Resonanz, nicht breit ge-
streut – denn nur wenige verstehen die Winke, die die
Seele abseits vom großen Getriebe andeutet. Hatte
dies nicht der Vater des Glasers, mit dem ich zusam-
menarbeitete, einmal beiläufig gesagt: Die leisen
Töne überhört man gern. Er war Geigenbauer. Damals hatte ich ihn nicht verstanden.
Nun liegt auch diese Runde im Gestern zurück. Es ist
die Zahl 7, die Zahl der Vollendung, die vor dem geistigen Blick auftaucht.
Das persönliche Schicksal verblaßt vor den Heraus-
forderungen der Zeit. „Sie soll führend tätig werden in
Ihrer Generation" hatte der Direktor unserer Schule
bei der Abschlußfeier gesagt, einer Schule, die in der
Bundeshauptstadt liegt. Wir umfassen in unserem
Denken seit langem die ganze Welt. Dies ist trotz
allem eine Frucht unserer Erziehung. Aber nicht der
intellektuellen. Was wir gelernt haben, ist, eigenstän-
dig zu denken. Schöpferisch zu denken. Dies leuchtete
als erstrebenswertes Ziel vor unserem geistigen Auge.
Und dies führte schließlich zu Erkenntnissen, die alle
Lebensbereiche verband:
  den sog. physischen
  den mentalen
  den kreativen
  den seelischen
  den geistigen.
Dies ist es, was unsere Generation der Welt zu bieten
hat, in einem Zeitalter, wo alle fünf bis zehn Jahre sich
ein ungeheurer technischer Fortschritt und ein Wan-
del der Wertmaßstäbe vollzieht. In den sich überstür-
zenden Endzuständen der Menschheit gehen wir – die
Generation, die nach dem 1. Weltkrieg die Bühne des
Lebens betrat, und der die Aufgabe obliegt, das 20.

Jahrhundert, das technische Jahrhundert, zu meistern, geduldig den Weg der Weisheit, die den Untergang aufhält bzw. annuliert.

Nie war es interessanter, den Weg der Menschheit zu begleiten von den Anfängen des Erwachens (das Erwachen der Menschheit) bis zur Enthüllung seiner Identität, die vor 2000 Jahren bereits gelebt und bewiesen wurde, jedoch verschüttet in der Personifizierung. Materialismus ist Personifizierung überall auf der Welt. Vor dem Schild der Persönlichkeit, die unbedingt geschützt werden muß, prallen alle Verbrüderungen ab. Und doch ist die Idee der Brüderlichkeit die ewige Wahrheit. Denn, wie jeder Wissenschaftler weiß, ist die Wahrheit einzig. Es gibt nicht zwei Wahrheiten und nicht eine Milliarde Wahrheiten. Wahrheit ist eins.

Mit dem Einmal-eins begannen wir im ersten Schuljahr. Leider ist uns nicht gesagt worden, daß es sich auch auf unsere menschlichen Beziehungen anwenden läßt: Jeder eine einmalige Zahl im Zahlensystem und im rechten Verhältnis zu jeder anderen. Warum in aller Welt wird dies offene Geheimnis verschwiegen, und wozu dient alle Schulerziehung, wenn es weiter unter den Tisch gekehrt wird?

Märchen können Geheimnisse offenbaren, ohne sie unziemlich ans Licht zu zerren. In den Märchen ist es der „Reine Tor", der die große Aufgabe vollbringt. Laßt uns also reine Toren erziehen, anstatt Computer, die wiederum ebensolche herstellen, um sich zuletzt von ihnen ausradieren zu lassen.

Das Heineinwachsen in die menschliche Gesellschaft

Ein Kind kommt als ein Wesen in diese Welt, das, obschon den vorgeburtlichen Einflüssen unterworfen, als Geistwesen uneingeschränkt ist. In den ersten sechs Jahren lebt es in einem paradiesähnlichen Zustand der Einheit von innen und außen – Subjekt und Objekt. Verläuft diese Phase harmonisch, so ist sie die Grundlage für ein ganzes Leben.

Infolge der schulischen Erziehung vor allem der Schärfung des Intellekts, treten die Erlebnisse der Einheit mit allem Lebendigen allmählich zurück. Es entwickelt sich durch die Einteilung der Erscheinungswelt in gute und schädliche Eigenschaften eine menschliche Persönlichkeit. Person bedeutet Maske. Der nach gut und böse urteilende Geist hat sich eine Form gegeben, darunter aber, in dem Bereich, der als Seele bezeichnet wird, fließen die Ströme aus der Kindheit immer noch klar: Geborgenheit, Wärme, Vertrauen, Liebe.

Der menschliche Geist, der sich eine Form gegeben hat, fragt in der Zeit der Reife, die als mühsam empfunden wird:

1. Da ich scheinbar nicht das Bild eines Geistes bin, was bin ich?
2. Da die vorgefundene Welt nicht Gottes Schöpfung sein kann sondern eine Erscheinungsweise des eingeschränkten menschlichen Geistes, wo ist der Zugang zur geistigen Schöpfung?

Die Antworten zu diesen Fragen kommen dem Menschen nach und nach intuitiv und zwar ahnungsweise in der Zeit der Reife.

Ihr sollt niemand Vater nennen, also keine menschliche Geburt anerkennen (mit 12 Jahren).

Da wir uns untereinander verständigen können, kann

es nur einen menschlichen Geist geben (14 Jahre).
Daß der Mensch Sterblichkeit erlebt, weil er das Leben nicht versteht (18 Jahre).
Daß es eine uns umgebende Welt gibt, die für unsere Sinne nicht faßbar ist (20 Jahre).
Die nun anschließende Entwicklung umfaßt die Auseinandersetzung mit der vom menschlichen Intellekt aufgebauten Welt, die sich ständig erweitert. Um nicht der Übermacht dieser Anziehung von außen zu erliegen, ist es nötig, den Kontakt zu den frühen Quellen aufrecht zu erhalten, denn sie sind vom Intellekt unberührt. So muß die harte Schale der menschlichen Vernunft aufgebrochen werden in der Demut des Eingeständnisses des Nichtwissens, damit sich die Geheimnisse der Schöpfung erschließen in Glauben, Liebe, Hoffnung.
paradise lost, paradise regained.

Eno Maria Riehle

Düstere Zeiten

Unsichtbare Abgaswolken
verdunkeln Himmelsblau
die Smogglocke hüllt uns ein
wir
in Gift konserviert
wie die Lebensmittel
in Massen produziert
und chemisch gedopt
mitunter in strahlender Frische
präsentiert sich das Gemüse radioaktiv
überdüngt
so oder so
wie das Wasser
Tropf des Lebens
dreht uns den Hahn ab
wir uns
gewählte Vertreter
Beifall erheischend
deshalb unmutig
zu Maßnahmen
in Pfründen suhlend
noch
das eigene Scherflein rasch sichernd.

Verantwortung?
Abgegeben.

Moral?
Verloren.

Das Volk?
Ohnmächtig!

Café Wichtig

er setzt sich,
exponiert,
versteht sich,
des An- und Ausblicks wegen.

Gelangweilt seine Lider hebend
wirft er,
herablassenden Blickes,
seine Augen in die Runde.

Er gibt sich sportlich bieder;
Rundum Bräune versprechend
spielt er mit dem Goldkettchen am Hals,
spricht weltmännisch Dialekt,
zeigt keinesfalls irgendeine Blöße –
nur etwas Brusthaar zeigt er gern,
wobei sein aufgesetzter Casablanca-Blick
schlanken Damenfesseln folgt,
auf klackernden Absätzen wohlfeil angeboten,
am lockend blanken Bein,
an der schwarzen, vielversprechenden Strumpfnaht
                                        hochgleitet,
bis er Dralles an sich vorbei kurven sieht.

Das angeregte Triefen der Lüste geschickt verbergend
spricht er mit Verachtung vom Geschäft,
Geld hat man zu haben, darüber spricht man nicht,
aber jedenfalls zu wenig.

Frei und ungebunden,
Unternehmer und noch jung,
weitgereist in weiter Welt
und Abenteuer,
selbstverständlich Raucher ...

die Frau am Nebentisch hat Feuer,
reicht es ihm
emanzipiert
zugleich Einblick gebend
in die Tiefe ihres Dekolletés,
appetitlich gefüllt mit wackelndem Braun,
erfaßt er
sofort
den Faden aufgreifend
plappern sie.

Egal ob blond, ob braun,
dem Erfahrungssammler immer recht,
und im übrigen,
ach ja,
wäre es vielleicht ganz nett;

ob er, ob sie,
man zeigt halt,
daß man's kann,
eine Nacht nur,
logo,
morgen muß er/sie ja wieder auf's Parkett:

Herr und Frau Wichtig.

Rom zerfiel!

Klaffende Zäsuren
im rauschenden Ablauf
Zeit
kündigen bedrohlich
dem Zirkus der Lustbarkeiten
dralles Kokettieren
im bürgerlichen Gepränge
im unbedarften Tanz
der Individualismen
forschen wir
am Gift durchseuchten Wachstum
doch
verschlossen und heimtückisch
lauert das Siechtum
in den Ecken unserer Dekadenz
Unschuld zerrinnt
in unseren Händen
und
mürbe
zerfällt das Heute.

Lieber Tod,

kommst Du heute oder morgen,
gestehe ein, ich fürchte mich,
obwohl Du ausbläst (meine) allerletzte(n) Sorgen,
wart' ich dennoch nicht auf Dich.

Könnten wir uns arrangieren
auf ein paar Jährchen oder mehr,
stündlich würd' ich was kreieren
und freute mich – soo sehr.

Menschengesichter

verwaltete – hinnehmend
verbildete – herablassend
maskierte – leidend
zerrüttete – schluchzend
erzürnte – demütigend
gequälte – schreiend
verwundete – sterbend

und nur (D)ein
geliebtes – lächelnd

Ich liebe Dich

Du liebst mich
Er liebt sie
Sie liebt ihn
Es liebt sich
wir lieben uns
Ihr liebt euch
Sie lieben sich

unsäglich	lebendig
unergründlich	innig
unersättlich	freudig
unerschöpflich	gütig

Laß uns zusammen

Laß uns zusammen
durch die Wüste wandern,
schwitzend und keuchend
und doch einfach froh am Erlebnis,
am gemeinsamen Durchleben,
am Erleben –
einmal nebeneinander,
das andere Mal miteinander,
aber immer wissend,
da ist noch jemand
dem ich wichtig bin.

Gemeinsam eine Oase finden,
ein Lebensquell in der Wüste,
eine Insel im Meer,
eine Insel des friedvollen Glücks,
der Zufriedenheit,
aber auch der Ausgelassenheit,
der natürlichen Freude
am Dasein,
am Sosein.

Laß uns erschöpft ins Grün der Oase sinken,
laß,
Schulter an Schulter liegend,
den dunkelblauen Abendhimmel
in unsere Augen eindringen,
uns beruhigen
und dankbar zugleich machen.

Laß unsere Augen
vom farbenprächtigen Abendhimmel
an den fernen Horizont gleiten,
hinter ihm weiterträumen
und von dort wieder zurück
in die sich bläulich ankündigende
Schwärze der Nacht,
in der wir uns nicht verlieren,
sondern begegnen.

Kränze bindest Du

Kränze bindest Du,
Teure, Holde
Liebe –
von der ich vor Zeiten geträumt.

Kränze aus ährenem Gold
strahlend in der Sonne
funkeln sie
wie Dein Haar.

Flichst versunken,
umrahmt vom Grün der Sträucher,
vom Duft der Beeren
luftige Gedanken,
verschwommene Träume
ins Gebinde.

Kränze bindest Du,

binde mich mit ein.

Herbstzeitlose Liebe

Es ist Herbstzeit;
Zeit der klammen Feuchtigkeit,
die sich auf Laub und Sträucher legt,
Zeit des Nebels,
der es aufsaugt,
das knirschende Geräusch unserer Schritte
auf den feuchtschwarzen Kieselsteinen,
der lautlos
einen um den andern Baum verschlingt,
der die dunklen, schweren Wasser
des steten Flusses
still fließen läßt
ins Nichts.

Zeitlos gehen wir
eng umschlungen
durch die wattige Nässe
der Nebelwolken,
wie durch den Hauch der Ewigkeit ...

Zeit für keine Zeit
eben
wie im Nebel
im Herbst –

Zeitlos
wie Du und ich,
Ewig.

Reifespiel

Feuchtkalt umhüllst Du,
Nebel,
jegliches Geschöpf,
legst Dich mit Akribie
um jede noch so filigrane Form,
frierst zu abertausend
winzigen Kristallen aus,
wirst Rauhreif,
schillernder Eispanzer
mit Oberflächenvariationen
geheimnsvoll im Lichtdunst funkelnd,
bis die Sonne
den Nebelschleier durchbricht,
die Zweige in ein letztes
gewaltiges Funkenfeuer hüllt
und nach und nach
Kristallfunken raschelnd
zu Boden rieseln,
erloschen,
erschöpft,
und der Baum
sich in alter Form
neu gebärt.

Siegfried Schmidt

Nordsehschärfe

Die Möwe Margarete

Die morgendliche Januarsonne nutzte gerade die Lücke zwischen zwei dicken schwarzen Wolken aus und tauchte die schneebetupften Dünen in schräges gelbes Licht. Hier und da hoppelte ein Karnikel unter den freigewehten winterlichen Dünengrasstauden hindurch. Die Nordsee überzog noch beinahe den ganzen Strand; Welle um Welle – bedeckt mit weißem Schaum – rollte über den flachen Sandboden. Sie hinterließen eine schlangenförmige Begrenzungslinie. Wenn man für längere Zeit genau hinsah, konnte man bemerken, daß das Meer ganz langsam mehr und mehr Strandfläche freigab. Zurück blieben Muscheln, Seetang, Schnecken, kleine Krebse und anderes Kleintier. Da, wo das Meer schon eine kleine Landzunge hat entstehen lassen, hatten sich viele Möwen versammelt. Sie standen dicht beieinander, doch nicht so dicht, daß sie sich gegenseitig beim Fressen behinderten: Jede Möwe fand ausreichend Nahrung in ihrem Umkreis, sah aber zugleich, welche Leckerbissen die anderen fanden. Neid gab es selten, denn das Meer würde ja noch viele Stunden lang immer mehr Meeresboden freigeben. Das wußten die Möwen, wenn auch nicht warum.

Viele Meter weg von dieser Möwenkolonie stand die Möwe Margarete; sie hielt sich fast immer abseits von den anderen, war als Einzelgängerin verschrien und fühlte sich auch als Außenseiterin. Äußerlich von den anderen Möwen kaum zu unterscheiden – vielleicht eine Spur schlanker und naturwüchsiger als die anderen, da sie viel über „Gott und die Welt" nachdachte und deshalb weniger zum Fressen kam –, stand sie genau anders herum als die anderen Möwen: sie guckte über die Dünen hinweg direkt in die aufstei-

gende Sonne, so daß der zunehmende Wind, der vom
Meer her kam, ihr von hinten in die Federn fuhr, sie
aufblies und ihr das Stillstehen schwermachte. Wieder einmal dachte sie über das Phänomen nach, daß
das Meer zweimal am Tage weit zurücktrat, den
ganzen Strand freigab und dann wieder bis beinahe
ganz vorne an die Dünen schlug. Der Tag – gemessen
von Sonnenaufgang bis Sonnenaufgang, so überlegte
sie, wird also in vier gleiche Zeitabschnitte geteilt:
fallendes, steigendes, erneut fallendes und erneut
steigendes Wasser. Warum das so war, konnte sich
Margarete nicht erklären, solange sie auch nachdachte und sich den Kopf darüber zerbrach – und das tat sie
schon mehrere Möwenjahre lang –, sie kam nicht
drauf. Die anderen Möwen erklärten es sich mit dem
Götterwillen. Sie verehrten nämlich alle sehr ehrfürchtig und gottgläubig die großen, donnernden und
in der Sonne aufblitzenden Vögel, die mehrmals am
Tage in sehr großer Höhe ihren Himmel überquerten
und sich dann weit draußen und kaum noch sichtbar
ins Meer stürzten. Diesen Donnervögeln, so glaubten
sie, verdankten sie auch ihr Leben. Sie glaubten nämlich, daß diese mehrmals am Tage die Kraft hatten,
das Meer zu senken und zu heben, damit ihre Ernäh-
rungsgrundlage gesichert bliebe. Einen anderen Sinn
konnten sie dem nicht entnehmen. Mit dieser Erklärung war Margarete allerdings nicht zufrieden, obwohl sie bisher noch keine bessere vorzuweisen hatte.

Nun hatte Margarete irgendwann einmal aufge-
schnappt, daß ein Möwentag aus 240 Möwenstunden
besteht. Das hieße, so schloß sie sofort, daß das Wasser
im Rhythmus von 60 Stunden seine Richtung ändern
würde. Als Margarete ihre Erkenntnis einmal an der
Wirklichkeit überprüft hatte, mußte sie feststellen,
daß ihre Rechnung nicht stimmte; der Abstand zwischen Ebbe und Flut war nämlich nicht genau 60

Stunden gewesen, sondern etwa 62 Stunden. Das
hatte sich Margarete nun gar nicht mehr erklären
können: hatte sie noch angenommen, Ebbe und Flut
hingen exakt vom Tages- und Nachtrhythmus ab, so
war sie von den täglichen Verschiebungen der Hoch-
und Niedrigwasserzeitpunkte völlig irritiert.
Auch an diesem wunderschönen Januarmorgen kam
Margarete mit ihren Überlegungen nicht weiter, das
Meer hatte bereits einen breiten Streifen des Strandes
freigegeben, doch nach wie vor war sie davon überzeugt, daß die donnernden Silbervögel nichts mit dem
Wasserstand zu tun haben würden. Eines Tages, so
glaubte sie, würde sie schon noch darauf kommen. Sie
pickte einen fetten Krebs auf, der gerade vor ihren
Füßen krabbelte, drehte sich in den Wind und schloß
die Augen. Dann steckte sie ihren Kopf unter den
linken Flügel, so, als ob sie schlafen wollte. Zum xten
Male dachte sie über drei Fragen nach:
Was kann ich wissen?
Was soll ich tun?
Was darf ich hoffen?
Schließlich, die Sonne hatte ihren höchsten Stand fast
erreicht, schlief Margarete, im auflandigen Wind
leicht schwankend, ein.

Der Strandläufer

Er rennt gegen den starken Januarwind an; immer weiter in Richtung Westen. Rechts neben ihm das grollende, wallende Meer – gleich einem hungrigen, knurrenden Weltmagen, links die Dünen mit dem tanzenden Dünengras und dem sandgewellten Strandboden. Da vorne, da ist sein Ziel, dort will er hin. Um ihn herum kreischende Möwen mit zerzaustem Federkleid. Die Böen peitschen ihm den Sand ins Gesicht, es schmeckt salzig, die Augen schmerzen. Nur jetzt nicht reiben, denkt er. Da vorne ist es ja, gleich bin ich da. Das graue, aufschäumende Meer macht ihm Angst, ein Horizont ist nicht mehr zu erkennen: Himmel und Meer gehen farbgleich ineinander über. Eine sich überschlagende, weit ausrollende Welle zwingt ihn, einen großen Bogen zu laufen, dorthin, wo der Boden noch weicher und anstrengender zum Laufen ist. Aber gleich bin ich ja da, noch ein bißchen Anstrengung, und ich habe es geschafft. Der Wind nimmt sturmartige Züge an, er kommt kaum noch vorwärts. Der noch nicht überflutete Teil des Strandes ist übersät mit angespültem Müll: Blecheimer, Badeschuhe, Stoffetzen, Balken, Taue, Plastiktüten, Teile von Schaumstoffmatten, einzelne Handschuhe, Plastikspielzeug u.a.m. Eine Möwe fliegt kreischend dicht an seinem Kopf vorbei. Die Kraft in den Beinen läßt spürbar nach, das linke Knie schmerzt. Aber gleich, da vorne, noch ein kleines Stück, und ich bin am Ziel. Das Meer grollt und knurrt immer lauter, die ersten Dünengräser werden bereits samt ihren Wurzeln vom Sturm rausgerissen und durch die Luft gewirbelt, ein Blecheimer rollt donnernd über die Sandwellen des Strandes dicht an ihm vorbei. Noch ein kleines Stück, gleich, und ich bin erlöst! Zu den Sturmböen kommen nun noch Regenschauer, die mit Hagel durchsetzt sind, sie peitschen ihm erbarmungslos ins Gesicht, vor Schmerzen schließt er die Augen. Nichts mehr sehend, stampft er mechanisch weiter. Gleich! In wenigen Augenblicken hab' ich's geschafft! Fast tritt er auf der Stelle, so stark ist nun schon der Widerstand, aber er muß – er will weiter. Vorwärts! Auch mit geschlossenen Augen immer weiter. Da muß ich durch! Das Meerespoltern, das Heulen des Sturmes und die Schreie der Möwen sind nicht mehr auseinanderzuhalten; ein einheitliches Brüllen stürmt ihm entgegen, aber er wird es schaffen. Ich muß es schaffen! Jetzt! Da!

Ihm schwinden die Sinne, er taumelt, macht einen Ausfallschritt nach links, fällt flach mit der Sturmrichtung auf den Rücken, rafft sich noch einmal auf, fällt erneut auf den Rücken, richtet sich erneut halb auf und kriecht dann auf allen Vieren ins Meer. Die erste Welle „übersteht" er, die zweite schlägt ihm mit voller Wucht gegen die Brust, es sieht aus, als ob er sich kurz aufrichten will, der Körper wird hochgeschleudert, überschlägt sich und wird mit der dritten Welle erneut überflutet. Das zurückströmende Wasser reißt ihn mit und spült ihn ins offene Meer hinaus. Keine Gegenwehr, keine Schwimmbewegung mehr – auch kein Todeskampf nach diesem Lebenskampf.

Wo war sein Ziel? Wer hat ihn getrieben?

Die schöne Margerite

Es war einmal eine junge Frau, die wegen ihrer Schönheit, ihrer weißen Seele und ihres sauberen Charakters Margerite genannt wurde. Margerite hörte den Namen sehr gerne, meinte aber, sie habe ihn zu unrecht erhalten.

„Meine Seele ist gar nicht so weiß, wie ihr alle meint", zeterte sie häufig, und als Beweis dafür führte sie an, daß sie häufig gegorenen Weinsaft trinke, und zwar in solchen Mengen, daß sie davon zänkisch, überempfindlich – im besten Falle nur weinerlich würde.

Da sagte ein dreimal altkluges Töchterlein aus ihrem Freundeskreis, die den Genuß – und oft schöne Wirkung von gegorenem Weinsaft noch gar nicht kannte: „Hör' doch einfach auf damit, trink' Säfte und Buttermilch dafür!" Und da Margerite schon von Kindheit an ein braves und folgsames Mädchen war, ging ihr der Rat nicht aus dem Kopf. Sie wandte sich ab vom glühenden Weinsaft und trank fortan nur noch Säfte, Wasser und Buttermilch.

Alle, die sie liebten, und das waren viele, freuten sich über diesen Entschluß und nannten sie überglücklich „unsere liebe Margerite".

Aber Margerite meinte noch immer, diesen Namen nicht verdient zu haben: „Mein Charakter ist gar nicht so sauber, wie ihr alle meint", zeterte sie erneut, „ich befolge bis heute noch nicht, was meine liebe Mutter mir zu recht immer geraten hatte. Immer, wenn ich im Norden an der See spazieren gehe, soll ich mir Watte in die Ohren stopfen, weil ich – auch dort – sehr empfindlich bin und leicht Ohrenschmerzen bekomme!" Und nach einer kurzen Pause: „Mehrmals bin ich schon ohne Watte in den Ohren bei starkem Nordwestwind an der See spazieren gegangen." Da antwor-

tete ein dicker, großer Mann mit rotem Friesengesicht
und fleischigen großen Ohren, aber ganz kleinen Ohr-
löchern, aus denen ein paar borstige Haare schauten:
„Nichts leichter als das, Fräuleinchen, tun Sie es doch
einfach! Watte rein und Mütze drauf – am besten zwei.
Und wenn das nicht hilft, dann noch einen großen,
dicken Wollschal um den Kopf gewickelt, Fräuleinchen, und hinterher einen ordentlichen Eiergrog
drauf!" Dabei grinste er über sein großflächiges, rotes
Gesicht, als ob er ein Möwenei gelegt hätte.
Von diesem Zeitpunkt an sah man Margerite nur noch
dick eingemummelt mit weißer Watte im Ohr am
Meer spazieren gehen. Alle waren begeistert von Margerite und riefen: „Unsere Margerite, unsere tolle
Margerite!"
Ein Freund aus ihrem Kreis, der etwas künstlerisch
begabt war, malte Margerite daraufhin in Öl auf einer
richtigen Leinwand. Das Bild zeigte Margerite im
Frühsommer, strahlend blauer Himmel, wie sie in
einem weißen, langen Kleid über ein weites, blühen-
des Margeritenfeld ging, in der rechten Hand ein
Picknickkorb und über die linke Schulter einen dun-
kelroten Sonnenschirm, besprenkelt mit kleinen weißen Tupfen. Im Hintergrund sah man einen tiefgrü-
nen Blätterwald, die Landschaft war leicht bergig. Als
Margerite das Bild sah, liefen ihr vor Rührung zwei
Tränen über die von der Sonne noch nicht gebräunten
Wangen. Ihr fiel sofort ein Bild von Monet ein, das sie
im vergangenen Jahr in Paris gesehen hatte. Dann
schluchzte sie: „Das ist es ja gerade, ich esse doch so
gerne und kann mich nicht beherrschen, kann mein
Gewicht nicht halten. Ich bin charakterlich gar nicht
so gefestigt, wie ihr immer meint." Da antwortete die
Freundin, die sehr, sehr schlank war, beinahe etwas
mager, und noch nie Probleme mit ihrem Gewicht
hatte: „Iß immer nur die Hälfte von dem, was du

eigentlich essen wolltest, was du dir beim Einkaufen vorgestellt hast – und diese Hälfte ganz, ganz langsam!"

Und Margerite, die ihren schönen Namen nicht verlieren wollte, von Kindheit an brav und folgsam erzogen und außerdem auch sehr viel Willen aufbrachte, wenn sie etwas erreichen wollte, aß von diesem Tage ab immer nur noch die Hälfte von dem, was sie sich eigentlich ersehnt hatte. Sodann hatte sie nie wieder Kummer mit ihrem Gewicht, nur selten wog sie über 53 kg.

Etwa zu dieser Zeit geschah es, daß Margerite einen jungen Mann kennenlernte, in den sie sich sofort bis über beide wattegeschützten Ohren verliebte. Dieser junge Mann besaß alles andere als eine weiße Seele und einen sauberen Charakter. Das erkannte Margerite sofort, beeinflußte sie aber nicht in ihren Gefühlen. Das einzige, was an diesem Mann hell war, waren seine blonden Haare. Diese mochte Margerite sehr, besonders wenn sie ihr im naßgeschwitzten Gesicht hingen. Durch den jungen Mann, den Margerite ihren „charakterlosen Gesellen" nannte, wurde ihr klar, daß sie immer wieder neue „Fehler" an sich entdecken würde, es eine absolut „weiße Seele" bzw. einen absolut „sauberen Charakter" nicht geben könne und daß es darauf auch letztlich gar nicht ankäme. Schließlich liebte sie ihren „charakterlosen Gesellen" ja auch, und der hatte nun wirklich eine schwarzgefleckte Seele. Der „charakterlose Geselle" machte ihr klar, daß es immer auf den Betrachter ankäme, ob jemand eine weiße Seele habe oder nicht und daß Eigenschaften von dem einen als negativ – von einem anderen gerade als positiv bewertet würden. Das leuchtete Margerite ein, sie nahm sich den „charakterlosen Gesellen" mit nach Hause, und sie lebten viele, viele Jahre glücklich beisammen. Er nannte sie weiterhin seine geliebte

Margerite. Mit der Zeit paßten sich ihre Seelen und ihre Charaktere einander an: beide wurden graugefleckt.

Hans Schöpfer

Grüner Rassismus

nüchtern
wärst du imstande
das klatschen der hülle
beim anbiß
des fleckigen apfels
vom nachbarn
dankbar zu interpretieren

sauber glänzend im paraffin
weichgebettet in seidenpapier
verlocken im tempel der delikatessen
die runden von grany smith mehr

kaumüde gebisse verschlingen dann
ohne etwas zu merken
den schweiß von unterbezahlten taglöhnern
im fernen südafrika
bleiverseuchten meerschaum von kühlschiffen
welche die halbe weltkugel umfahren
um hier
das mitten im frühling
ein paar minuten
herbstlichen gaumengenuß zu bereiten

HINTERGRÜNDIGES

IM ZEICHEN DES SKORPION
ADLERFÜSSIG
EIN HAI
PACKTE DER ZYKLON ZU

STÄMMIGES BRACH
VON ZYNISCHEM ZORN
DER ZERSTÖRUNG GEKNICKT

BEUGSAMES
FIEBERND
ERLITT

GEHEIMNIS DER FÜGSAMKEIT

Überwintern

Geschrei
von schlittelnden Kindern
verwandelt
die Wiese
im Nebel des Winters,
wenn Vögel frieren
und Bäche vereisen,
in blühende Flur.

Wehmut

Kälte vertrieb
derweilen im Walde
die Beerensammler.
Seitenfüllendes Weiß
bekleidete rastlos
Hof und Hügel.

Als hier noch keine
Räumungsmaschinen
die Schulwege aperten,
litten die Kinder der Armen
im hohen Schnee.

Jetzt haben sie sich –
die Kinder der Armut –
in heißere Zonen verzogen –
und leiden noch mehr.

Bruderschaft

Meine
erschöpften Kräfte
stehn dir zur Verfügung,
auch wenn du Besseres hast:
Gerne würde ich
mit dir teilen.

Fehlt dir nichts,
um Bruder zu sein?

Christa Szebrat

Wenn der Wind die Asche
    aus den geöffneten Urnen bläst
Wenn der Regen mit scharfen Schnitten
    das Leben mäht
Wenn Ultrasonnen uns schwärzen
    und uns den Atem austreiben
Dann wissen wir
    daß die pfingstlichen Zungen
        keine Tauben waren
Und wünschen uns
    das Dasein von Zugvögeln

Zu spät

Die Kalten
an Eisluft gewohnt
loben die Pflicht
und füllen die Leere mit ihr,
dem goldenen Lamm.
Sein hohler Bauch
verlangt
den Tribut aller Stunden
im strengen Rhythmus.
Gezahlt wird in Müdigkeit
– befriedigter –
denn man weiß warum.
Erworben den gerechten Schlaf.
Wer schlaflos bleibt,
ist selber schuld!

Seiltänzer

Den Tag abgetan,
noch nicht in die Nacht gestiegen,
Seiltänzer auf der Dämmerlinie
zwischen Traum und Wachen,
über abgründigen Schatten,
in die Stürze drohen,
such ich ein Gleichgewicht.

Nicht aus dem Rhythmus der Bewegung fallen,
den Schwerpunkt gefunden haben,
keinen Blick in die Tiefe wagen,
heißt Meisterschaft,
schlafwandlerische.

Domino

Stein neben Stein
unterschieden nach Zahl
und Zahl lehnt sich an Zahl
verschlungene Brücken quer
übers Sortiment –
die brüchige Nachbarschaft.
Ein Stoß nur
schafft Zwischenräume:
erneut allein liegt weitab
Stein von Stein.

Im fallenden Licht
abstreichen die verbrauchten Tage
und sie zählen von weitem
wenn man ausgewandert ist
aus den Wäldern
in denen es lustig war
unter dem Geschwätz des Laubes.

Und jetzt dasitzen
fern vom Gebüsch ungeschützt
vor der Willkür des Windes.
Wen die Nacht gefährdet
der hört auf die Stimmen der dunklen Stunden
und lernt die Sprache der Angst.

Vergessen von den Bäumen
den lebhaften, die sich ausbreiten
doch von Fortbewegung nichts wissen
irrst du über die Ebene dann
und rufst dir zur Gesellschaft
die Sehnsucht, Phantom und Alb.

Der Mistral jagt dir die Berge entgegen
und wirft dir dein morgen vor die Füße.
Das scharfe Licht reißt Felsen aus dem Abend
wo kein Wachstum mehr den Boden hält.

So fällt dir die Zeit aus dem Kalten zu
und drückt dich nieder auf den Weg.
Es schlägt dir den Atem vom Herzen
und nimmt dir die Hoffnung auf Ferne.

Hausgarten

Im Warten auf Ereignisse
reglos an die Mauer gelehnt
die Klagen mir abzählend
vergeß ich die Stunden zu zählen.
Das wohlbestellte Gärtchen
in liebevoll gepflegten Grenzen
und sanfter Ordnung um mich herum
hält still und läßt mich machen.
Erst wenn der Abend dann nach einem langen Tag
im Warten auf Ereignisse
mir seine Röte der Enttäuschung
bis an den Rand der Augen treibt
merk ich daß kräftig das gesunde Kraut
den Weg bedeckt mit Wachsen und Wuchern
wo ich am Ende sitz auf meiner Bank
im Warten auf Ereignisse.

Das weiche Grau der Wolken
bringt Milde ins Licht
und die Tröstungen des Regens
künden sich an.

Der lösende Strom
schwemmt Linderung
in die beißenden Wunden
die die Helle
mit scharfen Klingen schnitt.

So heilt Verletztes
und tröpfelt Erleichterung ein
bis sich
unter bleichen Reflexen
die Wiederkehr des Lichts vollzieht.

Der höhnende Mond,
die spitze Nadel im Samt.
Er weiß vom Licht
und wirft uns
den blassen Widerschein zu.
Selbst seine volle Rundung
gelegentlich
täuscht nur hinweg
über ein Fehlen.

So schmerzhaft ist der Wunsch
nach Helligkeit und Tag,
daß selbst die sanfte Zärtlichkeit
der tröstenden Nacht
nur Reibung schafft.
Doch zündet dann
an lauter Nicht und Sehnen
manchmal ein Sternenfunke
die Fackel in uns
als Ruf nach dem Licht.

Sterne sind Erinnerung
an vertane Möglichkeiten.
Man sieht sie nur nachts.

Manchmal nehmen wir
einen Strahl mit
in unsern Traum
und blättern im Konjunktiv.

Schwerer hebt sich dann
das Licht am Morgen
und wir steigen
beraubt
in den Tag,
um ihn zu verlieren.

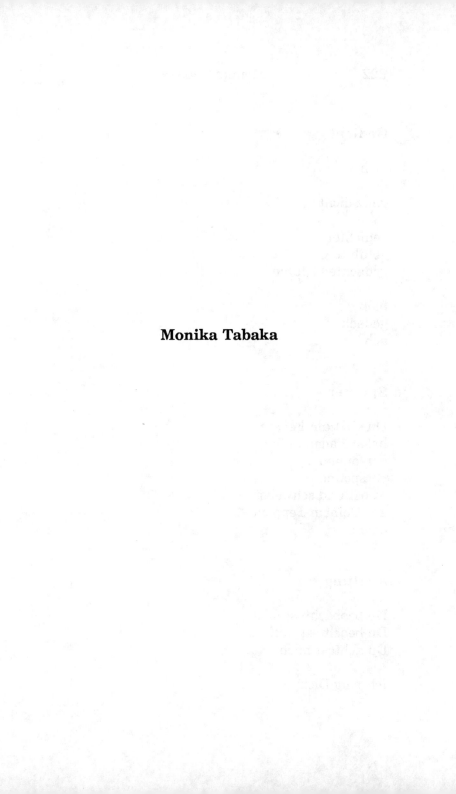

Monika Tabaka

Gedicht

dich
dicht
ganz dicht

gedichtet
gefühlte Gedanken
gedachte Gefühle

bloß
gedacht
ach

Spinner

Du sitzt am Fenster
hebst Fäden auf
versonnen
versponnen
webst und schwebst
auf Deinem Teppich
davon

Achtung

Du beobachtest mich
Du beachtest mich
Du achtest mich

Ich mag Dich

Abendstimmung

Wehklagend der Wind
Talwärts verblutet die Sonne
Waidwunde Welt

Not und Farben verblassen
Schon
funkelt der erste Stern

Schnee

so einsam, kalt & traurig
ich will ihn wärmen
doch er zerrinnt in meiner Hand

Wir haben beide verloren

Wieviel verlierst Du
wenn Du liebst?
Wieviel mehr verlierst Du
wenn Du nicht liebst?

Halte meine Hand
denn ich bin
so einsam, kalt & traurig

Zeichen & Sprache

Ich mag Dich Punkt
Ich Dich auch Komma
vorbei

Mutter unser die Erde

gedemütigt ist Dein Name
Dein Reich geschändet
Dein Wille verhöhnt
Deine schwere Kraft gib uns heute
und begrab Dich in unserer Schuld
wie auch wir vergehen in Deinem Schoß
mit allen Wassern wasche uns
und alle Steine wirf uns in den Weg
daß wir fallen, wachsen und werden können

Denn Dein ist das Reich und die Kraft
und die Weiblichkeit
Hier und Jetzt

Etude

Paris, 31. September 1982. Ich sitze im Louvre vor dem Bild eines jungen Mannes. Jeune homme nu assis au bord de la mer. Unbekleidet auf einem Felsen am Meer. Er hat die Beine an sich herangezogen und seine Stirn auf die Knie gelegt.

Wie er da sitzt: ein Bild der Einheit, des Insichgeschlossenseins, so absolut allein.

Es ist etwas Großartiges und ungemein Trauriges in der Pose dieses Mannes. Gerne würde ich jetzt Deine Hand halten. Weißt Du, wie wir es an dem unsicheren Weg in der Rhön getan haben.

Schön ist es hier. Seit einiger Zeit scheint auch die Sonne.

Immer wieder zieht das Bild mit dem Jüngling meinen Blick auf sich. Weißt Du, all das, was ich empfinde, was ich fühle, liegt in diesem Bild. Es zeigt die ganze Traurigkeit, Einsamkeit, Hoffnungslosigkeit, Verzweiflung, vielleicht Sinnlosigkeit eines Menschen.

Und es zeigt soviel Ruhe, Ausgeglichenheit, Losgelöstheit, Verbundenheit, soviel Leben, soviel Sinnlichkeit.

Ich stelle mir vor, diesen Menschen zu berühren. Ganz zart. Zunächst am Nacken, dort, wo der Haaransatz ist. Er wird aus seiner Versenkung erwachen und mich verwundert anschauen. Ich werde lächeln und ihn offen und ehrlich und ernst anschauen. Und unsere Blicke werden einander standhalten. Wir werden uns anschauen, unentwegt anschauen.

Keine Worte sind notwendig, um das zu sagen, was wir uns zu sagen haben. Wir haben uns viel zu sagen. All die Erlebnisse und Erfahrungen. All die Wünsche und Hoffnungen. Wir haben uns so viel zu sagen. Wir brauchen keine Worte. Noch nicht.

Mein Gefühl hat noch keinen Namen. Es ist groß und stark. Ich fühle mich. Ich fühle mich groß und stark. Unsere Fingerspitzen berühren sich. Zärtlichkeit. Verlangen. Ich fühle mich nicht mehr groß und stark. Ich möchte mich anlehnen, möchte Geborgenheit.

Für diese Geborgenheit will ich mich nicht zurückziehen in eine Höhle oder ein Haus. Ich könnte die Enge nicht ertragen. Ich will die Geborgenheit erleben hier oben bei Dir.

Felsen, Wasser, Luft sind Zeugen, sind Ursache, sind Lebensraum. Wellen der Zärtlichkeit und Ergebenheit, der Erhabenheit und Hingabe überfluten uns. Nichts anderes ist wichtig. Nur Du und ich. Du und ich. Nur Du und ich. Alles um uns herum zerfließt. Wir sind Fels. Wir sind Wasser. Wir sind Luft. Für eine Sekunde oder eine Ewigkeit. Du und ich. Ich.

Ich nehme die Welt um mich herum wieder wahr. Das Knarren der Dielen unter den Turnschuhen der Touristen. Das Fenster und das Stimmengewirr. Den Blick des Aufsehers.

Wenn ich jetzt zu dem Bild aufschaue, zu dem Jüngling, zu dem Geliebten, dann hat er wieder trotzig die Arme vor den Knien verschränkt, dann versteckt er seine Traurigkeit hinter dem Schatten seiner Schultern.

Hildegard Weiser

Der Hugenot
(aus dem Novellen-Band
Erdnersdorfer Geschichten)

Es dunkelte schon stark. Ein feuchter Brodem stieg aus den Wiesen auf, als die große Reisekutsche endlich den Kiefernwald verließ. Der Kutscher, der vom hohen Kutschbock aus das Vierergespann lenkte, atmete auf. Es war unheimlich in diesen Wäldern, die kein Ende zu nehmen schienen, und in denen ihnen kein Mensch begegnet war.

Die Wege in diesem kurbrandenburgischen Gebiet waren schlecht. Die Räder der ungefügen Kutsche mahlten im losen knirschenden Sand. Die müden Pferde mußten sich mächtig in die Riemen legen, um sie vorwärts zu bringen.

Besorgt blickte der Kutscher über das ebene Land, das vor ihnen lag. Wiesen, dazwischen Buschwerk, nirgends eine menschliche Siedlung, kein Haus, keine Hütte.

In diesem Augenblick der Unachtsamkeit geschah das Unglück. Es gab einen Ruck, die Räder sanken noch tiefer in den Sand, der Wagen ächzte in den Riemen.

Von dem unsanften Stoß erwachten die Insassen des Wagens. Ein weißhaariger Kopf lugte besorgt durch den hochgeschobenen Ledervorhang des Fensterloches.

Der Wagen schwankte noch um die Ecke, an der ein großer Steinhaufen umfahren werden mußte. Das war mit dem Doppelgespann schwierig. Eines der Hinterräder kam den Steinen zu nahe. Es hielt den Anprall nicht mehr aus, obwohl dieser verhältnismäßig sanft ausfiel. Langsam und ächzend legte sich der schwere Wagen auf die Seite. Der Steinhaufen verhütete ein völliges Umkippen, so daß die Reisenden noch glimpflich davonkamen. Die Pferde an solcherlei Mühsal gewöhnt, blieben sofort stehen. Trotzdem verwirrten sich die Stränge des Geschirrs.

Der Kutscher sprang fluchend vom Bock. Der Alte blickte noch immer wie gebannt aus dem Fenster auf die Steine, ehe er den Kopf zurückzog und man ihn im Wagen berichten hörte.

Der andere Reisende mochte geschlafen haben. Es dauerte eine Weile ehe er sich zurecht fand. Dann lüftete eine Hand, im weißen ledernen Stulpenhandschuh, erneut den Fenstervorhang. Der Kutscher hatte sich inzwischen den Schaden angesehen. Er trat jetzt näher und berichtete.

„Es ist wieder das rechte Hinterrad, gnädiger Herr. Es läßt sich nicht mehr flicken. Wird Zeit, daß wir eine Rast einlegen. Der Wagen braucht neue Räder."

Die Wagentür wurde von innen aufgestoßen. Ein junger Herr sprang heraus, ehe der Kutscher die Zweistufentreppe herabklappen konnte. Der Herr reckte seine Glieder.

„Ach Ariste, sind wir nicht bald in Berlin? Wie lange fahren wir noch durch diesen Urwald? Ich kann kaum noch sitzen."

Während er stöhnte, versuchte der Kutscher einen derben Baumstamm an die Stelle des zerbrochenen Rades zu schieben. Aber er schaffte es nicht. In dem losen Sand sank die Kutsche nur tiefer ein.

„He Rodolphe", rief der junge Herr. „Was mühst du dich, warte doch. Mit einem Notbehelf kommen wir nicht weiter."

Der Kutscher hielt mit seinem Bemühen inne. Man merkte ihm seine Erschöpfung an. Er trat zu den Pferden und versuchte sie aus dem verwirrten Geschirr zu lösen. Dabei sprach er auf sie beruhigend ein.

„Nicht mal Wasser ist für euch da, aber es hilft nichts, wir müssen durchhalten. Einmal nehmen ja alle Wege ein Ende."

„Ja", stöhnte der Alte. Eine reichbestickte Livree wies ihn als Diener aus. Er trat zu dem Kutscher. „Wir fahren und fahren nun schon tagelang durch den Wald. Die Wege werden immer schlechter. Es gibt kein

Wasser und finden wir mal einen Tümpel, dann haben
sich Wildschweine in ihm gesuhlt und das Wasser ist
zu Schlamm geworden. Menschen scheinen hier nicht
zu leben. Ich glaube wir sind in einem Niemandsland
gelandet."
Indessen war der junge Herr den Weg ein Stück hin-
geschritten. Jetzt rief er seine Begleiter mit lebhaften
Gebärden zu sich. „Seht her, Ariste, Rodolphe, dort
muß ein Dorf liegen. Ich erkenne, trotz der Dämmerung, eine Kirchturmspitze. Riecht es nicht nach
Rauch?"
Der Kutscher lachte und schlug die Hände zusammen.
„Wahrhaftig, Herr Graf, ein Dorf... in dieser Einöde
eine Seltenheit. Ich laufe sogleich hin und hole Hilfe."
Der Herr zögerte, dann sah er zurück zu dem schief
liegenden Wagen, zu den müden Pferden. Er blickte
den alten Ariste an, der zurückgegangen war und sich
an einer Reisetasche zu schaffen machte. Er spähte
mißtrauisch zu den Büschen, die das Dorf verbargen.
Endlich meinte er überlegend, „gut Rodolphe, aber du
gehst zu Fuß. Wir können es nicht riskieren uns mit
den Pferden zu zeigen. Sprich deutsch, wenn es dir
auch schwerfällt. Warte... hier nimm mein Pistol mit."
Er schnallte die ungefüge Waffe von der Hüfte. „Wenn
etwas nicht stimmt, dann schieße, so du kannst, einmal in die Luft. Es ist uns ein Zeichen. Und", er klopfte
dem Mann auf die Schulter, „sei vorsichtig." Rodolphe
war gerührt über die Sorge des Herrn. Er steckte die
Waffe unter seinen weiten Mantel. Dann machte er
sich querfeldein auf den Weg.
Inzwischen hatte Ariste Brot auf einen Teller gelegt.
Das bot er seinem Herrn an. Der brach es in zwei
Hälften.
„Iß auch, Ariste. Wir hätten auch Rodolphe erst essen
lassen sollen. Hoffentlich kommt er bald zurück." Er
war besorgt.

„Haben wir noch Hafer für die Pferde?"
„Es ist besser, Herr Graf, sie bleiben hungrig, dann
gehen sie leichter vom Fleck. Hoffentlich bekommen
sie einen Stall." Sie setzten sich beide auf die Wagen-
treppe und horchten angespannt in die Ferne.
„Hoffentlich gibt es in dem Buschnest einen Gasthof
und einen Stellmacher", sinnierte der Alte.
„Ach, Ariste, du hast den ganzen Nachmittag geschlafen, wenn ich doch einmal auch so traumlos und tief in
Schlaf sinken könnte."
„Herr, Ihr solltet nicht so viel grübeln. Ihr müßt vergessen. Wir sind in Sicherheit. Ihr seid jung, das
Leben liegt vor Euch. Der Wirt, der uns am Morgen
den Weg wies, meinte die Stadt sei nicht allzuweit.
Auch gebe es im Lande überall gastfreundliche Guts-
höfe, wo wir Quartier finden könnten. Die Gegend sei
ganz sicher. Der Kurfürst von Brandenburg sei ein
strenger Herr, der Räuber nicht dulde... nur seine
Straßen sind miserabel..."
„Ich glaube, wir sind an der Kreuzung falsch abgebo-
ten. Wir hätten nicht in den Wald einfahren sollen."
Der junge Mann vergrub den Kopf in seinen Händen.
Plötzlich fuhr er hoch, sprang auf die Füße und beugte
sich zu dem Alten nieder. Er flüsterte: „Ich sah sie
wieder. Alle beide. Catherine und den Pfarrer, so wie
damals, als wir aus der Abendandacht kamen." Er trat
erregt zurück, flüsterte aber weiter.
„Der Pfarrer hilft der Schwester aus dem Umhang...
Ich sehe sie im Saal stehen. Plötzlich tauchen die Verruchten auf. Sie brüllen, nieder mit den Glaubensfein-
den. Der große Kerl stößt einen Dolch in der Schwester
Brust. Dem Pfarrer schlagen sie den Schädel ein...
Stünde nicht Berniere vor mir und verdeckte mich, so
wäre ich auch tot, tot wie die anderen. Wäre ohne
Kummer und Leid und müßte nicht in fremden Ländern herumirren."

Er wandte sich ab.

Auch Ariste war aufgestanden. Er redete mit leiser Stimme auf seinen Herrn ein. „Warum quält Ihr Euch so. Es ist vorbei. Wir können an dem Geschehen nichts mehr ändern. Man muß lernen, Unglück zu ertragen. Die Gräfin starb so rasch, der Tod war für sie eine Gnade. Er entzog sie dem entsetzlichen Wüten, welches andere Glaubensbrüder erdulden mußten."

„Wenn ich still im Wagen sitze, dann halte ich sie wieder im Arm. Das Blut rinnt aus ihrem entblößten Busen. Ich trage sie zu unserer Gruft. Nicht einmal in ein Laken konnten wir sie hüllen. Es ging alles so schnell. So liegt sie nun auf dem zinnernen Sarg eines Urahns und der gute Pfarrer auf dem Totenbrett", klagte der Erregte leise vor sich hin.

Ariste unterbrach ihn: „Es war Gottes Güte, die uns den Einfall gab, dorthin zu fliehen. So entgingen wir den Verruchten." Er schwieg erschöpft. Schon oft tröstete er seinen Herrn. Doch dann fuhr er fort: „Denkt lieber daran, daß euer Freund Berniere uns sicher über die Grenze brachte. Ihr besitzt die Kutsche und die vier Pferde. Ihr habt Werte gerettet und braucht nicht, wie so viele der anderen Glaubensbrüder, als Bettler im fremden Land dastehen."

„Und ich habe euch, dich Ariste und Rodolphe", rief der junge Graf impulsiv und zog den Alten an seine Brust. Er versuchte sich zu fassen. „Die Zeit wird mir helfen, die schrecklichen Bilder zu vergessen". Er horchte in die Nacht hinaus.

„Es ist nichts, Herr", beschwichtigte ihn der Diener.

„Doch, horche mal. Ich höre Schritte, Rodolphe bringt uns Hilfe. Vielleicht bekommen wir heute noch eine warme Mahlzeit und ein Bett. Die letzten Herbergen haben uns nicht verwöhnt."

Jetzt hörte man deutlich Stimmen und sich nähernde Tritte. Auch die Pferde hoben die Köpfe. Sie hörten herankommende Artgenossen.

„Ah, da sind ja die Reisenden", rief eine angenehme Männerstimme in französischer Sprache.

Der Vicomte trat rasch aus dem Schatten der Bäume. Als sich die Herren gegenüberstanden, erkannte man, sie waren gleich groß, nur wirkte der herbeigeeilte Helfer durch seine Breite und Fülle weit mächtiger wie der schlanke Franzose.

„Willkommen auf Brederkow", tönte eine laute sonore Stimme. Unwillkürlich trat der Graf einen Schritt zurück. Es half ihm nichts. Der große Mann, der durchaus sympathisch wirkte, klopfte dem Jüngeren eine tüchtige Wolke Staub aus dem Rock. Dabei sagte er: „Wir haben hier so selten Gäste und sind daher über jede Reisekutsche erfreut, der ein Rad bricht und sie nur noch auf drei Rädern steht." Das wurde so herzlich gesagt, daß es den Reisenden leichter ums Herz wurde.

Doch der Vicomte dämpfte die Freude des Herrn und erwiderte diesem sofort aufklärend: „Flüchtige bitten um Hilfe und Quartier. Wir sind schon lange unterwegs. Wir kommen aus der Gegend von Chaumont, da leidet der beste Wagen."

„Besonders auf unseren Sandwegen. Ihr seid von der rechten Straße wohl abgekommen... zu unserem Glück, denn so verschafft es uns Abwechslung, und zu eurem Glück erspart es euch den Aufenthalt in überfüllten Gasthöfen." Er stellte sich vor.

„Man nennt mich zwar den Brederkower Herrn, aber ich bin der Herr von Erdnersdorf. Ich habe auf Brederkow eingeheiratet. Sie haben von mir sicherlich schon gehört, ich bin ein unverbesserlicher Pferdenarr. Das sind alle meiner Sippe, die im Schlesischen sitzt." Er lachte dröhnend und liebelte die Köpfe der Pferde, welche die von ihm mitgebrachten Männer ausgespannt hatten.

„Aber da ich annehme einen flüchtigen Glaubensbruder zu begrüßen, so seien sie mir doppelt willkommen."
„Von meinem Geschlecht bin ich als der letzte Malslin übrig geblieben. Von meiner Dienerschaft nur der treue Ariste und der tüchtige Rodolphe, den sie schon kennen gelernt haben. Von meinem Stall besitze ich nur noch die vier Pferde hier."
Die Männer schüttelten sich die Hände.
Inzwischen hatten die Männer die mitgebrachten kräftigen Kaltblüter eingespannt. Jetzt hoben die kräftigen Männer die schwere Kutsche aus dem Sand, als wäre es nur ein leichtes Wägelchen. Dann setzten sie eine feste Stange, die sie mitgebracht hatten an die Stelle des zerbrochenen Rades. Mit Hüh und Hott zogen die Pferde an. Der Wagen setzte sich langsam in Bewegung. Ariste war rasch in das Innere der Kutsche geschlüpft, denn er wollte das Eigentum seines Herrn nicht unbeaufsichtigt lassen. „Schöne Rösser", lobte der Gutsherr und faßte nach dem Halfter des vorderen Paares. Rodolphe ergriff die Zügel der anderen beiden Pferde.
„Ich kenne den Schlag von Spanien her... der schlanke Hals... die gebogene Nase... unverkennbar."
„Als Reittiere sind sie angebrachter wie vor einer Kutsche, aber auch da bewähren sie sich. Sie sollen sich auch im Kampf bewähren, den Reiter schützen und den Gegner zu vernichten helfen. Ich besaß noch ein Rappenpaar, auch sehr schöne Tiere. Doch konnten wir auf der langen Reise so viele Mäuler nicht füttern. Ich mußte sie abgeben."
Während sie so redeten, stolperten sie über ein Wiesenstück, indeß der Wagen einen Umweg auf einer Landstraße zurücklegte. Nach einer knappen Viertelstunde standen sie vor einem breit hingelagerten Herrenhaus. In der Dunkelheit, die sich inzwischen

ausgebreitet hatte, erahnte man die Umrisse des Hauses nur schlecht.

Der Vicomte de Malslin war erschöpft. Er erklomm mühsam die Stufen bis zur Haustür. Endlich befanden sich die beiden Herren in der geräumigen Diele. Als sie nach dem reichlichen Mahl am Kamin saßen, war Malslin wieder hellwach. Nun kamen die Umstände zur Sprache, die ihn in diese Gegend verschlagen hatten.

„Wir hörten hier viel Schreckliches... es sollen viele eurer Landsleute auf dem Weg zu unserem Landesherrn sein. Manche wollen in seine Dienste treten. Das ist gut, tüchtige Offiziere, fleißige Handwerker und geschickte Kaufleute zieht er gern ins Land. Doch ihr werdet eilen müssen, wenn ihr einen guten Posten erringen wollt."

Der Hausherr wollte nicht direkt fragen, aber doch gern wissen, was der Gast vorhatte. Der zögerte, fand aber, es sei gut, wenn der freundliche Gutsherr wisse, was er vorhabe. So erzählte er.

„Ich bin weder ein Kriegsmann noch ein Diplomat, kein Kaufmann und kein Handwerker. Ich studierte einige Jahre in Paris, weil das in unserem Stand so Mode war. Danach verwaltete ich unsere Güter. Nun weiß ich nicht recht, was ich anfangen soll. Auch habe ich mich auf der Reise versäumt. Mein Freund und Retter, der mich begleitete, erkrankte und starb."

Malslin berichtete stockend und darauf bedacht seine Gefühle zu beherrschen. Doch der Erdnersdorfer wollte mehr wissen. Schließlich erzählte er.

„Für einen Menschen, der sein Vaterland verlassen muß und dabei Hab und Gut verliert, ist die Umstellung sicher schwierig. Mir ging es ähnlich. Auch ich verlor die Heimat, aber ich mußte nicht fliehen. Mein Leben war nicht bedroht. Ich habe nichts verloren. Ich bin ein nachgeborener Sohn. Eigentlich war ich für den Soldatenstand bestimmt. Das ist bei uns Tradition. Sie kennen das sicherlich. Doch das wollte ich nicht. In Wien hat ein mittelloser Junker keine Aussicht etwas zu werden. Lieber wollte ich versuchen auf gepachtetem Grund als Landwirt zu arbeiten. So versuchte ich mein Glück in diesem Land. Ich fand auch Arbeit, die mir gefiel. Doch dann erheiratete ich Brederkow." Er lachte wieder dröhnend.

Schließlich blickte er seinen Gast an und erklärte beinahe bittend: „Ich hoffe, sie haben keinen bestimmten Plan und werden einige Zeit mein Gast sein. Die Herbstjagden stehen an, und auch im Winter braucht man sich hier nicht zu langweilen. Dann werden Feste gefeiert. Die Menschen hier sind gern fröhlich. Hier ist es nie trübsinnig. Dann beginnen die Arbeiten im Wald und in den Scheunen. Im Haus ist es gemütlich warm. Und wenn der Frost kommt, kann man auch auf die Pirsch gehen. In der Stadt sind die Gasthäuser überfüllt, während ein Gutshaus Bequemlichkeit bietet. Wir haben freundliche Nachbarn, der Einladungen sind viele.

Meine Frau und meine Tochter kommen morgen von einer Besuchsreise zurück. Sie werden erfreut sein, einen Gast zu begrüßen."

Er erhob sich und läutete. Sogleich erschien ein Diener mit einem dreiarmigen Leuchter, bereit den Gast auf sein Zimmer zu führen.

Es war dies ein niedriger Raum, in dem sich Theophile de Malslin nun umsah. Seine Reisetasche war ausgepackt worden. Ariste stand bereit dem Herrn beim Entkleiden zu helfen. Er hatte den Herrn im Vorzimmer erwartet.

Der Vicomte schalt, er sollte längst schlafen. Er setzte sich, als der Alte gegangen, auf die Truhe, die neben dem Bett stand. Dieser eisenbeschlagene Kasten war sein. Sie enthielt die Habe, die er durch Zufall – oder

Gottes Güte – gerettet hatte. Ariste mußte sie stets neben des Herrn Bett stellen.

Malslin stützte die Ellenbogen auf die Knie und starrte versonnen ins Kerzenlicht. Sein Gastgeber gefiel ihm. Er würde die freundliche Einladung annehmen. Die Kutsche mußte repariert werden, die Diener und die Pferde brauchten Ruhe, eine Erholungszeit. Über seine Zukunft machte er sich keine Gedanken. Es war die Vergangenheit, die ihn nicht losließ. Sein Freund Erneste Berniere hatte die Fanatiker aus dem Haus gejagt. Er war es, der den Dienern befahl, die Leichen aufzunehmen und hinwegzubringen. Er zog den halbbesinnungslosen Theophile mit sich. Wenn man ihm, dem Katholiken, im Augenblick auch gehorchte, so war doch anzunehmen, daß die aufgehetzten Horden zurückkehren würden, um zu plündern.

Im Park standen sie eine Weile ratlos da. Berniere gab endlich dem Freund einen Stoß, der diesen zu sich brachte.

„Wohin Philo, rasch entscheide dich. Wir müssen fort. Man wird mir nicht verzeihen, daß ich dich ihrer Rache entzog... Pferde, Rodolphe, einen Wagen, Ariste. Vielleicht können wir noch einige Werte retten, eilt... fort... rasch!"

Die Diener stoben davon. Die Freunde standen an der rückwärtigen Seite der malslimschen Gruft. Die Ermordeten hatten die Diener ins Gras gelegt. Die Gruft war eigentlich nur vom Friedhof aus zu erreichen. Dort schmückte ein pompöses Grabmal den Eingang und eine schwere bronzene Tür. Irgendeine der malslinschen Frauen ließ einst an der rückwärtigen Front eine Pforte anbringen, um vom Park aus unbeobachtet die Ruhestätte ihrer Lieben besuchen zu können.

Malslin strich sich mit der Hand über die Augen. Hörte er recht? Aus der Ferne drang Lärm bis zu ihnen. Berniere war halb von Sinnen vor Schreck und

drängte nochmals zur Eile. Er trat die morsche Holz-
pforte ein. Dann raffte er die Leiche Catharines auf
und trug sie in das Gewölbe. Vom Mond her drang fah-
les Licht in die Gruft. Vorsichtig legte er das Mädchen
auf den ihm zunächst stehenden Zinnsarg. Danach
holte er den Pfarrer und legte ihn auf das Totenbrett,
das über zwei hölzernen Böcken lag.
Malslin war ihm nachgetaumelt. Als er gegen die alte
Truhe stieß, ließ er sich niedersinken. Plötzlich erinnerte er sich daran, daß ihn sein Vater vor knapp
zwei Jahren aus Paris zurückrief, um ihm das Geheimnis anzuvertrauen, welches diese Kiste barg. Der
Vater lag krank und hatte sich selbst aufgegeben.
Malslin meinte die brüchige Stimme zu hören, die damals zu ihm gesprochen hatte:
„Theophile, du bist der letzte Malslin, denn ich werde
bald nicht mehr sein. Du bist zwar noch jung und
denkst wenig an die Zukunft. Doch die Zeiten sind
unsicher. Deshalb packte ich alle Wertgegenstände in
eine unansehnliche Kiste, die verschließbar ist. Hier
ist der Schlüssel. Niemand wird Werte in der Truhe
vermuten. Auch du sollst diese nur in der Not dem
Kasten entnehmen. Ist solche nicht gegeben, so lasse
sie an ihrem Platz stehen und gib das Geheimnis an
deinen Sohn weiter. Es ist Kriegsgut und Heiratsgut,
daß seit vielen Generationen den Malslins gehört. Die
Truhe steht neben der Tür in unserer Gruft.“
Daß dies stimmte, erfuhr der junge Malslin, als man
den Sarg seines Vaters in der Gruft aufstellte.
Jetzt hockte er auf dieser Truhe. Wieder meinte er,
den Vater reden hören: „Diese Schätze verwende nie
für unnötigen Luxus, nur in der Not ist dir erlaubt sie
zu veräußern. Und merke dir, mein Sohn, versuche
immer auf dem Land zu bleiben, bearbeite den Boden,
der allein die Menschen erhält. Laß die Unsinnigen
Kriege führen.“ –

Malslin seufzte tief. Er wußte, er mußte die Truhe mitnehmen, auch wenn er – wie er glaubte – sein Haus nur vorübergehend verließ. Noch begriff er das Ausmaß seines Unglücks nicht. Er vernahm das stoßweise Weinen seines Freundes, der zusammengebrochen neben dem Sarkophag kniete, auf dem seine Schwester lag. Berniere hielt die herabhängende Hand der Ermordeten in seiner Hand.
Plötzlich traten Rodolphe und Ariste in das Gewölbe. Sie meldeten die Dienerschaft sei geflohen. Im Nachbarort machten die Katholiken zur Zeit Jagd auf die Hugenotten. Sie wüteten fürchterlich. Die Reisekutsche stehe am Parktor, der Viererzug sei eingespannt, das Doppelgespann der Rappen sei angekoppelt. Ariste zitterte vor Aufregung. Er trug eine Reisetasche und Decken und blickte sich verstört in dem Gewölbe um. Als er die Leichen sah, stürzte er laut weinend davon.
Das brachte Berniere zu sich. Er erhob sich. Sein Gesicht war vom Schmerz gezeichnet. Er strich die Haare zurück und taumelte. Doch dann fing er sich.
„Kommt", rief er mit harter Stimme und trat ins Freie.
„Meine Truhe", rief Malslin.
Rodolphe, gewöhnt dem Herrn zu gehorchen, auch wenn er nicht wußte, warum die alte schäbige Kiste mitgenommen werden solle, ergriff diese und schleppte sie mit zur Kutsche.
Berniere stieß die Tür zu und wälzte einen Stein davor. Malslin schob die Büsche zurecht, dann liefen sie los. Inzwischen war die alte Dienerin Louise zurückgekehrt. Sie schleppte einen Korb mit Lebensmitteln herbei, den Rodolphe im Wagen verstaute.
Ariste war nochmals ins Haus gelaufen. Er kam keuchend zurück, den Arm voll Kleider seines Herrn. Das Pistol und den Degen hatte er sich um den Hals gehangen. Er warf die Kleider über die Truhe und

reichte Malslin die Waffen. In der Ferne loderten
Flammen auf.
Rodolphe erklomm den Kutscherbock, Ariste setzte
sich auf einen der Rappen. Berniere zog Louise in den
Wagen und drängte den Freund einzusteigen. Fort
ging die Fahrt in rasender Eile.
„Wo willst du aussteigen?" fragte Berniere die Alte.
Sie besaß im nächsten Dorf eine verheiratete Schwester. An der alten Steineiche stieg sie aus. Sie gehörte
der römischen Kirche an und mußte sich nicht fürchten.
Als die Pferde durch die Allee jagten, sah sich Berniere
nochmals um. Klagend entfuhr ihm der Name Catharine. Da erkannte Malslin, daß das plötzliche Erschei-
nen des Freundes nicht ihm, sondern seiner Schwestern gegolten hatte. Trotzdem war es Erneste Berniere, einer der treuesten Katholiken des Distriktes, der
sich nun voll für die Rettung seines protestantischen
Jugendfreundes einsetzte. Jedesmal, wenn der Wagen angehalten wurde, beugte er sich lachend aus dem
Fenster und rief anscheinend fröhlich: „Platz, meine
Herren, der Berniere geht auf die Hochzeitsreise."
Man ließ ihn winkend weiterfahren, wenn die Stimme
Bernieres auch immer schriller klang.
So kamen sie ungehindert aus dem Land. Als sie die
Grenze nach Holland erreichten, ließ Malslin anhal-
ten, um den Freund zu verabschieden. „Nimm die
Rappen und kehre zurück." Aber Berniere schüttelte
den Kopf.
„Du mußt mich weiterhin mitnehmen, sie haben
längst erkannt, wer dich rettete und durch die Posten
brachte." Aber damit war seine Kraft vergangen. Er
saß stumm in seiner Ecke. Es blieb Malslin nichts
übrig, als fortan das Kommando zu übernehmen. Sie
gerieten bald in den Strom der Flüchtlinge. Es wurde
immer schwerer, ein Nachtquartier zu finden. Zuerst

nahmen die Einheimischen die Flüchtenden noch
mitleidig auf. Doch diese Empfindung legte sich bald.
Man versuchte aus den Entkommenen so viel als möglich herauszuholen. Wer nichts besaß war übel dran.
In einem kleinen Gasthof blieb Malslin mit den Seinen
hängen. Hier brach Berniere zusammen. Malslin
hatte keine Zeit mehr nachzudenken. Er pflegte den
Freund aufopfernd, doch diesem fehlte der Wille und
damit die Kraft zum Leben.
Als Malslin an das bescheidene Grab des Freundes
trat, begriff er das volle Ausmaß seines Unglückes.
Doch noch war er beschäftigt und verdrängte das
Schreckliche. Nur hin und wieder beunruhigten ihn
des Nachts die grauenvollen Erlebnisse.
Er ließ für den Freund eine Grabtafel anfertigen, die
Kutsche von den Handwerkern in Ordnung bringen.
Auf Rodolphes Drängen verkaufte er die Rappen und
sogar günstig. Auch kamen sie in gute Hände ... und
er zu Geld, welches er dringend brauchte. Der Gast-
wirt, bei dem er wohnte, wurde immer unwilliger,
obwohl er an ihnen gut verdiente. Das Essen sowie die
Bedienung wurden täglich schlechter.
Als eines Tages andere Flüchtlinge mit Wagen voller
Frauen und Kindern auftauchten, ließ Malslin an-
spannen und schloß sich diesem Treck an. Doch die
enge Gemeinschaft mit den Fremden wurde er bald
leid. Er trennte sich von ihnen, die eilig nach Berlin
strebten. Sie fuhren langsamer weiter und rasteten
oft. Wenn Malslin nun allein neben dem schlafenden
Ariste saß, kehrten die Erinnerungen zurück. Sie
quälten ihn sehr. Er wäre am liebsten umgekehrt.
Die Stadt Berlin war nicht sein Ziel. Er wollte Land
erwerben. Wenn er diesen Wunsch überdachte, frö-
stelte es ihn. Er befand sich in der Fremde, wie sollte
er mit den Leuten auskommen, wenn er ihre Sprache
nicht verstand ... diese merkwürdige Sprache. Dann

versank er in Träumereien. Er saß das Schloß seiner
Väter, die grünen Wiesen, die reifenden Felder. Er
summte die Liedchen, welche die Mädchen sangen,
wenn sie das Gras wendeten, damit die Sonne es
trocknete. Wachte er zur Gegenwart auf, mußte er
sich sagen, nichts ist mehr mein. Dann sah er trübe in
die Welt.

Malslin erhob sich von seiner Truhe und schüttelte die
Erinnerungen ab. Er trat an das kleine Fenster des
Gastzimmers. Ein dichter Nebel verhüllte das Land.
Hastig wandte er sich zurück. Undurchsichtig ist
meine Zukunft, Nebel verhüllt sie mir, flüsterte er. Er
beugte sich zu seiner Truhe nieder, um sich an seinem
Noterbe zu ergötzen ... und Kraft zu holen.

Materielle Sorgen hatte er nicht. Da schimmerten edle
Metalle und wertvolle Steine... Ihm wurde leichter
ums Herz. Er würde sich ein Gut erwerben ... ein be-
scheidenes. Nur wo? Er mußte endlich seßhaft werden.

Der Gedanke fesselte ihn so, daß er laut zu sich selber
sprach: „Land muß ich mir erwerben, gute Erde, vielleicht kann ich dann vergessen und einen Neubeginn
wagen." Er schlug den Deckel zu und verschloß seinen
Schatz.

Einige heiße Ziegelsteine hatten das Bett angenehm
durchwärmt. Das tat seinen müden Gliedern wohl. Er
streckte sich lang aus und fühlte sich geborgen, wie
schon lange nicht mehr.

Der Hausherr ist ein guter Mensch, wenn er auch ein
schauderhaftes französisch spricht, dachte er. Dann
schalt er sich aus, du bist zu empfindlich, Theophile,
du mußt das Leben nehmen, wie es sich bietet. Du...
Doch da war er eingeschlafen. In dieser Nacht quälte
ihn kein böser Traum. Er schlief tief und fest bis zum
Mittag des neuen Tages.

Erst als ihn Ariste weckte, schreckte er auf. Der alte
Diener hatte ebenfalls länger als sonst geruht. Er sah
jetzt weniger hinfällig aus wie am Vortag. Er hatte die
Sachen seines Herrn gereinigt, den Staub der Landstraße ausgeklopft und ein frisches Spitzenjabot zu-
rechtgelegt und für einen Krug mit warmen Wasser
gesorgt, sowie Essenzen und Parfüm bereitgestellt.
Auch wußte er einiges zu berichten. Während er das
Haar seines Herrn strählte und puderte, plauderte er.
Ein schönes Gut, Wald und Wiesen, fetter Ackerbo-
den, guter Stallbestand.
„Unseren Pferden geht es gut, Rodolphe schläft in
einer Kammer über dem Stall. Er fand einen Stellmacher im Dorf, der sich um unsere Kutsche küm-
mert. Aber es wird einige Tage dauern, bis sie in
Ordnung gebracht ist. Die gnädige Frau Baronin ist
zurückgekehrt, eine stattliche Dame. Man erwartet
den Herrn Vicomte zum Mittagessen.
Malslin erhob sich aus dem bequemen Fautieul und
tauchte die Hände nochmals ins Wasser, dann par-
fümierte ihn Ariste und half ihm das Jabot umzubin-
den. Zuletzt fuhr er in den hellblauen Samtrock.
Nun stand er da, ein junger Mann von Welt. Seine
Augen hatten die gleiche Farbe wie sein Rock. Es war
heller Tag. Die Sonne hatte den Nebel vertrieben.
Durch das geöffnete Fenster wehte eine laue Luft ins
Zimmer. Malslin verspürte ein angenehmes Hunger-
gefühl. Alle bösen Erinnerungen waren verblaßt, er
war gar nicht mehr so gefühlsselig wie in der vergangenen Nacht. Er schritt zur Tür und öffnete sie mit
Schwung.
In dem Augenblick kamen zwei junge Pointer den Flur
entlang getobt. Sie stürmten an ihm vorbei ins Zimmer. Malslin war nicht nur ein Pferdeliebhaber, er
mochte auch Hunde, vor allem, wenn sie von guter
Rasse waren. Er beugte sich zu den Tieren nieder. Sie

gingen nur allzugern auf seine Neckereien ein. Es begann eine fröhliche Balgerei. So beschäftigt bemerkte
er das Fräulein nicht, das hinter den Hunden herge-
laufen war und nun verdutzt dem Spiel zusah.
Endlich wurde Malslin auf sie aufmerksam. Er räus-
perte sich verlegen, richtete sich auf und starrte das
Mädchen an. Seit seiner Schwester grausamen Tod,
war er allen weiblichen Wesen aus dem Weg gegangen. Nicht, daß er ihnen feind war, er konnte es nur
nicht ertragen, den modisch tiefen Ausschnitt anzuse-
hen..., ohne daß er Blut über den Busenansatz fließen
sah.
Die junge Dame, die im flirrenden Sonnenlicht vor
ihm stand, trug ein hochgeschlossenes Kleid. Zarte
Spitzenrüschen kräuselten um den Hals. Sie sah einer
französischen Dame überhaupt nicht ähnlich, trotzdem erkannte man die Dame von Stand in ihr. Malslin
meinte sogar, sie sei ein Phantom, gerade aus einem
alten Wandbild getreten. Ihr Anblick tat ihm nicht
weh.
Er vermutete endlich zu recht, sie sei die Tochter des
Hauses. Er verbeugte sich tief. Er hatte seinem Gastgeber eine erwachsene Tochter nicht zugetraut. Beinahe tröstete es ihn, daß sie aussah, als sei sie einem
Kloster versprochen. Doch erinnerte er sich gleichzeitig daran, daß er in einem lutherischen Haus zu Gast
sei. Von einem Kloster konnte also nicht die Rede sein.
Er rettete sich aus der Situation, indem er mehrmals
murmelte „pardon Mademoiselle, pardon."
„Ich muß mich entschuldigen, wegen der beiden Strol-
che hier", erklärte das Mädchen. Sie besaß eine angenehme tiefe Stimme, sprach aber langsam und unsicher in der ihr anscheinend ungeläufigen fremden
Sprache. Gleich darauf wies sie die Hunde auf gut
deutsch lautstark zurecht.
„Werdet ihr endlich Ruhe geben, ihr Halunken!"

Sie lachte dabei fröhlich und trieb sie aus dem Gastzimmer. Dann wandte sie sich an den Gast.
„Ich soll sie zum Mittagessen abholen." Dabei versank sie in einen komischen halben Knix. Man erkannte nicht, war das Höflichkeit oder Spott.
„Ich heiße Babette. Kommen sie mit, Mutter mag keine Unpünktlichkeiten. Und auch nicht, wenn man mit den Hunden tobt!"
Sie lachte in sein verdutztes Gesicht, als er sich zu den Hunden neigte, um zu verhindern, daß sie wieder das Zimmer stürmten. „Sie brauchen sich um Brink und Breck nicht zu kümmern oder sie auf den Arm zu nehmen, sie können selber laufen. Mutter sieht es nicht gern, wenn man sie verzärtelt."
Endlich fand sich Malslin. Aber er war konsterniert. War ja an eine strenge Hausherrin geraten. Er verbeugte sich steif und murmelte. „Zu gütig, Mademoiselle, mich zu führen. Gehen wir zu Madame."
Sie bemerkte seine Verlegenheit, warf den Kopf in den Nacken, so daß ihre Zöpfe sich beinahe lösten und erklärte hochmütig: „Wenn ich sie nicht führe, würden sie sich in unserem Haus verlaufen. Es haben an ihm viele Generationen der Brederkower gebaut."
Er folgte ihr stumm und bedauerte in seinem Inneren, daß auch dieses Mädchen – wie so viele andere Menschen – glaubte, Flüchtlinge seien Bettler, auf der Landstraße geboren.
Kurz vor einer Wegbiegung blieb Babette stehen und zwar so plötzlich, daß ihre Röcke flogen, als sie sich ihm zuwandte. Ihr Gesichtsausdruck war wieder freundlicher, von Stolz oder Hochmut keine Spur mehr. Ungeniert ordnete sie mit raschen Händen sein Jabot. Dabei rümpfte sie schnüffelnd die Nase. „Sie riechen nach Paris", stellte sie fest. Ehe er etwas erwidern konnte, drehte sie sich mit schwingendem Rock um und öffnete die Tür, vor der sie standen.

Malslin kannte den Raum, der sich ihm darbot, vom Vorabend. Er wirkte jetzt, bei hellem Tageslicht, nicht mehr so düster. Mehrere Frauen, angetan mit weißen Schürzen, die sie vom Kopf bis zu den Füßen einhüllten, hantierten an einem langen Tisch. Eine ältere Dame im knisternden Taftgewand gab Befehle. Jetzt drehte sie sich dem Eintretenden zu und kam langsam näher. Malslin spürte prüfende graue Augen auf sich gerichtet, die ihn sorgfältig musterten. Er blickte auf einen schmalen Mund, in ein recht derbes Gesicht und auf eine große silberne Brosche, die den Stehkragen verzierte.

Er verbeugte sich so tief, als stehe er seiner Königin gegenüber, denn er fühlte, daß von dieser Frau das Wohl des Hauses abhing ... und auch sein Schicksal als Gast.

„Ah, da sind sie ja endlich. Noch so jung und schon ganz allein übrig geblieben." Sie bohrte ungeniert in seinen Wunden. Indem trat der Baron in den Raum. Ihm folgte ein graubrauner Griffon, dicht an seinen Füßen. Das lenkte die Gutsherrin ab. „Albert, laß den Köter draußen", rief sie weniger empört als um nur zu befehlen. Der Hund umging sie in weitem Bogen, schielte sie jedoch mit seinen grünen Augen listig an. Er dachte nicht daran ihrem Befehl zu folgen. Sein Herr schien ihn ebenfalls zu überhören. Der Graubraune schlich zum Kamin, in dem, trotz des schönen Wetters, Buchenscheite verglühend knisterten. Er warf sich zu den beiden Pointern. Sie schienen mit ihm gut Freund zu sein. Auch schienen sie die Hausherrin zu kennen, die sich um sie wenig kümmerte, so sie sich ruhig verhielten.

„Graf, sie schliefen lange", tadelte der Hausherr den Gast. „Morgen heißt es früh aus den Federn, ich will ihnen doch meine Felder zeigen. Wir reiten bis zum Waldrand und müssen dort sein, ehe das Wild aus-

tritt. Das ist ein Anblick! Da lacht das Herz."
„Vater, da komme ich mit", rief das Mädchen und
schmiegte sich an ihn. Doch der schob sie weg. Er
klopfte seiner Frau die Schulter, was wohl eine Begrüßung sein sollte, entzog sich der Tochter und wandte
sich dem Gast zu.
„Kommen sie, meine Frauen wollen überall dabei sein.
Sie wissen alles besser", räsonierte er. Aber er lachte
dabei und fühlte sich anscheinend wohl bei ihnen.
„Nun hat das männliche Element in diesem Haus
Verstärkung bekommen", er lachte seine Frau nek-
kend an.
Das Mahl war reichlich, doch schien es dem französischen Gaumen recht unverdaulich zu sein, zu fett
selbst das Gemüse. Malslin aß wenig und vorsichtig.
Später sollte er die deftigen Mahlzeiten schätzen ler-
nen. Schwere Arbeit – reichliches Essen. Das war hier
die Devise.
Allmählich begriff er auch, daß die Baronin eher gut-
mütig denn streng war. Sie entwickelte sogar eine
Schwäche für ihn. Man merkte es daran, daß sie auch
ihn zu bevormunden begann.
Langsam lebte er sich ein. Babette, die man allgemein
Babe rief, sah er nur während der Mahlzeiten. Sie
mußte ihrer Mutter im Haus, Garten und Stall zur
Seite stehen. Meistens zeigte sie sich in langer weißer
Schürze. In diesem Lande, erfuhr Malslin, beaufsich-
tigte die Herrschaft die Arbeiten selbst und griff zur
Not selbst mit an.
Um den Gast zu ehren, sprach man bei den Mahlzeiten
französisch, war er jedoch mit dem Baron unterwegs,
mußte er versuchen deutsch zu verstehen oder gar den
Dialekt der Leute. Es fiel ihm schwer.
Am Abend sorgte der Gastgeber bei einer Partie
Schach und einem Glas Rotwein für die nötige Bett-
schwere. So kam es, daß Malslin wieder zu erholsa-

men Schlaf kam. Aber trotzdem er sich in Brederkow wohlfühlte, blieb er der Gast, ein gern gesehener, der von Weiterfahrt nicht reden durfte.

Da er eigentlich nie allein war, und alles hier so ganz anders wie in seiner Heimat, kamen die traurigen Erinnerungen seltener... aber sie verließen ihn nie völlig. Sie zogen sich zurück, um unversehends aufzutauchen.

Als die Herbstjagden begannen, war er in bester Form. Bei diesen Jagden trafen sich alle Herren und auch die Damen zu Pferd, die in weiter Runde wohnten. Es ging fröhlich zu, ja manchmal turbulent. Bald traf man sich auf diesem Gut, bald auf jenem. Man jagte, um einen gesunden Wildbestand zu erhalten und nicht aus Lust am töten. Nach der Jagd, bei der man sich ausgetobt hatte, wollte man sich amüsieren. Die dabei Versammelten kannten sich alle, sie waren mehr oder weniger eng verwandt oder verschwägert. Da bei keinem ein hugenottischer Flüchtling zu Gast weilte, so wurde der Vicomte zuerst zum Mittelpunkt der Gesellschaft. Er mußte aber auch derbe Scherze über sich ergehen lassen, die mit Hochmut angereichert waren.

Auf Brederkow herrschte das Mutterrecht. Die Frauen hatten seit Generationen Männer aus der Fremde geheiratet. Daher spotteten die Leute und warnten Malslin, auf Brederkow nicht hängen zu bleiben. Sie interessierten sich auch dafür, ob er wirklich von Adel, einen Landsitz besessen habe, ob er außer dem Vierergespann noch etwas besitze. Mancher ließ durch seinen Diener Ariste und Rodolphe aushorchen. Was diese dann erzählten, glaubte man nicht.

Nach kurzer Zeit flaute das Interesse für den Franzosen ab. An seinem Schicksal nahm man keinen Anteil mehr. Man unterhielt sich lieber von der Jagd, von der letzten Ernte und vor allem von der gemeinsam verlebten Soldatenzeit. Die meisten der Herren waren nie weiter wie nach Berlin gekommen. Keiner war übermäßig gebildet. Sie verfielen gern in den heimatlichen Dialekt, der für Malslin eine Geheimsprache blieb. Er gab sich nie Mühe sie zu ergründen.

Der aus dem Schlesischen stammende Erdnersdorfer hatte sich leichter eingelebt und besser angeglichen. Vor allem kränkte es Malslin, daß man ihm immer wieder empfahl nach Berlin zu reisen. Es klang ihm, als wollten sie ihn los sein. Es seien zu viele Flüchtlinge ins Land gekommen, räsonierten einige der Herren. Andere wollten sie nach Österreich gehen sehen. Sie fragten ihn offen, warum er nicht dort sein Glück versuche.

Kurz gesagt, mitten in dem gesellschaftlichen Trubel fühlte sich der Vicomte von Tag zu Tag einsamer. Er war ein Fremder, er wollte einer sein.

„Sein einziger Fehler ist diese Empfindlichkeit", vertraute die Baronin ihrer Schwester an. Diese war die Vorsteherin eines nahegelegenen Damenstiftes. Die Baronin besuchte sie zuweilen, und die Abtissin erschien jeden zweiten Mittwoch auf dem Gut, um mit ihrer Schwester zu vespern und vor allem, um Neuigkeiten auszutauschen. Auch an diesem Nachmittag hechelten die Damen alle Bekannten durch.

„Sein Fehler ist die Sucht zu grübeln ... meine Liebe ... nur etwas zu derb angefaßt, und er verschließt sich wie eine Auster." „Auster, was sind das für Geschöpfe", erkundigte sich die Dame erstaunt.

Die Baronin hatte diese Redewendung aus dem neuen Journal, daß sie sich direkt aus Paris zuschicken ließ. Sie tat sich auf die durch das Heft erworbene Bildung viel zugute.

„Clothilde, ich bitte dich, schweife nicht ab, wenn du hören willst, dann verstehst du, was ich meine. Ziere dich nicht, ich bitte dich, mir zu helfen."

Die Baronin liebte überraschende Gedankensprünge.

Sie verwirrte ihre schwerhörige Schwester oft ... und gern.

„Wie kann ich dir helfen, wenn ich nicht weiß, was eine Auster ist", mißbilligte sie die Redeweise der Schwester.

„Aber meine Liebe", erregte sich diese. „Es geht doch hier nicht um Austern sondern um den Grafen. Er ist zwar nur ein verarmter Flüchtling, von dem man nicht weiß, ob es stimmt, daß er große Besitzungen besaß. Mir genügt der Name. Brederkow bringt genug ein. In den Kriegsdienst will er nicht, er möchte lieber Land bebauen. Und davon versteht er etwas, wie Albert sagt. Er ist begeistert von ihm."

„Wollt ihr ihn adoptieren?" Clothilde hielt ihr Hörrohr dicht an ihrer Schwester Mund, um kein Wort zu verlieren.

„Aber nein", erwiderte diese ungeduldig, „wir wollen ihn heiraten."

Während die Damen sich zu verständigen suchten, trafen sich Babette und Theophile am Waldrand. Hier war es windstill und noch einigermaßen warm.

Malslin hatte sich wieder einmal von der Jagdgesellschaft abgesondert und auf dem einsamen Weg das Mädchen getroffen. Babette verspürte ebenfalls keine Lust die Jagd mitzureiten. Sie hockte auf einem Stein und horchte auf das Sausen des Windes in den Tannen.

Theophile fand, sie sehe aus, als ob sie träume. So mochte er sie lieber, als wenn sie die Milchkannen auf den Wagen wuchtete. Doch Babe träumte nicht. Sie verließ die laute Gesellschaft, weil sie das Getue ihrer Freundinnen störte, die versuchten, einen der ledigen Junker für sich zu gewinnen. Dabei war es ihnen nicht so wichtig welcher es sei, wenn er nur heiratswillig. Deswegen stritt sie sich soeben mit ihrer Freundin Helene. Seit sie den Vicomte kannte, fand sie ihre früheren Bekannten langweilig oder, was für sie schlimmer war, herrschsüchtig. Sie würde sich jedenfalls von keinem Mann in ihre Wirtschaft dreinreden lassen. Sie konnte keinen brauchen, der ein eigenes Gut besaß, keinen, der zum Heer strebte, um sich dort Lorbeeren zu holen. Sie war die zukünftige Herrin von Brederkow. Sie würde das Sagen haben, sie allein. Da blieben nicht viele der Kandidaten übrig.

Verärgert döste sie vor sich hin. Sie war mit der Welt unzufrieden, mit der Welt ringsum, beileibe nicht mit sich selbst.

Eigentlich entdeckte nicht Malslin das Mädchen sondern Breck, er hatte ihn für sich erworben und nannte ihn jetzt Roi, denn seinem König grollte er. Breck oder Roi interessierte sich weniger für Babette, denn für seinen Bruder Brink, der zu ihren Füßen lag.

Malslin sprang vom Pferd und setzte sich zu ihr. Zuerst stritten sie sich, denn Babette lobte ihr Heimatland überschwenglich und ließ nichts gelten von dem, was er von seiner Heimat erzählte. Selbst Paris imponierte ihr nicht. Dabei blieb er sachlich und übertrieb nicht. Dann öffnete er plötzlich sein Herz und schilderte die Umstände seiner Flucht. Er erzählte von seiner Schwester Catharine und seinem Freund Berniere, der zu spät kam, sie zu retten.

Die Contessa hörte stumm zu. Da er französisch sprach, verstand sie kaum die Hälfte von dem, was er erzählte. Sie mochte diese Sprache nie besonders. Auch jetzt gab sie sich keine Mühe, ihn zu verstehen. Ihr war das ferne Frankreich gleichgültig. Sie hätte sich ihren Besitz jedenfalls nicht wegnehmen lassen. Sie flohen lieber, diese Leute, statt die Räuber zu töten. Was ging sie das Schicksal dieser Catharine an. Malslin erhob sich erregt und begann Zukunftspläne zu entwickeln. Er wollte ein Gut kaufen und nach eigenem Gutdünken arbeiten. Auch Babette erhob

sich. Sie liebte es nicht, wenn man auf sie herabsah.
Erstaunt fragte sie, warum er es so eilig habe Brederkow zu verlassen. Der Vater sei glücklich einen Gefährten gefunden zu haben. Einen Sohnesersatz, fügte
sie mit schrägem Blick hinzu.
Malslin war ihr in den vergangenen Wochen vertraut
geworden, beinahe empfand sie für ihn so viel wie für
einen Bruder, der in der Erbfolge nichts galt. Nein, sie
mochte ihn gern, obwohl sie vieles an ihm nicht schätz-
te. Sie betrachtete ihn genauer. Er war ein hübscher
junger Mann, immer höflich und Vater lobte seine
Kenntnisse für die Landwirtschaft.
Um ihr Erröten zu verbergen, rief sie Brink, der mit
Breck gerade einen Hasen jagte. Dabei verlor sie das
Gleichgewicht. Malslin konnte sie gerade noch auffan-
gen und vor dem Sturz bewahren. Er hielt sie fest
umfangen, dann küßten sie sich. Keiner konnte sagen,
wer damit angefangen hatte.
Babette löste sich aus seinen Armen als erste. Sie trat
einen Schritt zurück und erblickte das Hundepaar,
das dasaß und die Menschen erstaunt beobachtete.
„Glotzt nicht so blöd", lachte sie. Sie fühlte sich sehr
glücklich. In dem Gefühl wandte sie sich Malslin zu
und fragte: „Gehst du noch immer fort von Brederkow?"

Malslin ging nicht mehr fort von Brederkow. Er suchte
nicht mehr Land zu erwerben. Er kam zeitlebens nicht
einmal bis zu der kleinen Kreisstadt.
Sie heirateten schon im November. Er war nicht zur
Besinnung gekommen. Die aufgeregte Freude aller
Brederkower steckte ihn an. Ariste und Rodolphe
waren glücklich wieder einen festen Platz gefunden zu
haben. Vor allem war es der Erdnersdorfer, der Malslin seine Freude zeigte. Er hatte einen Sohn gefunden.
Am Morgen des Hochzeitstages bat Malslin den

Schwiegervater in sein Zimmer. Er öffnete seine Truhe und zeigte ihm die Schätze, die sie enthielt.

Der Erdnersdorfer setzte sich erschüttert auf den nächsten Schemel und fuhr sich mit der Hand über den Kopf. Er brachte seinerzeit dem Gut nichts weiter mit wie seine Kenntnisse in der Landwirtschaft und seine Arbeitskraft sowie seinen guten Namen. Natürlich war auch ein wenig Zuneigung dabei gewesen, denn damals war Juliane ein schlankes reizvolles Mädchen und nicht so korpulent wie heute, was merkwürdigerweise seiner Zuneigung zu ihr nicht geschadet hatte.

Dann sprang er auf, riß die Tür auf und rief lautstark nach seiner Frau. In seiner Stimme schwang Triumph, denn ihm, dem Hausherrn zeigte der Schwiegersohn als erstem seinen Schatz, ihm dem Herrn des Gutes Brederkow.

Erst nach geraumer Weile erschien die Baronin. Sie schnaufte mißmutig. Schließlich gab es noch anderes zu tun, als dem Ruf ihres Mannes zu folgen. Doch dann sank auch sie überwältigt auf einen Stuhl. Sie schlug die Hände über ihrem Kopf zusammen und lachte, sprang wieder auf und umarmte den verlegenen Theophile, ihn zum ersten Mal bei seinem Vornamen nennend. Sie versprachen danach beide, nie über diesen Schatz zu Fremden zu reden und ihn nur in der Not anzugreifen.

Als Malslin neben seiner Braut am Altar stand, trug er den Kopf hoch. Er setzte sich nicht in ein gemachtes Nest, arm wie ein Bettler. Mit seinem Erbe konnte er leicht Brederkow bezahlen.

Später stritten sich die Schwiegereltern manchmal darüber, wer den vermögenden liebenswürdigen jungen Mann der Tochter zur Ehe gewonnen habe. Die Baronin äußerte sich gegenüber ihrer Schwester in geheimnisvollen Andeutungen.

„Babe hätte keine bessere Partie machen können. Er
ist gebildet, elegant und liebenswürdig. Es war schon
ein Glück, daß damals Albert in unsere Gegend verschlagen wurde, aber mit unserem Theophile kann er
nicht mit."

„Mir gefiel Albert immer gut", erwiderte die Stiftsvor-
steherin und erinnerte sich an die Schmerzen ihrer
Jugend, als der stattliche Erdnersdorfer die jüngere
Schwester ihr vorgezogen hatte.

„Albert in Ehren", schwächte die Baronin ihr hartes
Urteil ab, „doch Malslin sichert die Zukunft Breder-
kows..." Weiteres darüber war aus ihr nicht herauszubekommen.

Malslin sagte in der Folge zu dem Erdnersdorfer Vater
und zu dessen Ehefrau Madame. Er behandelte die
Dame mit vorsichtiger Höflichkeit, die sie jedoch ent-
zückte. Er erfuhr bald, daß auf Brederkow die Frauen
das Sagen hatten. Sie saßen auf dem ihrem Geschlecht
angestammten Boden, die Männer waren Eingeheira-
tete.

Malslin wurde durch seine Heirat nicht glücklicher
als zuvor, aber auch nicht unglücklicher... wenigstens
in den ersten Jahren. Für die Nachbarn zeigte er nach
wie vor kein Interesse, er überließ es dem Erdnersdorfer den Kontakt zu pflegen. Auch gewöhnte er sich
nie daran, daß man ihn den jungen Baron von Brederkow nannte. Da ihn Ariste und Rodolphe Vicomte ti-
tulierten, wurde er für das Gesinde zum 'Fikomte',
was für diese so viel bedeutete wie 'der vieles konnte'.
Die Familie rief ihn Theo. Es schmerzte ihn, weil ihn
niemand mehr Philo nannte. Seine Frau sah er tags-
über selten. Sie kümmerte sich um das Haus und um
das Federvieh. Er ritt mit dem Vater über die Felder
oder hielt sich bei den Pferden auf. Waren die Rösser
schon die Herzenssorge des Erdnersdorfers, Malslin
setzte durch, eine Pferdezucht aufzubauen. Die Arbeit

schmiedete die beiden Männer zusammen. Die Pferdezucht brachte sogar etwas ein, wodurch die Frauen
aufhörten von einer Spielerei zu reden.
Da man zeitig aufstand, ging man früh zu Bett. Waren
die Frauen am Abend verschwunden, saßen die beiden
Männer noch kurz zusammen am Kamin. Es war für
sie die beste Stunde des Tages. Durch sie vergaß
Malslin die Vergangenheit.
Babette war keine kalte Natur, doch das Gut und die
Arbeit, die es forderte, gingen ihr über alles. Damit
trat sie in die Fußstapfen ihrer Mutter. Die Stimmun-
gen und seine empfindlichen Reaktionen übersah sie.
Jahrelang hieß es bei den Frauen, er wird sich schon
noch völlig einleben.
Ziemlich rasch hintereinander wurden den Malslins
drei Kinder geboren. Zur Freude der Familie waren
die beiden ersten Knaben. Für den Ältesten wollte die
Baronin den Namen Brederkow aufleben lassen, der
seit mehreren Generationen nur noch für das Gut ge-
bräuchlich war. Malslin lehnte dieses Ansinnen
schroff ab. Er gab dem Knaben seinen Vornamen, so
daß es einen jungen Vicomte Theophile de Malslin
gab, der sein Geschlecht erhalten sollte. Der zweite
Knabe erhielt den Vornamen des Großvaters. Als die
Tochter das Licht der Welt erblickte, befand sich
Malslin gerade bei einer Pferdeschau. Baba gab ihrer
Tochter den Namen. Malslin erfuhr diesen erst, als
ihn der Pfarrer bei der Taufe aussprach. Katharina
Vicomtesse de Malslin, hallte der Name durch das
Kirchenschiff. Gewählt hatte ihn Babette, weil er ihr
gefiel und nicht weil die Schwester ihres Mannes ihn
trug. Diese vergaß sie längst. Doch als der Name
ausgesprochen wurde, begann das Unheil.
Malslin wurde zuerst blaß, dann fiel er in Ohnmnacht.
In der Folge mied er das Kind. Nicht weil er die Kleine
nicht mochte, vielmehr aus Selbstschutz, um den
Erinnerungen zu entgehen.

Babette nahm ihm sein Verhalten übel, ohne je nach
dem Grund zu fragen. Sie fand drei Kinder wären
überhaupt genug und versagte sich fortan ihrem
Mann.
Sie entzog ihm aber auch die Knaben, was ihn empfindlich traf, denn an ihnen hing er. Was keiner wußte,
Ariste sprach es einmal aus. Er hütete gerade die
Kinder, als deren Mutter vorbeikam. Während er das
Mädchen auf dem Arm schaukelte, sagte er zutrau-
lich: „Frau Baronin, sie sieht unserer Vicomtesse ähnlich und ist sehr lieb. Die dunklen Locken... wie sie
lacht. Ihr hättet ihr einen anderen Namen geben
sollen. Der Herr leidet darunter. Die bösen Erinnerungen kommen über ihn."
Einen flüchtigen Augenblick lang dämmerte Babette
ein Verständnis für die Seelenverfassung ihres Mannes auf. Dann gewann ihre derbere Natur wieder die
Oberhand. Sie verwies den Alten unwirsch: „Man
kann nicht immerfort in der Vergangenheit wühlen,
in meinen Kindern habe ich die Zukunft von Brederkow geboren."
Um dem Kind aus dem Weg zu gehen, das ihm mit
tappenden Schritten entgegenlief und Theo rief, wie
sie es von der Mutter hörte, und das mit dem gleichen
süßen Stimmchen, mit dem ihn einst Cathou gerufen,
bezog er im Frühjahr die Jagdhütte am Waldrand.
Im Sommer starb plötzlich Ariste. Den altegeworde-
nen Erdnersdorfer quälte das Padogra. Er konnte sich
um seine Arbeit nicht mehr kümmern, auch fand er
den Weg zur Jagdhütte nicht mehr. So wurde es für
Malslin ein arbeitsreicher Sommer. Im Herbst kehrte
er ins Haus zurück, bezog aber, dem verehrten Vater
zuliebe, die Kammer neben dessen Krankenzimmer.
Der Erdnersdorfer war durch sein Leiden griesgrämig
geworden. Er war über die Ablenkung durch den
Schwiegersohn beglückt. Er wurde nur noch umgäng-

lich, wenn dieser bei ihm saß. Sie unterhielten sich meistens über ihre Heimat. Jeder lernte die des anderen kennen und lieben. Es kam zutage, daß auch Albert von Erdnersdorf die seine nie vergessen hatte. So golden wogte nie der Weizen in Brederkow wie der im schlesischen Land, so blau schimmerten nirgends die Berge...

Indem jeder in seinen Erinnerungen schwelgte, lösten sich verkrustete Schmerzen und trotz Weh und Ach erleichterten sich die Herzen. Die Erinnerungen schweißten sie aber auch zusammen.

Die Kinder fanden immer einen Grund, um im Krankenzimmer zu verschwinden. Die Knaben hockten still neben den Erzählenden und lauschten mit roten Wangen. Katharina, die längst wußte, daß der Vater sie nicht gern sah, verkroch sich hinter dem Fenstervorhang. Auch sie hörte zu, besonders, wenn er von seiner Schwester sprach. Die Knaben interessierten sich mehr für das französische Schloß, für die Felder und Wiesen.

Wenn sie allein in ihrem Zimmer waren, wirkten die Erzählungen nach. „Wenn ich groß bin", erklärte der Älteste, dann rüste ich ein Heer aus und erobere mir meine französischen Besitzungen zurück." Altklug setzte er herablassend hinzu: „Du Albert übernimmst Brederkow." Der Jüngere nickte völlig einverstanden mit dem Erbe.

Einmal wagte Katharina die Brüder zu fragen: „Und ich?" „Du gehst in ein Damenstift", wurde sie beschieden. Den Knaben war ebenfalls bekannt, daß der Vater die Schwester mied. Daher machten sie mit ihr nicht viel her. Auch räsonierte der Großvater über das Weiberregiment. Daher fühlten die Junker sich im Recht. Katharina beschied sich.

Im Frühjahr starb der Erdnersdorfer. Kurz danach folgte ihm seine Frau, so als könne sie ohne ihren

Albert nicht leben. Nach den traurigen Feierlichkeiten, ließ Malslin die Jagdhütte ausbauen. Er bezog sie danach und nahm Rodolphe mit.
Babette schien der Auszug ihres Mannes gleichgültig zu sein. Sie war froh im Haus und Hof allein regieren zu können. Malslin versorgte weiterhin die Feldwirtschaft und vor allem die Pferde. Diesmal blieb er auch im Winter in seinem Domizil. Er hatte eigentlich nichts gegen Babette, nur wollte er in der Stille leben. Rodolphe, indessen mehr sein Freund als Diener, hielt die Verbindung zum Haus aufrecht.
Sie lebten etliche Jahre in diesem Arrangement, es wurde Gewohnheit. Niemand merkte, daß Malslin stiller, ja merkwürdiger wurde. Seinen ältesten Sohn nannte er den Herrn Hauptmann, denn dieser schwärmte als Soldat auf Eroberungen auszuziehen. Der Vater mußte ihn Fechten lehren. Es war ihm ernst mit seinem Vorhaben. „Gräme dich nicht Vater", pflegte er zu sagen, „ich hole alles zurück, was man uns gestohlen hat. Und dann reiten wir heim, du an der Spitze meines Bataillons." Er war kein besonders guter Schüler, nur französisch lernte er gern... beinahe verbissen. Mit seinem Vater redete er nur in dieser Sprache.
Hin und wieder taute Malslin auf, wenn die Söhne ihn besuchten. Dann fochten sie zusammen oder schwammen im nahen See. Die Jungen behandelten ihren Vater mit liebevoller Vorsicht oder, wenn man will, mit Nachsicht. Meistens saß Malslin auf einem Stein und beobachtete gedankenverloren ihre wilden Spiele.
Den jüngeren Sohn nannte er Berniere. Er bat ihn mehrmals um Verzeihung, ohne zu sagen, warum. Der Junge wurde dann jedesmal verlegen. Er fragte einmal Rodolphe, ob er wisse, was der Vater dem Berniere angetan habe. Der beruhigte ihn. Berniere sei

sein Freund gewesen. Er solle den Vater in Ruhe lassen, er sei ein unglücklicher Mensch, denn er könne nicht vergessen.

„Er hat den Verstand verloren und vergräbt sich in vergangene Geschichten", beklagte sich Babette bei ihrer alten Tante Clothilde. In ihrem Herzen war sie froh in Brederkow schalten zu können, wie sie wollte. Als Malslin sich nicht mehr um die Felder kümmerte, stellte sie einen Inspektor an und ritt selbst hinaus, um zu prüfen, ob ihre Anordnungen befolgt wurden. Sie verabscheute die aufwendige Pferdezucht. Doch diese ließ Malslin sich nicht nehmen. Babette hatte sich ebenfalls verändert. Sie war herrischer geworden, ihre Fröhlichkeit war dahin. Sie hielt die Söhne kurz und die Tochter zur Arbeit an.

Es war auf den Tag gerade 17 Jahre her, daß Malslin in wilder Hast seine Heimat verließ. Da brachte man ihm die Nachricht, daß sein Sohn Albert vom Pferd gestürzt und sich das Genick gebrochen habe. Er nickte, „ja, ja, ich weiß, der Berniere ist tot. Ich habe ihn selbst begraben."

Von diesem Tag an vergaß er auch seine Pferde. Das veranlaßte Babette die unnützen Fresser zu verkaufen. Sie hatte es lieber, wenn Kühe auf den Wiesen weideten.

Malslin saß indessen vor seiner Hütte und sprach mit seinen Toten. Er schien sie sogar zu sehen und Antworten von ihnen zu erhalten. Er hatte sich von Rodolphe den alten hellblauen Rock hervorsuchen lassen, ließ die Perücke pudern und sich aufsetzen und so kehrte er zurück in seine Jugendzeit.

Es vergingen zwei Jahre, die er still verbrachte. Sein Sohn besuchte ihn manchmal. Diesmal schwenkte er ein Papier in der Hand, als er näher trat. Es war die Genehmigung Soldat zu werden. Er sprach von Kriegsruhm, von Schlachtengetöse, von Eroberungen

und zum wiederholten Mal davon, die Besitzungen der
Malslins zurückzugewinnen. Er wollte Schätze erwerben und das Vatererbe gewinnen. Er wurde enttäuscht, denn der Vater wollte ihn nicht ziehen lassen.
Er war ganz munter geworden und sprach von der
Pflicht das Land zu bebauen. Davon, daß es nicht
leicht sei Blut fließen zu sehen und den Tod zu erleben.
Fast fluchtartig verließ der angehende Sieger den
einsiedlerischen Vater. Er kam nie zurück und nicht
einmal bis zur Grenze Frankreichs.
Als Babette erfuhr, daß der Erbsohn in einem Schar-
mützel gefallen sei, bat sie ihren Mann zurück ins
Haus zu kommen. Das Gut brauche den Herrn. Er
möge sich besinnen und zwar bald. Als sie auf mehr-
fache Bitten keine Antwort bekam, machte sie sich
auf, um nach dem Störrischen zu sehen. Sie wollte ihn
zur Räson bringen. Zu dem Gang nahm sie ihre Tochter mit.
Damit machte sie den zweiten Fehler ihres Lebens.
Als Malslin das junge Mädchen daher kommen sah, in
einem weiten hellblauen Kleid, mit einem modisch
tiefen Ausschnitt, die Brust mit einem wehen weißen
Schleier kaum verhüllt, da schrie er auf und floh in den
Wald.
Babette besaß kein Verständnis für seine Reaktion.
Sie ahnte nicht einmal, warum er entlief. Sie setzte
sich auf die Bank vor der Hütte und beschloß zu warten, bis er zurückkam. Diesmal würde er ihr nicht entgehen.
Gegen Abend schlich er tatsächlich herbei. Babette
wurde seltsam im Herzen. Er kam langsam näher.
Eine Gestalt aus vergangener Zeit, in gepuderter Perücke und dem hellblauen Rock. Er sah aus wie
damals, als sie ihn mit den Hunden zum ersten Mittagessen abholte. Sie schob die Erinnerung beiseite.
Er blieb hin und wieder lauschend stehen, als horche

er. Als er die Frauen bemerkte, verbeugte er sich zum
Gruß. Noch ein Schritt und eine Verbeugung vor
Katharina. Dann sagte er: „Cathou bist du gekommen
mich abzuholen?"
Katharina, die ihren Vater kaum kannte, klammerte
sich ängstlich an ihre Mutter. Diese wehrte ab. „Er hat
wieder seine Flausen, er meint seine Schwester,
fürchte dich nicht. Ich werde ihm ein für alle Male das
Gespenst austreiben." Sie erhob sich und trat auf ihn
zu. Er wich ihr geschickt aus. Dann stand er plötzlich
vor dem Mädchen.
„Ich weiß, ich weiß, Berniere wollte dich damals ret-
ten", sagte er. „Ihm verdanke ich mein Leben. Du
starbst einen raschen Tod. Nun ist alles gut, du
kommst mich holen, und wir gehen endlich heim."
Eifrig setzte er hinzu, als müsse er sich rechtfertigen.
„Ich bin immer ein Malslin geblieben hier in der
Fremde."
Katharina saß tief erschrocken da. Als er nach ihrer
Hand griff, schrie sie auf, erhob sich und entfloh.
„Sie verblutet … oh wie es rinnt", rief er und folgte ihr.
Ehe Babette begriff, was sich hier begab, erreichte Ka-
tharine das Seeufer, sprang in einen Kahn und entfernte sich mit ihm zur Mitte des Sees hin.
Als Malslin zum Wasser kam, ging er in dieses hinein,
die Augen auf den sich entfernenden Kahn gerichtet.
Er verlor den Boden unter den Füßen, dann war er verschwunden.
Jetzt schrie die Frau gellend um Hilfe. Rodolphe
wollte seinem Herrn ins Wasser folgen, die Frau hielt
ihn zurück. Er rannte dem Gutshaus zu und kam mit
erschrockenen Leuten zurück. Auf der Mutter Ruf
kehrte endlich das Mädchen zurück, Babette sprang
mit Rodolphe in das Boot. Der blaue Rock tauchte noch
einmal auf, aber sie fanden ihn nicht.
Sie suchten ihn zwei Tage lang. Die Strömung trieb

Als das Begräbnis vorüber war, saß der Pfarrer noch
bei der Witwe und ihrer Tochter. „Er hätte sich einmal
aussprechen sollen, verehrte Frau Baronin. Es gibt
Menschen, die verkraften ein Unglück nicht. Sein
Schicksal war sehr hart..." Er wartete darauf, daß die
Dame sich ihm anvertraute.

„Ach mein Bester", meinte Babette, „es war nicht nur
das Erlebnis des Mordes. Er blieb hier immer ein
Fremder. Er war zu empfindlich." Eigentlich dachte
sie zu weltfremd, zu versponnen in sein Unglück, aber
sie wollte über den Toten nichts mehr sagen.

„Mein Vater war auch nicht von hier, er lebte sich gut
ein. Vielleicht ist es leichter in der Fremde heimisch zu
werden, wenn man die Heimat freiwillig verläßt." Sie
erhob sich und goß dem Pfarrer noch einmal von der
neumodischen Chokolade ein. Doch dann sprach sie
doch noch weiter.

„Sehen sie, hier auf Brederkow haben die eingeheira-
teten Männer uns wenig Glück gebracht." Sie versuchte zu lächeln. „Mein Vater war aus festem Holz,
ein guter Landwirt. Er brachte den Besitz wieder
hoch. Mein Großvater stammte aus Oberitalien, ein
schneidiger Reiter", sie wies auf ein Bild an der Wand.
Es stellte einen jungen Mann dar, im schwarzen
Samtkoller und breitem Spitzenkragen, den Degen in
der Hand. Ein spitzer Bart verdeckte das Kinn. Ein
hochmütiges Lächeln spielte um den Mund.

„Er blieb nur einen Winter in Brederkow, dann ritt er
wieder weg. Er kam selten zurück, dann blieb er nur
Tage. Die Welt mit ihren Händeln lockte ihn mehr wie
ein stilles Glück und harte Arbeit. Er hinterließ zwei
Mädchen, meine Tante und meine Mutter. Beide
ähnelten ihm nicht. Er fiel in Ungarn." Sie schwieg
und schüttelte ihren Rock zurecht.

„Malslin brachte uns viel zu. Es muß gesagt werden, er
war nicht arm. Er blieb mir immer fremd, obwohl er

ein guter Mann war. Meine beiden Söhne sind nicht
mehr. Sie ähnelten ihrem Vater. Nur die Tochter blieb
mir. Unser Blut muß wieder gefestigt werden." Sie
lächelte nun doch.
„Ein einheimischer Junker muß her." Katharina, die
bisher geduldig zugehört hatte, errötete und sagte:
„Aber Mutter." Die ließ keinen Einwand gelten.
„Bleib sitzen", wies sie die Widerstrebende zurecht.
„Man muß die Lage beizeiten erkennen. Ein Vetter
muß her, damit der Name wieder auflebt, ein Brederkower. Brederkow darf nicht untergehen. Das Land
ist es, was uns aufrecht hält. Was sind Namen und
Titel? Wir haben die Pflicht den Boden zu bearbeiten,
wie es in der Bibel steht." Sie erhob sich und schickte
die Tochter in den Stall, um das Melken zu beaufsich-
tigen. Den Pfarrer begleitete sie zum Wagen, der ihn
heimbringen sollte. Auf das Gespräch kam sie nicht
mehr zurück. Sie sprachen vom Wetter und der Ernte.
Als der Wagen aus dem Hof rollte, trat sie ins Haus
und gab Befehl, die Truhe ihres Mannes, die noch im
Jagdhaus neben seinem Bett stand, herbeizuholen
und sie neben ihr Bett zu stellen. –

Gert Zech

Volker Böhringer

Im Vorwort zum Katalog der Ausstellung von Volker
Böhringer in der Galerie der Stadt Esslingen in der
Villa Merkel schreibt A. Tolney: „Viele Städte vertrei-
ben oder ignorieren ihre besten Künstler, um sie dann
spät zu ehren. So erging es M. Ernst in Brühl bei Köln,
K. Schwitters in Hannover oder K. Hubbuch in Karlsruhe. Esslingen macht hier leider keine Ausnahme."
Börhinger wurde zu Lebzeiten lediglich eine Ausstellung zuteil. Und das ein Jahr vor seinem Tod.
Künstler sind wie Aktien, die Gesellschaft hält zu
beiden Distanz. Denn beides ist der Masse Mensch
suspekt. Beides ist nichts für den normal denkenden
Menschen. Kunst ist eine brotlose Sache. Künstler
sind nicht normal. Denn welcher normale Mensch
macht schon Kunst?
Volker Böhringer lebte jahrelang vom Sozialamt, und
was er von dort bekam, reichte nicht zum Leben. Er
war auf einen Freundeskreis angewiesen, der ihn unterstützte. Um einer Beschäftigung nachzugehen,
war er zu krank. Wer beschäftigte auch jemanden mit
einer ansteckenden Tbc-Krankheit? Der Künstler
steht außerhalb der Gesellschaft.
Volker Böhringer nannte man auch den „Einsamen".
Einsam war er, da er an einer ansteckenden Lungen-
tuberkulose litt.
„Die Tuberkulose ist eine Gnade Gottes", sagte einmal
ein Krankenpfleger, als er längere Zeit im Krankenhaus lag. Diesen Satz merkte Böhringer sich, mit diesem Satz richtete er sich psychisch auf. Diese Worte
gaben dem Maler Kraft für sein Schaffen. Für Böhringer war die Kunst eine Lebensgarantie. Die Malerei
ließ ihn seine Krankheit vergessen. Ohne seine Malerei hätte ihn der Tod wahrscheinlich schon früh ereilt.

Seine Bilder sind in düsteren Farben gehalten, das
Dunkel der Jenseitigkeit ist in seinen Bildern. Er
malte realistisch, als die Nachkriegsmalerei vieles ge-
genüber dem allgemeinen Kunsttrend nachzuholen
hatte. Die abstrakte Kunst war mit Baumeister,
Werner und anderen nach dem Kriege tonangebend.
Böhringer lag mit den Malern Dix und Oelze nach dem
Kriege außerhalb des Kunsttrends und hatte wenig
Chancen, vom Kunstmarkt aufgenommen zu werden.
Böhringers düstere Industrielandschaften und Robo-
termenschen sowie seine Christusbilder wurden nur
von einem kleinen Freundeskreis begriffen. Seine Ro-
botermenschen haben eine erotische Beziehung zur
Technik, wie heute die Bilder von Klappheck.
Man kann seine Malerei als Allegorien aus Fleisch
und Eisen bezeichnen. Böhringers Bilder haben eine
unheimliche Leere, obwohl in den meisten Bildern
Menschen vorhanden sind.
Ich kenne wenige Maler, die wie Böhringer malten,
Maler, die bei jedem Bild ein Stück von ihrem Leben
lassen. Van Gogh und Wols beispielsweise sind in
diesem Zusammenhang zu nennen.
Seine Krankheit und seine ewigen Geldsorgen waren
für Böhringer eine starke Belastung und prägten auch
sein künstlerisches Schaffen.
Vergleicht man die Arbeiten von Böhringer und Dix,
so ist Böhringer in seiner Aussage für mich stärker als
Dix, dessen Bilder in den letzten Jahren seines Schaffens schwächer wurden, was man bei Böhringer nicht
sagen kann.
Den Bildern von Dix fehlt der Ausdruck des Ringens
um das Überleben. Diesen Kampf spürt man in Böhringers Bildern. Böhringers Bilder sind Arbeiten eines
Verzweifelten.
Die nationalsozialistische Kultur lehnte als Sitten-
wächter eine solche Malerei ab. Die Nationalsoziali-

sten sahen solche Bilder als pervers, ekelerregend, häßlich und widerwärtig an. Anerkannt waren damals die Bilder von Hitlers Lieblingsmaler Ziegler, dessen Malen „gutes Deutschtum" war.

Böhringer malte jahrelang auch religiöse Bilder. Seine Christusbilder spiegeln das Ich seiner Seele wieder.

Böhringer war durch seine Krankheit selbst ein Gekreuzigter. Dieses Elend des Gekreuzigten malte er in seine Bilder mit hinein. Menschen, die seine Bilder anschauen und von seinem Leben nichts wissen, verstehen auch seine Bilder nicht. Böhringers Christusbilder entstanden aus dem Unbewußten und sind Visionen. Sein Geist und seine Seele suggerierten ihm diese Bilder.

Böhringer malte seine Bilder für sich, sie waren seine Kinder, die Bilder waren ein Stück von ihm.

Eine Kirchengemeinde kaufte ein Bild von Böhringer mit dem Titel „Christus im Boot". Doch das Unverständnis der Gemeinde ging soweit, daß sie nach einiger Zeit das Bild in der Besenkammer abstellte.

Kurz vor seinem Tode hatte er eine Ausstellung seiner Bilder. In der Ausstellung trat jemand an ihn heran und sagte: „Mein Gott, was sind Sie für ein Mensch, solche schreckliche Bilder zu malen." Die Besucher der Ausstellung waren schockiert. Bilder aus dem Leben sind nie schön.

Für Böhringer war Malen ein innerer Zwang. Seine Bilder kann man auch als Hieroglyphen bezeichnen.

Es gibt keinen Maler, wenn er von sich überzeugt ist, der sich durch innere oder äußere Not vom Malen abhalten läßt. Der, welcher sich abhalten läßt, ist kein Maler. Von Nolde gibt es seine „ungemalten" Bilder, Bilder, die er während seines Malverbots im Dritten Reich malte.

Böhringer malte 1940–41 seine Kristallnacht und

sein Kasino, Nazigrößen als Karikaturen. Nach dem Krieg malte und zeichnete er seinen „Häftling", sein allegorisches „Duett im K.Z." sowie „Flüchtlinge". Während der letzten schweren Jahre bildete sich um Böhringer und seine Frau ein Freundeskreis, der ihn unterstützte.

Böhringer, am 7. November 1912 in Esslingen geboren, heiratete 1961, stirbt aber noch im selben Jahr.

Erika Zwirner

Mein Schatten oder Deiner

Bitterer Harzherbst

Mein Schatten fällt verändert
und bleibt doch unveränderlich
Gestaltes Schatten

Noch heute ich schon morgen Du
Seit Millionen von Jahren

Wie lange noch
mein Schatten oder Deiner

Lebensbaum

Dem Lebensbaum
in Herbstessonne

entströmt die Würze
meines reichen Lebens

Düfte aller Erinnerungen
meiner hiesigen Zeiten
und der gewesenen im All

Ein Glück wie ein Traum

Du warst so traumhaft glücklich
daß Du es nicht zu glauben wagtest

Drei Jahre hielt es an –
dann war's vorbei

Du hättest jetzt auch ohne Glück
im Traum glückselig weiterleben wollen

Aber das Geschick und er
haben beides Dir genommen

Glück und Traum
Glaub es doch

Noch sehr viel Glück und Traum
warten auf Dich

Du mußt nur daran glauben

In der Pianobar

bei Sehnsuchtsmusikgeplänkel
sitzen verirrte Menschen
hinter schwarzroten Gittern
auf elefantenzahnfarbigen
Lull-Dich-ein-Sesseln

An der trunkenen Bartheke
kringeln sich schwarze Strähnen
auf kurze Volantröckchen
über Dicklippenmund
dem rotgesichtigen schnurrbärtigen
Blauauge entgegen

Scheu züngelt Kerzenlicht
um rosarote Margeritenblüten
die wartend verwelken

Wir Menschen aus Überall
warten auf Widerhall
des Gestern in das Morgen

Abklatsch von diesen auf jene Sorgen
Wir bleiben
im Wunsch auf Anlaß
zu treiben

Surfen

Hawaii Nacht
surft mein Kind
im Traum
übers Meer und Wolken
zu mir

Der Weise

Tropenbaum
spendet Schatten
verteilt Licht
allem Wuchs
ermöglichend

Gestern – heute

Fossilie im Stein – gewesen – stagnieren
Reflektion im Wasser – heute sein – fließen

Frau aus Hawaii

Ihr Herz trägt sie
auf graziösen Händen
ich stehe vor ihr
als Bettlerin

Wunsch

So lange
wie eine Blüte
die eine Nacht
nur wildschön flammt
und zärtlich duftet –
so blütenlang
ist genug
daß ich bin

Wer bist Du, der ..

Mit meinen Zehen spielst Du
zarte Liebesspiele
steckst ihnen leuchtend' Ringe an

Wer bist Du der so lang erwartet
sich auf meinem Weg verlierte

Mein vierter Zeh wölbt genüßlich
gen Himmel sich
und stöhnt erkennend Deinen Namen
Oh Herodot

Mißglückter Versuch eines problemlosen Briefes

Wenn unbequem ein Mensch mir ist
Er ist wer er ist
die Welt verschlossen ihm zerschlißt
wenn er nicht mag ist alles nur vergeblich
und von mir ist für ihn nichts drin

Denn er bleibt was er ist
und ich bin wer ich bin

Der Winter schauert
der Frost lauert
ums Haus herum
ein Brief weshalb warum
Trarira darum
                    Deine Mum

Herbst (Haiku)

Herbstsonne strahlt Balsam
wie die Goldgeschenke
meines Ex-Mannes

Endloses Leben

Das Kind wird gezeugt
in momentaner Selbstaufgabe
und im Wunsch nach Erweiterung
des Ich über Dich
in die Unendlichkeit
des Alls

Auferstehung

Ich trage
jeden Frühling
blumigen spitzigen
Rotdorn im Knopfloch –
auch ich werde auferstehen

Affirmation

Im Frühling wenn
der weiße Löwenzahn
vom Wind sich wehen läßt
kann ich viel besser
schwere Taschen tragen

Im Frühling wenn
die nackten Füße sich
mit Erdenenergie vollsaugen
gehe ich leichtfüßiger
auf ausgetretenem Weg

Ich schwebe wie
der Federlöwenzahn
ganz leicht
und atme frei
mit der Frühlingsbrise
meine Füße schwimmen
im Morgentau
nach erlöster Nacht

Gelbe Rosen
leuchten um Vergebung
und mit den roten
beginne ich
ein neues Leben

Aloha*

Schwerer Duft krönt herzt Dich
im Schoß tiefroter Hibiscus –
Erdenschwester

* Gruß in Hawaii, welcher „Liebe" bedeutet

Neu Leben

Aus der Asche
spreizt der Phoenixvogel
ungeduldig frisch
sein Traumgefieder

Hoch hinauf in klare Lüfte
segelt schweigend er
sich dem Himmel neu ergebend

Durch die Frühlingswetter
zu den Winterdüften –
erntet herbstens er
im Sommerblau gewachsne
Sonnenfrüchte

Vogel in mir

Ein Vogel schwingt sich
leicht über Berge und Täler

Für ihn gibt es keine Grenzen
als den Kälteeinbruch
kein Heim
nur die sonnenbeschienenen Länder

So fliege ich auf kräftigen Schwingen
unbesorgt schillernd
durch und mit der ewigen Sonne
in mir

Vorherbst

Wenn würzige Herbstluft zieht
und heiß Dein Blut
Dich stark und rein erfüllt

Wenn Birkentalerblätter
vorm Blauzartwolkenhimmel
sich tänzelnd wiegt

Und Nadelbuschgesträuch
sich trotzig spitz
ins Himmelweiß begibt

zeigt Tanne ihre braunglänzenden Früchte

Die Vögel steigen auf
und fallen schwer hinab
im frischen Morgenlichte ...

Heut ist's noch grün und singt

Frage nicht klage nicht
Nur spiel und jubilier

Denn viele solche Herbstesmorgen
– wenn Du nur fühlen kannst und willst –
sollen kommen

Frühling

Bleibe Mädchen
wenn Du auch Frau bist
Eine Knospe und ganz taufrisch
Wenn Du Dich öffnest dunkelrot
und duftest süß geheimnislos
wirst Du leicht entblättern

Bist ganz verletzlich dann
für Sturm und Wetter

Enkelkind

Groß braunäugig
suchst unermüdlich mich –
beglückt mich gefunden
springst sehnsüchtig
Dein erträumtes Ziel hinauf –

Innige Befreiung
in der Liebe Umarmung

Doch mußt Du dann
warum des Nachts
dann weinen?

Oh weh
mein quirrliges
munter jauchzendes
aufbegehrendes
Lustiges lachhungriges

so weiches seidiges
geschmeidiges

Liebe spendendes
mit mir verendendes
ach wehes Eichhörnchen

Dort oben im Baum berg' Dich
Dort ist Freiraum für Dich
im unbestrittenen Himmelslicht

Ich warte auf Dich!

Skulptur

Ich finde in allen Euch
mich wieder:

Neckisches Blumenmädchen
nach Deinem Tanz
sehn ich mich hell

Matisse durchformt mich schnell
und zieht den langen Zopf
durch meinen Blockkraftrücken

Breitbrust- und Beckenheroin –
Du meine weibliche Urkraft

Mutter Erde mag länger mich nicht
festzuhalten
Sie opfert im Dreieck mich
gen Himmel:
Dort suchen meine müden Augen
das Hier und Jetzt

Ausgemergelt totgelebt
lehn ich an verschlossenen Türen

Ihr hört und saht mich nicht
Warum findet Ihr mich jetzt im Tod
so schön?

Meine sehnsüchtigen Brüste
suchen Schutz bei Dir, Häphestus

So schwinge ich
zwischen Yoga-Knien
verhülle mich in mein verstecktes
Bischofsdasein

Wann macht Ihr endlich eine Skulptur aus mir?

Autorenübersicht

Wulf Alsen, 18.02.1950 in Hamburg geboren und in Bonn wohnhaft, über sich: „Meine Schwerpunkte sind esoterischer Natur, ich beschreibe meine Erlebnisse, in welcher Zeit sie auch stattfanden. Ich bin überzeugt von mehreren Leben im Sein, ich kann diese Leben beschreiben und tue dies." – Beruf: Lehrer (Musik/ Mathematik), Seminarleiter für diverse parapsychologische Themen, Organisations-Programmierer (Siemens), im Umbruch begriffen zum Autor sachlicher (Computer) und esoterischer Themenkreise.

Peer Böhm, geboren am 09.09.1968 in Köln; wohnhaft in Erftstadt; ab Oktober 1988 Zivildienstleistender; Schwerpunkte der schriftstellerischen Arbeit: Kurzgeschichten, Kinderbücher sowie Prosa. Bisherige Veröffentlichungen: Kurzgeschichten sowie Fortsetzungsromane im „KITZLER, Zeitschrift für Kultur und Politik im Erftkreis" (5014 Kerpen, 1988), Kurzgeschichten in „JACOBS WELTEN, Zeitschrift für Literatur" (voraussichtlich Anfang Oktober 1988).

Paul Bone, geboren am 27.08.1924 in Dresden, wohnhaft in Düsseldorf, Beruf: Kirchenmusiker, jetzt Pensionär, Veröffentlichungen: „Anfang wagen", Gedichte-Kalender, 1986 im Selbstverlag, „Sommermorgen", 1987 im Zwiebelzwerg-Verlag (Anthologie), „Das weinende Cello", Erzählungen 1987, Druck Flothmann-Kettwig, „Eine Narbe bleibt zurück", Gedichte, 1988 Zwiebelzwerg-Verlag, „Du tust mir weh", Gedichte, 1988 Zwiebelzwerg-Verlag (Anthologie), „Von Till und anderen Tieren", 1988, Gedichte/Erzählungen (Anthologie) Zwiebelzwerg-Verlag.

Maya Canonica-Reumer, geboren 1948, lebt in Corticiasca/Tessin (Schweiz), ist als Buchhalterin selbständig, schreibt Gedichte/Prosa.

Gregor Duron, geboren am 16.11.1924 in München, lebt in Weßling/Obb., Stud. Dir. i.R., Schwerpunkte der schriftstellerischen Arbeit: Auseinandersetzung mit dem III. Reich durch Mittel der belletristischen Gestaltung; Zeitkritik. Veröffentlichung in Anthologie Deutsche Lyriker d. Gegenwart, Zell a. H. 1988.

Helmut Engelmann, geb. 18.11.1957 in Karlsruhe, wo auch sein derzeitiger Wohnsitz ist. Schwerpunkte der bisherigen schriftstellerischen Tätigkeit sind Kurzgeschichten über das Leben und über Mißstände in der Gesellschaft (Gedanken und Einstellungen). Veröffentlichungen: Prosatexte in „Begegnungen im Wort", „Gedanken zeichnen Spuren" und „Horizonte verändern", Frankfurt 1987.

Gaby Foster, geb. 1948 in Kettwig/Ruhr. Derzeitiger Wohnort ist St. Andreasberg/Oberharz. Seit mehr als einem Jahrzehnt geschieden, single lebend. – Die Autorin über sich: „Ich arbeite seit dieser Zeit als Privatlehrerin, u.a. in der Erwachsenenbildung – bin selbständig; meine Hauptfächer sind Englisch und Deutsch. – Ich schreibe seit meiner Scheidung; habe bisher weder Lyrik noch Prosa veröffentlicht. Seit Jahren arbeite ich, auf meine Seminare bezogen, an einem Lehr- und Lernbuch für Englisch – bisher sind diese Arbeitunterlagen nur meinen Schülern zugänglich. – In meinen Arbeiten beschreibe ich persönliche Erlebnisse sowie Begebenheiten, die sich in meinem „Seh- und Hörbereich" abspielen. – Mein Anliegen besteht darin, anderen deutlich zu machen, daß Sensibilität füreinander und Toleranz miteinander das Zusammenleben unterschiedlichster Menschen friedvoller gestalten würden; das bedeutet für mich persönlich, Freude und Trauer als notwendige Erfahrungsschritte ausleben zu müssen, die ich alsdann dem Papier anvertraue und nun Ihnen."

Christine Ulrike Frank, geb. 1954 in Bamberg, Wohnort Würzburg, Designstudium, Philosophie- und Theologiestudien, seit 1983 frei künstlerisch und literarisch tätig. Diverse Ausstellungen und Lesungen. Die Gedichte sind in Bildform vorhanden. Lyrik und Prosa befinden sich u.a. in den Handschriftabteilungen im Literaturinstitut in Marbach, in der Universitätsbibliothek in Würzburg, in der bayrischen Staatsbibliothek in München. Veröffentlichungen in den Anthologien: „... denn Du bist bei mir", Loßburg, 1988, „Schade, daß Du gehen mußt", Willebadessen, 1988, „Faszination", Isenbüttel, 1988.

Niklaus Gaschen, geboren 1942 in Bern. Gymnasialjahre mit Berufswunsch Theologie, Maturität Typus A am Freien Gymnasium. Studium der Medizin an der Universität Bern, Staatsexamen 1969. Anschließend berufliche Tätigkeit in Finnland bis 1977, dort Spezialisierung im Fachbereich Psychiatrie. Verheiratet mit finnischer Ärztin, Geburt einer Tochter 1977. – Seit 1980 als Spezialarzt für Psychiatrie und Psychotherapie FMH in eigener Praxis in Bern. – Seit ca. 1975 Arbeit an eigenem theoretischem Konzept existenzphilosophischer Ausrichtung (Anankeologie). Anfang 1988 Mitbegründung der Vereinigung für vektorielle Philosophie (Anankeologie) VVPA. Herausgeber und Mitautor der „Zeitschrift für Anankeologie" (erscheint zweimal jährlich im Selbstverlag der VVPA). – Bisherige literarische Veröffentlichungen: Lyrik: „Affektlyrik – ein Zyklus emotionaler Verdichtungen zu den Reizworten Deutschland, Israel". – Kurzprosa: „Schreibstunden" (im Sammelband „Traumwald im Neonlicht"). „Vogel als Prophet" (im Sammelband „Zeitzeichen und Wendepunkt"). „Der Mann mit dem Frosch" (im Sammelband „Inseln im Zeitenfluß"). Alle im Verlag Haag + Herchen, Frankfurt/M., 1988. – Außerdem: „Einführung in die Anankeologie". Im Selbstverlag, 1988.

Hanspeter Gertsch, geb. 1953 in Bern/Schweiz, wohnhaft in Luzern/Schweiz, von Beruf Kaufmann. Bisherige Veröffentlichungen: Beiträge in „Wie Tautropfen im Morgenlicht" (Haag + Herchen Verlag, Frankfurt 1988) und „Inseln im Zeitenfluß" (im selben Verlag).

Hans Greis, geb. 26.03.1944 in Wawern und dort auch wohnhaft, Beruf: Lehrer/Hauptschule, Schwerpunkte schriftstellerischer Arbeit: Kurzgeschichte und Roman, Schauspiele für die Schule. Veröffentlichungen: in Zeitschriften, Tageszeitungen.

Ute Grigo, geb. am 06.11.1966 in Bad Berleburg/ NRW und aufgewachsen in der Lüneburger Heide, lebt und arbeitet in München als Dolmetscherin und Übersetzerin in 5 Sprachen. – Seit Jahren schon schreibt sie – bislang nur für die eigene Schublade, doch jetzt möchte sie ihre Arbeiten der Öffentlichkeit vorstellen. – Ihre Essays umfassen ein breites Themenspektrum. Als typischer Skorpion gibt sie sich nicht mit dem oberflächlichen Augenschein zufrieden, sondern will den Dingen auf den Grund gehen. Ihr literarischer Schwerpunkt beruht daher auf Gebieten, die den Kern des menschlichen Lebens, das Wesen des Menschen direkt berühren. – In ihrem Aufsatz „Neue Klassik" stellt sich sich und uns die nur allzu berechtigte Frage, ob zwischen den trivialen Massenproduktionen und den Experimenten für einige Auserwählte nicht noch Platz wäre für eine Literatur, die weder auf Originalität noch auf Verständlichkeit verzichtet. Vom Jetzt zum Ewigen ... wäre die Lösung.

Horst Grotjohann, Dr. rer. nat., geboren 1950 in
Frankfurt am Main, lebte cirka ein Jahrzehnt außer-
halb der Bundesrepublik Deutschland, davon vier
Jahre in Übersee; reist viel, wohnt als beratender Geo-
loge in Iphofen/Unterfranken; schreibt vorzugsweise
Kurzgeschichten, die in Südamerika spielen. Mehrere
wissenschaftliche Publikationen. Erste literarische
Erfolge: 'El Frailejón', 'Frankfurterick', 'Der Pelikan' –
Alle Autorenwerkstatt 8, R. G. Fischer 1986 –; 'Halb-
wertiger Zeitgeist' – Autoreninitiative Köln 1987 –;
'Die Steinerne Madonna von Santa Rosa de Cabal'
(Hörspiel) 1987, unveröffentlicht. In Vorbereitung:
'Die Wanduhr und das Alkoholgespenst', 'Der Alte und
der Neue Stadthauskiosk', 'Der schwarze Zylinder',
'Die Brücke von Port Augusta'.

Gisela Haegler, geb. Neitzke, geb. 15.11.1961 in
Gunzenhausen, wohnhaft in Garmisch-Partenkir-
chen, Beruf: Hausfrau, erlernter Beruf: Hotelfach-
frau. Die Autorin über sich: „Schwerpunkte des
schriftstellerischen Schaffens habe ich noch keine
gesetzt. Am meisten macht es mir jedoch Spaß, Märchen zu schreiben. Bisher habe ich das Schreiben als
Hobby erlebt."

Margarete Hertwich, geb. am 24.09.1929 in Am-
berg-Ammersricht (Oberpfalz), und dort wohnhaft.
Bei Kleinbauerneltern mit vier Geschwistern aufgewachsen, Volksschule und ländl. Hauswirtschaftsleh-
re, auf dem II. Bildungsweg 1959 in München abge-
legt: Staatsprüfung für den landwirtschaftlich-haus-
wirtschaftlichen Staatsdienst in Bayern... und hier-
bei den dritten Platz unter 46 Prüflingen erworben, 6
Jahre Kath. Landjugendbildungsarbeit – BRD, 3
Jahre staatl. Landjugendberatung im Reg. Bez. Un-
terfranken, 1 1/2 Jahre Hausw.-Rätin am Amt für

Landwirtschaft in Aschaffenburg, 4 Jahre Studienrätin an der Liebfrauenschule in Coesfeld i.W., am 09.11.1975 bei Amberg schuldlosen und folgenschweren Unfall erlitten. Schreibmotive bietet die Umwelt.

Karl Hotz, (Dr. phil.), geb. 1939, zahlreiche fachwissenschaftl. und fachdidakt. Veröffentlichungen, Lyrik in Anthologien und LITFASS 44, lebt in Mainz, in der Lehrerbildung tätig.

Mike Jankowski, geb. 1953 in Berlin, ehemaliger Marineoffizier, lange Aufenthalte in Australien, den USA, der Karibik, 10 Jahre Seefahrt. Jetzt selbst. Kaufmann in Berlin. – Gelegentliche Arbeiten, Lyrik und Reisebeschreibungen 1980 bis 1984 in den USA, für USA Today, Fairfax Journal und Washington Journal.

Felix Joch, geb. 1926 in Rüthen an der Möhne, entstammt einer traditionsreichen westfälischen Beamtenfamilie. Er ist seit 1968 in der Lehrerausbildung tätig, von 1973 bis heute als Direktor eines Lehrerseminars in Siegen. Wissenschaftliche Arbeiten: „Der Kampf zwischen Geist und Natur im Werke Hermann Hesses" sowie „Die Heile Welt bei Werner Bergengruen". Der Autor ist seit mehr als dreißig Jahren literarisch tätig und hat unter anderem für Zeitungen, Zeitschriften und Rundfunkanstalten Beiträge geliefert. Die Erzählungen „Am Strand von Le Tréport" und „Der verlorene Sohn" fanden dabei die meiste Beachtung. Nachdem er zunächst fast ausschließlich Prosaarbeiten verfaßte, hat er sich seit einigen Jahren auch der Lyrik zugewandt. Von seinen lyrischen Arbeiten fanden seine Beiträge in der Literaturzeitschrift „Schreiben + Lesen" (Stoedtner-Verlag, Berlin) und in der Anthologie „Autoren stellen sich vor" der

Edition L (Loßburg/Schwarzwald) eine besonders po-
sitive Resonanz. Das gleiche gilt für die in der „Siege-
ner Zeitung" veröffentlichten Gedichte. Ende 1984
erschien im Stoedtner-Verlag Berlin sein Lyrikband
„Aus Zeit und Ewigkeit". Auch seine in der Anthologie
„Wege erkunden – Ziele finden" (Haag + Herchen
Verlag, Frankfurt am Main 1987) enthaltenen Ge-
dichten fanden großen Anklang. Felix Joch lebt heute
in Wilnsdorf-Rudersdorf bei Siegen.

Irmgard Junk über sich: „Ich bin 1954 in Monzel/
Mosel geboren und lebe schon seit einigen Jahren auf
der Schwäbischen Alb. Ausgebildet als Grund- und
Hauptschullehrer für Musik arbeite ich schon seit 10
Jahren an Musikschulen und unterrichte „Musikali-
sche Früherziehung". Schwerpunkt meines schriftstellerischen Schaffens: meine Wahrnehmungen sehr
genau nehmen und in interpretierter Form schriftlich
fassen, die möglichst den Leser zu Widerspruch und
Nachdenken provozieren soll."

Birgit Kalkbrenner, geboren am 12.07.1969 in
Wien, lebt in Perchtoldsdorf (Österreich), Beruf: Stu-
dentin. Bisher keine Veröffentlichungen.

Monika Klein, geb. 01.04.1950 in Ochsenhausen/
Biberach, wohnhaft in Geislingen/Steige. Beruf: Lehrerin (VHS); bisherige Veröffentlichungen: Spiel und
Spaß mit den Buchstabenkindern, Kohl Verlag, Nie-
derzier Ellen, 1986, Englische Fünf-Minuten-Diktate,
a.a.O., 1987.

Ursula Krylow, geb. Schubert, geb. am 13.02.1950 in
Körner/Thüringen, jetziger Wohnsitz ist Düsseldorf.
Erlernter Beruf: Betriebswirtin für Wohnungswirt-
schaft und Realkredit (18 Jahre ausgeübt – bis Ende

1985). Seit 1986 als freie Journalistin und Hobby-
schriftstellerin tätig. Bisherige Veröffentlichungen:
diverse Artikel in Düsseldorfer Zeitschriften, drei
Beiträge in zwei Anthologien des Zwiebelzwerg-Ver-
lages, ein weiterer Beitrag wird in einer dritten Anthologie im Herbst veröffentlicht, drei Beiträge in der
Anthologie: Autoren-Werkstatt 14 des R. G. Fischer-
Verlages. Weitere Aktivitäten: Zusammenarbeit mit
einer Agentur für Kurzkrimis und Kurzromane, Teilnahme an einem Bilderbuchwettbewerb in NRW.

Ulrich Kübler, 1944 in der Lutherstadt Wittenberg
geboren, nach dem Abitur abgeschlossene Schriftset-
zerlehre, dabei Mitarbeit in der Presse. Privatstu-
dium der Rhetorik, journalistische Ausbildung im
Rundfunk, Studium zum Diplom-Theologen, Medizi-
nische Ausbildung und Praktika, Referent in der
Pharmazie, jetzt Pfarrer in Segnitz und mitverant-
wortlich für die Tagesbesinnungen in einem privaten
Sender. – Literarische Schwerpunkte: Prosa, Lyrik
Essay. Bisherige Veröffentlichungen in den Anthologien „Inseln im Zeitenfluß" und „Im Zauber des Regen-
bogens", 1988.

Brigitte Kürten, geb. 10.04.1941 in Bonn, wohnhaft
in Bad Honnef. Fachstudium der Geographie, Angli-
stik, Erziehungswissenschaft, 1. und 2. Staatsexamen
mit kurzfristiger Lehrtätigkeit, Diplom-Arzthelferin
mit kurzfristiger Berufstätigkeit, Zweitstudium der
speziellen Geologie, bis 1982 Dozentin (VHS) für
Geologie des Heimatraumes, Klima- und Wetterkun-
de, englische Sprache. Gründung eines Eigenverlages
unter Herausgabe der erzählenden Sachkunde
„Kennst du das Land wo Sieben Berge steh'n", Bad
Honnef 1982 ff. bis 9. Auflage 1987. Mitglied der
Gesellschaft der Lyrikfreunde. Mitglied des Schrift-

stellerverbandes IGdA, Mitglied des Verbandes kath.
Schriftsteller Österreichs. Veröffentlichungen: „Wellengang", Gedichte zu Natur und Leben, Gelsenkirchen 1988; „Das Märchen von Blume, Fisch und Vogel", Gelsenkirchen 1988; 1988 Harmonie, Pneuma hagion, Der Idiot (Ballade) als „Inseln der Liebe und des Lebens" in „Inseln im Zeitenfluß" (Haag + Herchen).

Franz Ludin-Mauchle, geboren 09.09.1955 in Niederuzwil (Schweiz), verheiratet, lebt in Amriswil (Schweiz), tätig in der sozialen Erwachsenenbildung, Öffentlichkeitsarbeit, leitende Funktion; Ausbildung in Erwachsenenbildung, Wirtschaft, Public Relation und Weiterbildung in Sozialarbeit; nebenamtliche Tätigkeit als Kursleiter. Schwerpunkte des schriftstellerischen Schaffens: in der Jugendzeit verschiedene kleinere Beiträge in Zeitschriften; heute vorwiegend Artikel im Zusammenhang mit dem Beruf (soz. PR). Beteiligt an der Anthologie „Zeitzeichen und Wendepunkt".

Astrid C. Müller, geb. 1962 in Hamburg. Höhere Handelsschule, 5-jährige Tätigkeit als Sekretärin, da,von 2 Jahre in Barcelona. Studium der Religionspädagogik in Darmstadt, danach Germanistik und Theologie in Frankfurt. Kurzgeschichten und Gedichte seit 1977, bisher keine Veröffentlichungen.

Helmutguenter Oewermann (OFS), Bielefeld, Jugendseelsorger, zahlreiche Veröffentlichungen in Zeitschriften; ehemals Kommunikationsdirigent der Konferenz Eurpäischer Kirchen (KEK), 1974 Engelberg/Schweiz und ehemals Mitarbeiter des Gemeinde- und Jugendzentrums St. Franziskus bei Hamburg. Präses a.D. des Kard.-Cardijn-Disputs des FNI e.V.

Neben der Mitgliedschaft im Dritten Orden der Franziskaner auch tätig in der Aufbaugemeinschaft – Eine Kirche e.V. – Franziskushof (Wetzhausen). Mitglied in der Paul-Tillich- und Heinrich-Kleist-Gesellschaft, sowie des Franz-Stock- und Dietrich-Bonhoeffer-Komitees. – (Friedensarbeiter-Ausbildung am IFH bzw. oebz. Oekumenisches-Begegnungszentrum, Bückeburg. Mitglied im Bundesverband junger Autoren BVJA). Weitere Veröffentlichungen in – Wege im Zeitkreis –, Anthologie, Frankfurt 1986; – Horizonte verändern –, Anthologie, Frankfurt 1987; – Unser Wilhelm Kaiser –, Bremerhaven 1987; Autor des Buches – Carl Mez – (Lebensbild eines christlichen Unternehmers und sozialen Politikers), Waldkirch 1987; – Wege erkunden, Ziele finden –, Frankfurt 1987; – Leuchtfeuer und Gegenwind –, Anthologie, Frankfurt 1987; – Traumwald im Neonlicht –, Anthologie, Frankfurt 1988; – Pater Lassalle wird 90 –, Duderstadt 1988. – MHrsg. – Hoffnung in der Krise, Wuppertal 1988; – Zeitzeichen und Wendepunkt –, Anthologie, Frankfurt 1988; – Inseln im Zeitenfluß –, Anthologie, Frankfurt 1988; – Lyrik-Expedition: Wie Tautropfen im Morgenlicht –, Frankfurt 1988.

Otto Ludwig Ortner, geb. 1936 in Wien, wohnhaft in Wien. Beruf: Rechtsanwalt, ger. beeid. Dolmetscher f. Engl. u. Franz. Verh., zwei Kinder. Veröffentlichungen: 1974 „Vertretung der AG", 1980 „Die Berücksichtigung geänderter Umstände in Verträgen über Großprojekte im Ausland", 1983 „Bankgarantien u. intern. Rechtsschutz b. Bauen im Ausland", 1986 „Legal Aspects of Aircraft Financing", „Vom Befehlen u. Gehorchen", „Sonnenaufgang über Österreich".

Peter Rahn, geb. am 06.01.1957 in Gemünden/Main, Volks-, Real-, Fachober-, Fachhochschule. Bauingenieur. Lebt heute in Stadtprozelten. 16 Jahre Gedichte.

Thilo Redlinger, geb. am 09.03.1969 in Schwäbisch-Gmünd, wohnhaft in Köln. Beruf: ab 03.10.1988 Zivildienstleistender in der Schwerstbehindertenbetreuung, zuvor Abitur.

Hertha Reepel, geb. am 24.04.1920 in Bonn. Studium der Philologie. Werklehrerexamen. Schwerpunkte: Naturlyrik (24 Lieder mit eigenen Texten, z.T. bereits aufgeführt im hiesigen Kirchenchor). Reflektierende Prosa: „Begegnungen mit Menschen", „Das verlorene und wiedergefundene Paradies".

Eno Maria Riehle, geb. 1960 in Ravensburg, wohnhaft in Bruchsal. Beruf: Dipl.-Phys.

Siegfried Schmidt, geb. am 02.10.1943 in Berlin und dort wohnhaft. Beruf(e): 2. Bildungsweg: Hauptschule, Lehre zum Fleischergesellen, Fleischermeisterprüfung, allg. Hochschulreife, Studium zum Dipl. Kfm., Dipl.-Hdl., Oberstudienrat (Fächer: Wirtschaftslehre, Deutsch, Darstellendes Spiel). Schreiben: Lyrik, Kurzprosa, (Fach-)Aufsätze für Zeitschriften.

Hans Schöpfer, Granges-Paccot/Schweiz. Bibliographische Hinweise in: 'Nachtpferd und Sonnenwolf', Frankfurt/M. (Haag + Herchen) 1988, 244–245.

Christa Szebrat, geboren 1943 in Potsdam, Lehrerin, lebt in Mailand/Italien.

Monika Tabaka, geboren 1954 in Motzhauk (Bauernhof in der Nähe von Fulda), arbeitet europäisch, lebt mit ihrer Tochter in Luxemburg, schreibt Gedichte und Prosa, „weil sie nichts mitteilen will außer sich selbst".

Hildegard Weiser, geb. in Breslau, lebt in Hamburg; Kultur- und Sozialarbeit im Gesundheitswesen. Schreibt seit ihrer Jugend Romane, Novellen, Märchen und Gedichte. Alle Arbeiten sind überzeitlich geschrieben und gründen in Lebens- und Berufserfahrungen. Die vor 1945 veröffentlichten Arbeiten gingen durch Kriegseinwirkung verloren, nach 1945 Veröffentlichungen in Zeitungen und Wochenschriften; ferner „Der Menschen Freunde", zwei märchenhafte Erzählungen, St. Michael 1983; „Verena Werschau", ein Frauenschicksal der Nachkriegszeit, Frankfurt 1985; „Erinnerungen an wiederholte Erdenleben: Suldane", in: „Begegnungen im Wort", Frankfurt 1986; Auszug aus „Glied einer Kette", Roman, in „Gedanken zeichnen Spuren", Frankfurt 1986; in „Horizonte verändern", Frankfurt 1987; in „Nachtpferd und Sonnenwolf", Frankfurt 1988.

Gert Zech, 1937 in Eislingen/ Fils geboren. Besuchte die höhere Fachschule für das Malerhandwerk, war als techn. Betriebsleiter tätig und in einem Ausschnittdienst für Zeitungen, arbeitet heute beim Werkschutz einer Großfirma. Nebenher begann er sich mit Malerei, Literatur und Philosophie zu beschäftigen. Seit 1964 Teilnahme an Ausstellungen. Veröffentlichungen in verschiedenen Anthologien Mitglied des Freien Deutschen Autorenverbandes. Beteiligt an der Wanderausstellung 1987 Autoren aus Baden-Württemberg und ihre Bücher. Lebt in Ebersbach/Fils.

Erika Zwirner, geboren 30.11.1939 in Lazarfeld/
Jugoslawien als Deutsche, Flucht 1946 nach 2 Jahren
Konzentrationslager unter Tito. Die Autorin über
sich: „Aufenthalt in Österreich, verspätet Schule und
Abitur in Zweibrücken/Pfalz. Musik, Malen, Theater-
spielen und Gedichtevortragen waren Notwendigkeit
und Trost um mich von den Kriegsschrecken zu be-
freien. 1960 Abitur – Ausbildung an der Niedersächsi-
schen Hochschule für Musik und Theater als Schau-
spielerin, Studium abgebrochen aus Ängsten vor der
Launenhaftigkeit eines Schauspielerdaseins, heiratete ägyptischen Moslem, lebte in Kuwait. Libanon;
Kairo – 18 Jahre lang – gebar 4 Kinder und zog sie mit
sehr viel Hingabe auf. Folgte meinem Mann auf seine
Einstellung nach Luxemburg 1979, arbeite als Aus-
hilfskraft 4 Monate im Jahr im Europäischen Parla-
ment und habe seitdem meine Emanzipation begonnen. Lebe makrobiotisch, gebe Akupressur- und Koch-
kurse – und bin sehr glücklich morgens, wenn mir Gedichte aus der Feder fließen."

Als erste Folge unserer Anthologien liegt vor:

Worte in der Zeit. Anthologie
Hrsg. von Hans-Alfred Herchen. 1985. 477 Seiten,
Paperback DM 29,80. ISBN 3-88129-966-1

Mit Beiträgen von Andreas Belwe, Edmund Died-
richs, Erhard Dill, Wilhelm Eichner, Uta Franck, Ste-
phanie Gamroth, Leni Gerhardt, Hans-Jürgen Grau-
mann, Rolf Grütter, Friedrich Hedler, Karlo Heppner,
Esther Hermann, Helmut Höhme, Albert Jenny, He-
lena Kern, Hans Kiskalt, W. Klauter, Helga Kuhnert,
Elisabeth Kurtz, Rudolf Lohse, Jürgen Mende, Ursula
Muth, Macia Sahin / Harald Niemeyer, Maria Sassel-
la-Schuba, Hilde Schiffers, Bernhard Schirra, Hans-
Joachim Staemmler, Erich Stümpfig, Irene Taitl-
Münzer, Helmut Thiemann, Rolf Uher, Udo Volkmer,
Hildegard Weiser, Eberhard Wever, WINDSPIEGEL,
Werner Zurmöhle.

HAAG + HERCHEN Verlag
Fichardstraße 30 · D-6000 Frankfurt am Main 1

Als dritte Folge unserer Anthologien liegt vor:

Gedanken zeichnen Spuren. Anthologie
Hrsg. von Hans-Alfred Herchen. 1986. 494 Seiten,
Paperback DM 29,80. ISBN 3-89228-043-6

Mit Beiträgen von Ferdinand Baake, Noël Bach, Rudolf Dierkes, Ulrike M. Dierkes, Ursula Duppel, Barbara Ehm, Helmut Engelmann, Stefan Evers, Uta Franck, Richard Groer, Brigitte Günther, Inge Harraschain, F. H. Hermann-Adelsberg, Walter Jantschik, Antje Karsten, Phyllis Kirchrath, Hanns Kolbe, Doris Lauck, Reinhard Leber, Eva-Maria Leonhard, Birgit Meißner, Ursula Muth, Jutta Naumann, Harald Niemeyer, Friedrich Nitsch, Birger P. Priddat, Heinz Rein, Thomas Richter, Wilhelm Riedel, Jochen Scheer, Bernhard Schirra, Hans Schuch, Wolfgang Siedler, H. A. Trumpfheller, Karl-Otto Weber, Gottfried Weger, Hildegard Weiser, Matthias Wiesenhütter, Walter Winkler, Dieter Zech, Gert Zech, Herbert Zeidler.

HAAG + HERCHEN Verlag
Fichardstraße 30 · D-6000 Frankfurt am Main 1

Als vierte Folge unserer Anthologien liegt vor:

Wege im Zeitkreis. Anthologie
Hrsg. von Hans-Alfred Herchen. 1986. 257 Seiten.
Paperback DM 29,80. ISBN 3-89228-113-0

Mit Beiträgen von Heinz Bank, Horst Berg, Eva Burdak, Ulrike M. Dierkes, Margit Hübel, Walter Jantschik, Claudia Johnson, Susanne Just, Birgit Meißner, Jörg Neugebauer, Harald Niemeyer, Helmutguenter Oewermann, Edgar Raumherr, Jochen Scheer, Bernhard Schirra, Wendelin Schlosser, Siegfried Schulz, Luise Spiering, Erich Stümpfig, H. A. Trumpfheller, Hans Helmut Wächter, Dieter Zech, Gert Zech.

HAAG + HERCHEN Verlag
Fichardstraße 30 · D-6000 Frankfurt am Main 1

Als fünfte Folge unserer Anthologien liegt vor:

Horizonte verändern. Anthologie
Hrsg. von Hans-Alfred Herchen. 1987. 548 Seiten.
Paperback DM 29,80. ISBN 3-89228-113-0

Mit Beiträgen von Gerd Anjelski, Ferdinand Baake, Rudolph Bachner, Margarete Barainsky, Carmen-Sylva Bausek, Norbert Bendig, Beate Braun / Wilhelm Riedel, Friedhelm Buchenhorst, Jonas Bühler, Rudolf Dierkes, Helmut Engelmann, Jürgen Fischer, Rolf Grütter, Dieter Grunert, Ingo Günther, Marga Henke, Johann-Wolfgang Hertel, Hermann Hunke, Claudia Johnson, Joseph Kissner, Maria Knoll-Tymister, Hanns Kolbe, Rudolf Kroack, Helga E. Kuhn, Reinhard Musik, Ursula Muth, Harald Niemeyer / Hermann Josef Schult, Helmutguenter Oewermann, Maria Oldenbürger, Karl-Heinz Prüfer, Edgar Raumherr, Bruno Runzheimer, Wendelin Schlosser, Hans Schöpfer, Martin Schreiner, Hans Schuch, Siegfried Schulz, Magdalene Schwarz, Edith Seidenzahl, Luise Spiering, Maria S. Stern, Lothar Tews, Olivier Theobald, Christa Maria Till, Gottfried Weger, Hildegard Weiser, Ilse Wohlenberg, Gert Zech, Herbert Zeidler.

HAAG + HERCHEN Verlag
Fichardstraße 30 · D-6000 Frankfurt am Main 1

Als siebte Folge unserer Anthologien liegt vor:

Leuchtfeuer und Gegenwind. Anthologie
Hrsg. von Hans-Alfred Herchen. 1987. 505 Seiten,
Paperback DM 29,80. ISBN 3-89228-173-4

Mit Beiträgen von Juliane Adameit, Heinz Bank, Lucjan Baumann, Karin von Baumbach, Heinz Beißner, Ann Bromkamp, Andrea Cremer, Werner Dieball, Sibylle Doray, Leda Emsig, Heinz Gernhold, Ursula Hafemann-Wiemann, Ilse v. Heydwolff-Kullmann, Herbert Holzer, Angela Isenberg, Karen Joisten, Helmut Kaffenberger, Heinz Kern, Joseph Kissner, Gerhard Lang, Barbara Lindner, Gerhard Lunde, MARC-MARC, Harald Niemeyer, Helmutguenter Oewermann, Helmut Ohlhoff, Ingrid Pöschel, Helga Rehbehn, Peter Reik, Heinz Rein, Bruno Runzheimer, Bernhard Schirra, Bettina Schuller, Siegfried Schulz, Torsten Schulz, Ursula Schurz, Edith Seidenzahl, Peter Szutrely, Lothar Tews, Heike Ulbrich, Hans Helmut Wächter, Annette Wagner, Ilse Wohlenberg, Herbert Zeidler.

HAAG + HERCHEN Verlag
Fichardstraße 30 · D-6000 Frankfurt am Main 1

Als achte Folge unserer Anthologien liegt vor:

Traumwald im Neonlicht. Anthologie
Hrsg. von Hans-Alfred Herchen. 1988. 386 Seiten,
Paperback DM 29,80. ISBN 3-89228-213-7

Mit Beiträgen von Heinz Bank, Kurt Dreher, Regula
Erni, Niklaus Gaschen, Nora Hauben, Michael Paul
Kroker, Gerhard Lang, Verena Lang, Frank Lothar
Lenz, Uwe Meier, Sylvia Meise, Harald Niemeyer,
Helmutguenter Oewermann, Werner Oppermann,
Karin Perkounigg, Wolfgang Peter, Johann Pirker,
Johanna Rehwald, Margitta Schäfer, Siegfried
Schulz, Gerhard V. Schulze, Ursula Schurz, Gerald
Stadlbauer, Robert Tobler, Karl-Heinz Warlo, Josef
Weber, Angelika Wendlandt, Sylvia U. Wiesner, Hei-
ke Willig, Ila Wingen, Günter Witschel.

HAAG + HERCHEN Verlag
Fichardstraße 30 · D-6000 Frankfurt am Main 1

Als neunte Folge unserer Anthologien liegt vor:

Zeitzeichen und Wendepunkt. Anthologie
Hrsg. von Hans-Alfred Herchen. 1988. 326 Seiten,
Paperback DM 29,80. ISBN 3-89228-239-0

Mit Beiträgen von Maike Ambrock, Inge Barié, Wilhelm Beneder, Ingeborg Brudermann-Kleis, Horst-U. Brückner, Wenda Focke, Niklaus Gaschen, Bernd Giehl, Birgitta Goerke-Vogel, Ilse von Heydwolff-Kullmann, Hermann Hunke, Bernd Kruse, Gerhard Lang, Franz Ludin-Mauchle, Gerhard Lunde, Harald Niemeyer, Helmutguenter Oewermann, Torsten Ostermann, Marc Pelikan, Günter Perkams, Günter Rechmann, Isolde Sachs-Würzberger, Bernhard Schirra, Hans Schöpfer, Ursula Schurz, M. G. Seridan, Gerald Stadlbauer, Heide Strauß-Asendorf, Karl-Heinz Warlo, Georg Wieder, Gert Zech.

HAAG + HERCHEN Verlag
Fichardstraße 30 · D-6000 Frankfurt am Main 1

Als zehnte Folge unserer Anthologien liegt vor:

Inseln im Zeitenfluß. Anthologie
Hrsg. von Hans-Alfred Herchen. 1988. 466 Seiten,
Paperback DM 29,80. ISBN 3-89228-265-X

Mit Beiträgen von Ulrike Albert-Kucera, Freddy Alle-
mann, Marcel Bahro, Ursula Bratke-Jorns, Horst-U.
Brückner, Waldemar Bubos, Hans Esser, Niklaus
Gaschen, Hanspeter Gertsch, Sieglinde Goetz, Ann L.
Grytdal, Angela Isenberg, Helmut Kaffenberger,
Klaus Gerhart Kost, Ulrich Kübler, Brigitte Kürten,
Rodica Link, Paul Lüdi, Eliane Münch, Boris Nolcken,
Helmutguenter Oewermann, Marc Pelikan, Ingrid
Pöschel, Christine Rang, Johanna Rehwald, Georges
Reymond, Evelin Röttger, Franziska Schrag-Schuh,
Siegfried Schulz, Annemarie Seidl, Adelheid Siegel,
Gerald Stadlbauer, Bärbel Stich, Gertrud Stöckl,
Hans Helmut Wächter, Gert Zech, Herbert Zeidler,
Marguerite Zwicky.

HAAG + HERCHEN Verlag
Fichardstraße 30 · D-6000 Frankfurt am Main 1